Jornada de Cura Interior
Uma Perspetiva Médica

Editado por Dr. Peter Mack
Com contribuições de médicos membros da
"Society for Medical Advance and Research with Regression
Therapy"

Publicado por *From the Heart Press:*
Primeira publicação em Inglês: outubro 2014
Website: www.fromtheheartpress.com
Primeira publicação em Português: 2016

Direitos de autor: Dr. Peter Mack
ISBN: 978-0-9929248-7-4

Capa:
Ashleigh Hanson,
E-mail: hansonashleigh@hotmail.com

Ilustrações:
Wendy Mack,
E-mail: wendy.mzf@gmail.com

Para saber mais acerca dos médicos terapeutas que contribuíram para este livro, visite, por favor, o seguinte site: http://www.smar-rt.com

Para contactar o editor, Dr. Peter Mack:
Visite o site: www.petermack.sg
E-mail: dr.pmack@gmail.com

❦❧

"As histórias são incrivelmente inspiradoras e curativas, com um impacto poderoso. Eu recomendo este livro a todos aqueles que querem fazer mudanças positivas em si mesmos."
Shirley Tay, Terapeuta Holística e Professora

❦❧

"Este é um livro notável, escrito por médicos, sobre as maravilhas da terapia regressiva. Ao abordar a origem dos problemas, oferece explicações claras sobre o funcionamento da terapia regressiva e é ilustrado de forma vívida com vários estudos de casos. É um livro que deve ser lido por todos os profissionais da saúde e terapeutas holísticos."
Wendy Yeung, Terapeuta Holística

❦❧

CONTRIBUÍRAM PARA ESTE LIVRO

Dra. Karin Maier-Heinle, M.D.
Médica alemã que vive em Munique, especialista em Medicina Interna e Reumatologia. Tem especial interesse por Medicina Alternativa, incluindo Homeopatia, Medicina Tradicional Chinesa e Acupuntura. Além disso, também é formada em Terapia Regressiva.

Dr. Moacir Oliveira, M.D.
Médico brasileiro e psicoterapeuta, mora em Salvador, na Bahia. Licenciado em 1985, especializou-se em Fisiatria, Psicoterapia Transpessoal e Terapia Regressiva. É formado em Terapia Regressiva na abordagem *Deep Memory Process* no *Woolger Training International*, com Roger Woolger.

Dr. Natwar Sharma, M.B.B.S., DNB (Ped), M.R.C.P.C.H. (UK), F.P.C.C. (ISCCM)
Especialista em Pediatria (cuidados intensivos) vive em Chennai, Índia. É professor assistente em Pediatria numa faculdade de medicina e Diretor de Serviços Médicos para uma ONG. Formado em Terapia Regressiva Transpessoal pelo *Tasso Institute*.

Dr. Peter Mack, M.B.B.S., F.R.C.S. (Ed), F.R.C.S. (Glasg), Ph.D.
Cirurgião geral, vive em Singapura, é especialista em cirurgias hepatobiliar e laparoscópica. É Doutorado em Ciências Médicas, além de ser Mestre em Gestão de Empresas, Economia na Saúde e Educação Médica. É hipnoterapeuta e recebeu formação em Terapia Regressiva.

Dr. Sérgio Werner Baumel, M.D.
Médico e psicólogo brasileiro, vive em Vila Velha, Espírito Santo. É especialista em Neurologia Clínica, Medicina de Cuidados Intensivos

e Sexologia. É Mestrando em Psicologia Social, tem formação em Hipnose Ericksoniana e Terapia Regressiva.

Dra. Soumya Rao, M.B.B.S., M.R.C.Psych. Médica indiana vive em Bangalore, Índia, frequentou a Escola Médica de Bangalore e especializou-se em Psiquiatria no Reino Unido. É Certificada em Terapia Regressiva pela *Life Research Academy* em Hyderabad, Índia.

ÍNDICE

AVISO LEGAL

A informação contida neste livro é concebida para fornecer dados que sejam úteis em relação aos assuntos discutidos. O livro contém ideias e conselhos que refletem a opinião dos autores dentro das suas áreas de formação e experiência pessoal. Embora muitos dos casos clínicos descrevam resultados dramáticos e transformadores, não é intenção dos autores o sensacionalismo em relação à terapia regressiva. Em vez disso, o objetivo é criar uma maior consciência sobre um método de tratamento pouco utilizado. Não é feita nenhuma reivindicação de qualquer eficácia miraculosa. Nenhum terapeuta deve usar a poderosa técnica da terapia regressiva a não ser que seja treinado adequadamente nestas mesmas técnicas. A indicação da terapia regressiva para um paciente deve ser individualizada com base nos seus sintomas, patologias, estrutura emocional e sistema de crenças. Os nomes e identidades das pessoas nas histórias foram alterados para proteger a confidencialidade, preservando o espírito da obra. As referências são fornecidas apenas com finalidade informativa e não constituem endosso de quaisquer fontes.

APRESENTAÇÃO

O desenvolvimento da raça humana tem inúmeros exemplos de pessoas que se levantaram contra a cultura dominante, com novas ideias e pensamentos. Houve um tempo em que culturas acreditavam que o sol girava à volta da Terra. No entanto, quando Galileu se levantou e disse que a terra girava em torno do sol, ele foi acusado de heresia e preso pela Inquisição. Quando os navios começaram a explorar os oceanos, a cultura da época dizia que eles iriam cair da extremidade da terra. No entanto, quando os primeiros pioneiros voltaram com as suas histórias, eles mudaram o pensamento daquelas pessoas dos seus países de origem. É claro que todas essas mudanças não aconteceram da noite para o dia e, quando essas pessoas enfrentaram o medo e as ameaças, precisaram de muita coragem. Se eles não tivessem defendido as suas novas ideias, ainda acharíamos que a Terra era plana e que o sol girava em torno da Terra. Nós poderíamos estar ainda em cavernas, a comer as nossas refeições ao redor de fogueiras e a vestir peles de animais.

Então chegamos ao campo do mundo médico. A medicina tem feito enormes avanços em cirurgia, anestésicos e em vacinas para prevenir doenças. Mas em termos de compreensão de quem realmente somos, de entender porque a doença acontece e o que causa a doença, é quase como se ela não tivesse feito nenhum progresso.

Alguns dos primeiros médicos que se destacaram com novas ideias, como o Dr. Brian Weiss, tiveram que passar pelo medo, como os primeiros ancestrais que trouxeram aquelas grandes mudanças. Ele teve que deixar seu trabalho como psiquiatra, porque falou sobre vidas passadas e o seu efeito na nossa saúde. Mas ele manteve-se firme e escreveu os seus livros, que tocaram centenas de milhares de pessoas. Há outros médicos que partilham das suas opiniões. Dr. Newton Kondaveti e a sua mulher Dra. Lakshmi GV, na Índia, estão a

1

treinar médicos para trabalhar com vidas passadas e têm um programa para levar este trabalho a todos os hospitais na Índia.

Portanto, este livro é um passo para começar a trazer para o mundo ocidental a consciência de que a terapia de regressão, incluindo regressão a vidas passadas, pode ser usada por médicos para trazer mudanças transformadoras. Em alguns casos, após apenas algumas sessões, pode parecer um trabalho milagroso. Ela não é uma alternativa para as maravilhosas práticas médicas que existem no Ocidente. É uma abordagem complementar que irá levar a medicina a um novo paradigma.

Nós já vimos como o uso da meditação pode reduzir o stresse das pessoas e ajudar a melhorar a velocidade da cura, e como ela tem sido incorporada no modelo médico. Claro que, para isso, foram necessárias pesquisas e provas, que foram demonstradas por todo um grupo. Mas a pesquisa pode assumir muitas formas. E ainda há a necessidade do uso da forma mais tradicional de pesquisa, que é o que a *Sociedade para o Desenvolvimento e Pesquisa Médica com Terapia Regressiva* pretende fazer. Mas espero que este livro traga uma consciência das possibilidades, antes que a investigação seja concluída.

Os pioneiros que fundaram os Estados Unidos não tiveram de esperar que Colombo navegasse para a América uma centena de vezes. Eles enviaram os seus navios e exploraram, logo que souberam da notícia; eles foram naturalmente cautelosos nessas viagens, mas isso acelerou o desenvolvimento da América como a conhecemos hoje.

Assim, sempre que uma nova ideia faz sentido e parece intuitivamente correta, outros podem segui-la. Daqui a cem anos, ao olharmos para trás no tempo, vamos perguntar-nos porque é que essas mudanças não aconteceram mais rápido. Imagine viver num mundo onde a doença e os problemas de fundo emocional podem ser resolvidos sem medicamentos e os seus efeitos colaterais. Imagine um mundo onde as pessoas podem transformar completamente os seus problemas em vez de apenas reduzir os seus sintomas. Pense nos milhões de pessoas que sofrem de depressão e ansiedade, obsessões, desarmonia e de turbulência nos negócios e no lar. Pense na mudança que pode ser feita e como a profissão médica tem a chave para destravar tudo isso. Esta é uma ferramenta que é apresentada pelos corajosos médicos neste livro, que estão dispostos a partilhar as suas histórias e os seus sucessos. Sem eles, e todas as outras pessoas corajosas que trouxeram a mudança ao longo da história, não estaríamos onde estamos agora.

Se o leitor tem dúvidas sobre algumas dessas abordagens e procedimentos, tudo o que ele é convidado a fazer é ter uma mente aberta e saber que a honestidade e integridade destes médicos estão intactas. Estas são as suas histórias e sucessos, e é possível fazer este trabalho crescer rapidamente em todo o mundo.

Trata-se de explorar o próprio cerne do que o mundo médico chama de "efeito placebo" - este desconhecido, esta cura repentina que ocorre e limita as conclusões dos ensaios farmacêuticos. Estamos, na verdade, a aproveitar a capacidade das pessoas de se curarem. Para fazer isso, temos que tratar a pessoa como um todo - uma parte física, uma parte emocional, uma parte mental e uma parte espiritual. Não se pode trabalhar com apenas uma parte isolada e esperar a cicatrização completa em todas as pessoas.

É claro que esta abordagem não é uma panaceia para resolver os problemas de todas as pessoas a qualquer momento. Quando entendemos que a doença está lá para um propósito e tem uma mensagem, a sincronia tem de estar certa para ter o efeito desejado. E quando ainda não é o tempo certo, precisamos respeitar o facto de que cada pessoa tem um caminho diferente e uma forma diferente de crescimento através de seus desafios.

O primeiro passo para a cura é a pessoa querer mudar e saber o que causou o problema em primeiro lugar. Em seguida, o bloqueio energético que está a impedir a mudança precisa de ser limpo. Quando as pessoas se conectam com o seu coração, elas são capazes de pensar e agir de forma diferente e trazer essas mudanças para a sua vida atual de uma forma significativa. É isso o que a terapia de regressão faz como um processo completo. É claro que as pessoas podem encontrar muitas maneiras de se curar, simplesmente vivendo a sua vida e trabalhando com os seus medos e dificuldades. Mas esta é uma ferramenta que acelera o processo de cura e capacita as pessoas para realizarem mudanças significativas mais rapidamente e de forma mais harmoniosa, respeitando a sua necessidade individual.

Ela certamente não pretende ser uma religião, e não pretende ser um substituto para procedimentos médicos. É uma abordagem complementar e, no futuro, será a escolha preferida para mais pessoas.

Andy Tomlinson
Outubro 2014

PREFÁCIO

Em abril de 2013, catorze médicos e cinco psicólogos de seis países reuniram-se no Porto, Portugal, para formar a Sociedade para o Desenvolvimento e Pesquisa Médica com Terapia Regressiva (SMAR-RT). O objetivo do grupo era discutir formas de realização de pesquisa em terapia de regressão e promover a consciência dessa forma subutilizada de psicoterapia para a comunidade médica em geral. Decorrente dessa discussão, foi tomada a decisão de escrever sobre a experiência pessoal de alguns dos nossos membros, em forma de história, para partilhar com um público mais amplo.

"Partilhe o seu conhecimento. É um modo de conseguir a imortalidade ".

Dalai Lama XIV

Este livro é o resultado do esforço coletivo deste grupo internacional. Os membros partilham a crença comum de que todos os pacientes têm um núcleo intrínseco da capacidade de auto cura que, quando adequadamente desencadeada e aproveitada, pode iniciar um processo de cura rápida dentro deles. Daí a frase "Jornada para a Cura Interior" ter sido adotada como título deste livro.

Como em todas as outras disciplinas médicas, espera-se que a aceitação progressiva e eventual da terapia de regressão seja fundada numa forte base de evidências. O que talvez seja menos óbvio, neste momento, são a natureza e a forma das provas desejadas. Na medicina convencional, os profissionais de saúde estão acostumados ao uso do estudo clínico randomizado e controlado como o padrão-ouro para avaliar a eficácia das drogas. Inevitavelmente, eles tendem a ver o valor de todas as atividades de investigação a partir dessa perspectiva e a esperar que o nosso grupo realize pesquisas em moldes semelhantes. No entanto, no coração dos sintomas emocionais e questões psicossociais, com que os terapeutas de regressão normalmente lidam, estão fenómenos complexos que levam a resultados de natureza não aleatória de cura. Como tal, a evidência que seria mais adequada para o avanço da qualidade do trabalho de regressão é necessariamente qualitativa, em vez de quantitativa. Pode inferir-se, portanto, que o esteio da nossa metodologia de investigação consistirá não em estudos randomizados, mas na análise narrativa e estudos de caso.

Os estudos de caso são anedotas semelhantes a histórias, e as histórias em si são ferramentas poderosas para a cura. Assim como o conhecimento pode evoluir para a sabedoria, os factos podem evoluir para uma história. Quando um terapeuta decide despertar a sabedoria adormecida do paciente através de uma história, em vez de o convencer de uma perspetiva através de factos, ocorre uma mudança subtil, mas poderosa. O paciente aprende a fazer uma decisão sábia em vez de uma decisão "certa". Isso ocorre porque uma boa história ajuda o paciente a encontrar um novo significado, e influencia a interpretação que ele dá aos factos diante de si. Afinal, factos são neutros e têm pouco impacto até que as pessoas lhes adicionem o seu próprio significado. O valor que a terapia de regressão traz para o processo de cura reside na sua capacidade de ajudar a dar significado a factos pertinentes para o paciente, através de histórias devidamente recuperadas do seu passado.

Alguns dos nossos membros documentaram neste livro as suas experiências em terapia de regressão como narrativas. Todos os nomes dos pacientes são pseudónimos, para proteger as suas identidades. Foram incluídas duas categorias principais de narrativas. A primeira categoria é composta por histórias de natureza emocional, e envolvem problemas de relacionamento. A segunda categoria refere-se às doenças médicas que não são ainda solucionadas pelo tratamento tradicional. Curiosamente, estas histórias de pacientes, embora provenientes de diferentes culturas e diferentes zonas geográficas, retratam um padrão consistente de cura.

Autores de várias partes da Ásia, Europa e América do Sul contribuíram com onze histórias de pacientes. Eu próprio escrevi os dois primeiros capítulos da Parte I, que abrangem o processo de terapia de uma senhora de meia-idade que lutou para atravessar o tumulto emocional da sua crise no casamento. Os dois capítulos representam as duas fases da sua jornada de cura interior. Foram incluídos detalhes suficientes da técnica e do processo de regressão para mitigar o mito dessa terapia.

A Parte II é sobre "Amor e Relacionamentos" e tem três histórias que se passam em três países diferentes. No capítulo 3, a Dra. Soumya Rao, da Índia, partilha a sua compreensão de como a cura da criança interior pode ser incorporada em terapia de regressão. No capítulo 4, a Dra. Karin Maier-Henle, da Alemanha, destaca a importância do amor-próprio e como a falta dele gera desvantagens emocionais na vida. No capítulo 5, o Dr. Sérgio Werner Baumel, do Brasil, partilha as provações e tribulações no tratamento de uma paciente com falta de capacidade para expressar o amor, ao longo de vários anos.

Os últimos quatro capítulos da Parte III lidam com a utilização de terapia de regressão em várias condições médicas. Nos capítulos 6 e 7, o Dr. Moacir Oliveira ilustra como a psicoterapia corporal, o psicodrama e a terapia de vidas passadas podem ser integrados de forma eficaz para tratar a asma refratária e a fibromialgia. No capítulo 8, o Dr. Natwar Sharma relata a sua experiência na utilização de narrativas metafóricas para a cura em doenças autoimunes. O Dr. Sérgio ofereceu-se gentilmente para terminar o livro com o capítulo 9, com dois exemplos únicos de como ele procurou utilizar a regressão como um auxílio para melhorar a fertilidade.

Quero agradecer a todos os colaboradores, por terem dedicado o seu tempo e a sua energia no sentido de partilhar as suas preciosidades neste livro, e a todos os nossos pacientes, que permitiram graciosamente que as suas histórias fossem partilhadas. A sua

7

dedicação à promoção da arte e da prática da regressão tem sido inestimável. Em particular, Andy Tomlinson tem sido fundamental ao iniciar a formação da SMAR-RT e ao fornecer a força motriz e o apoio moral por trás da produção deste livro. Gostaria também de agradecer a Shirley Tay e a Wendy Yeung, minhas colegas terapeutas que ajudaram a ler o manuscrito e ofereceram os seus valiosos comentários.

Dr. Peter Mack
Outubro 2014

INTRODUÇÃO

Perspetivas em Cura

Dr. Peter Mack

"As cicatrizes têm o poder estranho de nos lembrar que o nosso passado é real."

Cormac McCarthy
Em: *Todos os Belos Cavalos, 1992*

A prática da terapia de regressão baseia-se num paradigma que é diferente daquele da medicina convencional. Como profissionais da área médica, estamos sintonizados em olhar para a doença como um mau funcionamento do sistema orgânico que é corrigível restaurando a homeostase fisiológica através de alguma forma de intervenção médica. Em contraste, como terapeutas de regressão, adotamos a visão de que por trás de todas as doenças e problemas das nossas vidas existe uma "essência interior", dentro de nós, que pode curar. Esta essência consiste numa consciência que traz consigo as qualidades de amor, compaixão e sabedoria, cujo poder pode ser libertado através do trabalho com as nossas memórias profundas. Por trás das nossas máscaras estão pensamentos sublimados e emoções feridas, à espreita na nossa mente inconsciente, que afetam a nossa visão da vida e os nossos relacionamentos. Quando reconhecemos e nos lembramos de quem somos na nossa essência, a cura começa.

9

O pensamento médico convencional considera a cura como a restauração de um estado ou condição física. Exemplos comuns de cura em medicina são: a união de um osso fraturado, a redução no nível de dor, a diminuição da carga tumoral ou a normalização de um nível elevado de açúcar no sangue. Na terapia de regressão, no entanto, a cura assume um significado muito mais amplo. Trata-se de aperfeiçoar o que é imperfeito. Para além da introdução de mudanças físicas, pode incluir a erradicação de um hábito indesejável, a libertação de um desejo, uma mudança de um estado emocional ou uma mudança na percepção e na atitude.

É importante distinguir "doença" de "problema de saúde". Problema de saúde é o que o paciente tem, ao passo que doença é o diagnóstico que lhe foi dado pelo médico. Dito de outra forma, um problema de saúde não é visto através da lente diagnóstica de sintomas, sinais físicos e investigações médicas, mas como um desafio de vida em si. O problema de saúde que acomete o paciente está indissoluvelmente ligado ao fenómeno do significado. Na verdade, tudo o que nos acontece, incluindo todos os problemas de saúde, eventos e relacionamentos, tem um significado. Um problema de saúde altera o paciente através do seu significado inerente e afeta os pensamentos, ações, comportamentos e respostas do indivíduo em relação às pessoas ao seu redor. Ao experimentar o sofrimento associado ao problema de saúde, o paciente é capaz de buscar dentro de si e descobrir as suas maiores qualidades de força, poder e determinação, que podem ajudá-lo a evoluir para o seu próximo nível de crescimento.

A ideia de curar é também de âmbito mais abrangente do que o conceito de remediar. Além da correção do desequilíbrio fisiológico, curar implica uma conquista de salubridade pessoal. As dimensões da salubridade podem incluir a capacidade de discernimento, o amor, a intimidade, a compreensão, a compaixão e o crescimento da alma. Por outras palavras, a cura pode ser "transformacional", além de ser "restauradora" ao corrigir um distúrbio ou doença. Ela também pode ser "transpessoal", tanto quanto "pessoal", na natureza da mudança pessoal em que resulta. Ela abraça o duplo conceito de "regeneração" e "recuperação", tanto a nível físico quanto emocional.

Nessa perspetiva, as feridas emocionais e o sofrimento nas doenças são considerados de valor para o paciente. De certo modo, elas oferecem oportunidades para o indivíduo saborear as lições e descobrir o propósito da ferida. Por exemplo, muitos de nós podemos ficar doentes e encontrar dificuldades em algum momento das nossas vidas, mas podemos não estar cientes da nossa própria coragem. Como tal, podemos estar perdidos sobre como superar os nossos desafios de vida até chegarmos aos limites da nossa força emocional. Na maioria das vezes, nós escolhemos recuar rapidamente diante do sofrimento, com a suposição de que a evasão nos protege da dor associada. Infelizmente, o nosso foco em evitar e eliminar o sofrimento nas nossas vidas perpetua e potencializa o nosso medo de viver.

"Quando as coisas desabam, considere a possibilidade de que a vida as derrubou de propósito. Não para o intimidar ou para o punir, mas para lhe pedir para construir algo que melhor se adeque à sua personalidade e à sua finalidade. Às vezes, as coisas desfazem-se para que coisas melhores possam ser construídas."

Sandra King

Todos os ferimentos têm uma história, e as memórias da nossa história residem nas profundezas da nossa mente inconsciente. Somos muitas vezes feridos e aturdidos com as ambiguidades do amor e dos conflitos nas nossas vidas. No início da nossa infância, muitos de nós podemos ter sido negligenciados ou emocionalmente maltratados pelos nossos pais ou responsáveis. Quando o abuso foi interiorizado, podemos manifestar afastamento e depressão. Às vezes, podemos até tornar-nos assombrados por sentimentos de baixa autoestima, solidão, rejeição e renúncia. Quando crescemos e nos comprometemos com uma carreira, uma relação ou um casamento, o sentido das nossas vidas é automaticamente atacado por esses sentimentos. Apesar dos nossos melhores esforços, a estrutura das nossas relações podem desmoronar e a crise de sentido pode tornar-se profunda. Em tais situações, a terapia de regressão permite-nos chegar à origem das nossas feridas. O nosso despertar para a dor traz uma oportunidade para curar e crescer, em momentos de crise. Isto torna-se um momento crítico de mudança na vida de muitas pessoas, e o processo de mudança é sempre relacionado com a ideia de "fazer-se inteiro de novo."

Um colega médico, que esteve silenciosamente a estudar o meu trabalho, surpreendeu-me um dia ao descrever a terapia de regressão como uma forma de "cura através do contar de histórias." Eu concordei. Histórias curam, e curam ainda de modo mais eficaz se a narração das histórias é feita sob hipnose. Na verdade, histórias de vidas passadas suscitadas pela regressão têm uma reputação pelo seu poder de curar sintomas obscuros e inexplicáveis. Como os leitores vão logo perceber, as histórias também podem ser reformuladas e ressignificadas, de vez em quando, durante a terapia. Isto dá ao paciente a escolha de decidir como é que ele quer que a sua história pessoal termine, a fim de satisfazer as suas necessidades de cura.

As histórias contadas neste livro giram em torno do uso da terapia de regressão para aprender lições de vida, que, por sua vez, abrem os nossos corações para a cura transformacional. Foram incluídos detalhes processuais suficientes em alguns dos estudos de caso para permitir que os leitores compreendam a essência do processo de regressão. As histórias são escritas para mostrar como a terapia ajuda os pacientes, bem como a maneira pela qual os mistérios inevitáveis de dor e sofrimento nas suas vidas podem dar origem a recursos ocultos de compaixão e criatividade. A partir dessas histórias, o leitor vai ter uma ideia de como determinados indivíduos têm sido capazes de lidar com os desafios da vida e de ter sucesso na tradução das suas lutas emocionais em processos de descobertas significativas.

PRIMEIRA PARTE

Crise no Casamento

CAPÍTULO 1

Crise no Casamento I: Jornada de Cura

Dr. Peter Mack

"Nós aprendemos através dos nossos relacionamentos, os quais apresentam oportunidades para dar e receber amor e para praticar a paciência, compaixão e caridade. Eles também são testes que nos fornecem feedback sobre se estamos ou não a aprender estas e outras lições. Somos nós pacientes e amorosos uns com os outros ou estamos amedrontados e frustrados? Os nossos relacionamentos fornecem as respostas e apontam o caminho para o crescimento espiritual."

Dr. Brian Weiss, MD
Em: *Às Vezes os Milagres Acontecem, 2012*

O meu primeiro encontro com a hipnoterapia regressiva remonta aos meus dias de estudante, quando testemunhei uma demonstração clínica durante um seminário noturno apresentado por um Médico Dentista inglês. Na época, estava a surgir o interesse no uso da hipnose para a anestesia em tratamentos dentários e médicos, mas, infelizmente, durou pouco. O entusiasmo desapareceu tão rapidamente que a sua aplicação nunca chegou a ser considerada em psicoterapia.

Depois de concluir a faculdade de medicina, especializei-me em cirurgia, desenvolvi um interesse ativo em investigação médica e fiz o meu Doutoramento em Ciências Médicas. A seguir, passei por uma era revolucionária na qual a prática da medicina mudava rapidamente, com avanços excecionais em tecnologias médicas, medicamentos e imagiologia. No entanto, eu permaneci consciente da presença de um número significativo de pacientes com sintomas inexplicados para os quais não se podia encontrar nenhuma base fisiológica, sentindo-me perturbado por isso. Bem lá no fundo, eu sentia que ferramentas adicionais eram necessárias para o meu arsenal de cura.

A Minha Jornada como Terapeuta

Décadas mais tarde, reacendi o meu sonho juvenil de aprender hipnose, e entrei para uma formação formal em hipnoterapia convencional e terapia regressiva. Desde então, para meu espanto, ao aplicar estas técnicas nos meus pacientes, tenho testemunhado casos frequentes de cura drástica, com que raramente me tinha deparado anteriormente. Então, eu decidi prosseguir com o meu interesse neste modo particular de psicoterapia.

Neste ponto, entrou na minha vida uma paciente única. Ela era uma jovem com os seus vinte e poucos anos, sofria de ataques repetidos de síncope e era atormentada por uma miríade de sintomas associados, incluindo insónia, ansiedade, alterações de humor, alucinações auditivas e amnésia. Logo se tornou óbvio para mim que ela estava a lutar com um grave trauma emocional e estava "presa" na sua vida, apesar do tratamento médico. Depois de um percurso intensivo de terapia regressiva durante 18 dias, ela surpreendeu-me com uma grande transformação. A partir desse momento, a minha visão da terapia regressiva nunca mais foi a mesma. A seu pedido, a sua história já foi publicada no meu livro *Healing Deep Hurt Within.*

Desde então, eu tenho explorado o uso das técnicas de terapia regressiva hipnótica numa variedade de problemas clínicos, particularmente naqueles com sintomas clínicos inexplicáveis. A experiência fantástica é que eu fui frequentemente recompensado com resultados clínicos radicais e encorajadores.

Na secção seguinte, eu partilho a história de uma senhora de meia-idade, que estava emocionalmente dominada por um relacionamento

18

conjugal tóxico e devastada pela sua crise. Ela sentia-se a derrapar para a borda da depressão e estava desesperadamente à procura de ajuda profissional. Depois de completar o seu tratamento, ela percebeu, para sua própria iluminação, que a sua cura não foi meramente uma experiência corretiva em comportamento e cognição, mas transformadora para a sua mente e espírito.

O CASO DE CINDY – CASAMENTO EM DESMORONAMENTO

Os relacionamentos entre casais podem vir a ser bastante turbulentos em alguns momentos, mas a chave para lidar com uma crise no casamento está na compreensão, em primeiro lugar, das razões para a falha do relacionamento. Para começar, dar sentido ao contrato de casamento é um desafio significativo na vida moderna. Como um conceito idealizado, o casamento cria uma expectativa de estabilidade e permanência, mas, infelizmente, tal conceito é potencialmente conflituante com a busca pelo sentido da vida.

A vida é um processo que envolve mudança constante, e isso forma um contraste gritante com a estabilidade de significado. Surge um dilema quando o ato do casamento impõe a sua constância de significado sobre o estado de mudança contínua da vida. Frequentemente, quando um casal se ocupa em apontar os defeitos um do outro em vez de desfrutar da companhia mútua, começam a perceber que a sua vida conjugal está estruturada de acordo com preceitos de estabilidade que não correspondem àquilo que eles esperam que a vida seja ao fluir naturalmente. No entanto, os seus votos matrimoniais, compromissos conjugais e restrições legais não abrangem a expectativa de um divórcio. Quando isso acontece, começa a tecer-se uma crise.

Uma mensagem brilhou no monitor do meu computador, numa manhã de domingo, quando eu abri a minha caixa de correio. O remetente tinha assinado como Cindy, e a primeira frase captou imediatamente a minha atenção.

"Dr. Mack, atualmente eu estou a enfrentar a fase mais difícil dos meus 40 anos de vida e estou à procura de alguma ajuda."

Estava datada como 4h00, 30 setembro de 2012, e transmitiu um claro sentido de urgência. De facto, parecia tocar um alarme, e senti-me compelido a continuar a ler.

"O meu relacionamento com o meu marido não está bem desde o começo do nosso casamento. Estou agora num ponto crítico, em que uma decisão deve ser tomada – seja para romper ou continuar a trabalhar nisso. Este último ano foi particularmente desafiante para o meu crescimento pessoal. Eu consegui redescobrir-me e sinto a mudança em mim. Eu também estou mais calma e a sentir-me mais leve. Esses bons sentimentos continuam a crescer à medida que eu descobri a literatura sobre terapia regressiva de vidas passadas e espiritualidade. No entanto, como resultado da minha vida conjugal, eu tornei-me deprimida durante o ano que passou.

À medida que tenho vindo a readquirir o meu antigo eu, os meus problemas conjugais continuaram inalterados. Eu estou inquieta com tanta leitura, organizando os meus pensamentos, e encontrando o meu propósito de vida. Enquanto eu tenho vindo a aceitar a minha vida como ela é, de repente, na última sexta-feira, descobri que o meu marido está a desistir do nosso casamento. Ele já não aceita as nossas diferenças. Estou a sentir-me sufocada com dores no peito e insegurança. Eu sinto-me como se uma bomba tivesse acabado de explodir em mim e todos os sentimentos negativos tivessem retornado. A 16 de outubro de 2012 completamos nove anos de casados, e isso é muito tempo. Uma parte de mim diz-me para ser forte e

20

continuar a tentar, mas outra parte minha está a dizer que o fim
chegou. Eu tenho estado a estudar terapia regressiva à procura
de respostas para mim mesma. Será que me pode ajudar, por
favor?"

Era uma mensagem bem pensada e o remetente pareceu-me alguém emocionalmente desesperado, mas, mesmo assim, com uma visão suficientemente boa e determinada a assumir o controlo da sua própria crise. Eu ponderei sobre o seu correio por algum tempo e finalmente resolvi encontrar-me com ela.

Foi na terça-feira seguinte, às 12h15, quando entrei no café do hospital, no rés-do-chão. Uma voz suave e clara veio de um canto do café e imediatamente chamou a minha atenção.

"Dr. Mack, eu sou a Cindy." Uma senhora elegante de estatura mediana levantou-se educadamente para se apresentar. Um par de olhos castanho-escuros brilhava na minha direção. Inequivocamente senti a sua necessidade desesperada de ajuda.

Cindy tinha sobrancelhas finas e cílios esparsos, curtos, desprovidos de rímel. O seu cabelo era ondulado, pela altura dos ombros e castanho. O que era óbvio era o nariz de base ampla e os lábios finos, com um queixo proeminente. Ela cumprimentou-me com um grande sorriso, mas a sua aparência cansada deu o indício de que ela vinha lutando com noites sem dormir. Estava a conter as lágrimas e a lutar para ser forte. Depois de lutar por um minuto, foi incapaz de iniciar a conversa. Os seus olhos encheram-se de lágrimas e eu senti que a dor estava a transbordar. Sussurrei-lhe baixinho: "Não há problema em deixar sair."

De alguma forma, Cindy sentiu-se um pouco envergonhada. Fungou, enxugou as lágrimas e recuperou a compostura. Em seguida, confessou que tinha preparado um roteiro com antecedência para que pudesse comunicar-me os seus problemas de forma mais coerente.

"Não há problema", disse eu, apreciando o esforço que ela tinha feito. "Simplesmente comece quando estiver pronta." Ela agradeceu acenando com a cabeça e a história fluiu.

Cindy cresceu numa próspera família chinesa com uma irmã e três irmãos mais velhos, que eram todos homens de negócios bem-sucedidos. O seu pai faleceu quando ela tinha dezassete anos. Ela emigrou da Indonésia para Singapura há cerca de 14 anos e trabalhou no setor financeiro. Posteriormente conheceu Kent, seu atual marido, através da Unidade de Desenvolvimento Social, um órgão governamental que foi criado há três décadas para fomentar oportunidades para os solteiros de interagir em ambientes sociais.

Kent, por outro lado, veio de um grupo inferior, de classe média, e tinha tido uma infância infeliz. Ele já havia lutado com os seus estudos na escola e, atualmente, lutava com a evolução da sua carreira. Em contraste, o seu irmão era um perito do governo e destacou-se no seu desempenho profissional. Kent não tinha conseguido entrar numa boa escola e, depois de crescer, culpava o seu passado educacional pelo desenvolvimento lento da sua carreira. Embora amasse a exploração de negócios, a sua mãe acreditava que ele era provavelmente melhor como assalariado, alguém a trabalhar num escritório com um emprego das nove às cinco. A certa altura, o seu pai ficou desempregado; as finanças da família estavam apertadas e ele estava sob uma enorme tensão.

Cindy e Kent foram rapidamente atraídos um pelo outro, mas tiveram desentendimentos frequentes sobre uma variedade de questões. Apesar das suas discussões, a sua relação ficou intacta e eles casaram-se após oito meses de namoro. Tiveram uma grande cerimónia de casamento em Jacarta com a presença de 1.500 convidados. Muitas dessas pessoas eram líderes empresariais proeminentes e Kent estava emocionalmente sobrecarregado. O evento foi seguido imediatamente por uma segunda boda em Singapura e os membros da família de ambos os lados ficaram extremamente orgulhosos.

Contra todas as expectativas, a noite de núpcias foi uma desilusão. Kent evitou a intimidade sexual naquela noite e Cindy ficou desanimada e dececionada. Ela nunca entendeu a razão exata para o seu comportamento e, desde então, tinha dificuldade em perdoá-lo. Pouco tempo depois, o problema de disfunção erétil do Kent tornou-se clinicamente manifesto. Foi difícil para Cindy aceitar. Ela tentou todas as formas de ajuda. Leu sobre o assunto, encorajou-o a relaxar, mas os seus esforços foram em vão. O casamento foi consumado várias semanas depois, após alguma luta. Infelizmente, a ocasião trouxe dor em vez de alegria. Kent apressou-se durante o ato sexual, antes que Cindy estivesse preparada. A penetração forçada provocou uma laceração do seu órgão genital externo e, como resultado, ela sangrou. No dia seguinte, acompanhada pela irmã, foi ao seu ginecologista, enquanto Kent envergonhado se afastava com o peso da sua culpa.

A determinada altura, Kent foi capaz de relaxar melhor, enquanto recorria à medicação como uma ajuda. Como as coisas corriam bem, Cindy aprendeu a adaptar-se e a qualidade da sua intimidade sexual melhorou. Contudo, não era regular, e então Cindy acabou por se conformar com o facto de que tinha de ser sempre ela a iniciar.

Entretanto, os conflitos do dia-a-dia continuaram. Enquanto Cindy sentia que os desentendimentos conjugais eram intercâmbios intelectuais saudáveis, Kent sentia-os como uma agressão injusta ao seu ego masculino. No interesse da harmonia, ele tornou-se passivo e abdicou das suas visões de domínio. O paradigma de Kent tinha sido sempre de que o homem deve ser o provedor da família, e o seu nível de desempenho reforçou a perceção de Cindy que ele falhou em viver de acordo com expectativas de si mesmo. A revolta foi afundada dentro dele e começou a corroer a sua autoestima. "É algo que ele tem que trabalhar por si mesmo, e eu não sei como ajudar," comentou Cindy.

O tempo passou e Cindy ficou grávida. No entanto, a chegada iminente de seu primeiro filho trouxe um pouco de alegria para a família. Ela estava sozinha em casa a maior parte do tempo e não recebeu o amor e carinho que ela esperava do seu marido. Lidar com as náuseas matinais e o peso do abdómen a crescer fez com que se sentisse em baixo. Kent nunca a consolou por um momento, e nem se preocupou em perguntar o que ela gostaria para as suas refeições. Ele até se ausentou no momento do seu parto, porque se sentiu desconfortável com a agonia das suas dores de parto.

A primeira criança era um menino, e Kent não se vinculou a ele. Cindy estava dececionada. Eles tiveram uma menina alguns anos mais tarde. Desta vez, a experiência do parto foi melhor. No entanto, Kent continuou a passar pouco tempo com os filhos. O relacionamento conjugal continuou a deteriorar-se e Cindy sentiu-se deslizar em direção à depressão. Ela lutou para gerir as suas emoções nos momentos difíceis com a ajuda de alguns amigos a quem recorria. À medida que as suas dificuldades conjugais aumentavam com discussões frequentes, Cindy procurou aconselhamento matrimonial. Kent foi com ela inicialmente, mas com relutância e os seus esforços não duraram muito. Quando o conselheiro tocou na questão da intimidade, a sensibilidade de Kent aumentou e ele parou de frequentar as sessões de aconselhamento por completo.

Kent trabalhava como agente imobiliário com a sua própria equipa e tinha o objetivo de ser o gerente da filial da sua empresa. Recentemente, ele ganhou um prémio de vendas da sua empresa, mas os seus superiores impediram que recebesse a honra publicamente. Chateado com a traição corporativa, ele deitou a toalha ao chão e encontrou um novo emprego. Com a mudança de empresa, houve um período de transição durante o qual ele enfrentou problemas de liquidez e pediu a Cindy apoio incondicional. Depois de avaliar a sua proposta com a sua habitual capacidade financeira, Cindy concluiu que o plano de Kent era pouco sólido. Infelizmente, ela não previu que recusar o seu pedido era a gota de água para o final do seu casamento.

Uma semana antes, Kent repentinamente anunciou a sua intenção de se divorciar de Cindy. Em choque e pasmada, ela não conseguia entender como as coisas puderam ter chegado àquele ponto.

"Realmente não queria que meu casamento terminasse assim, mas agora é tarde de mais," disse Cindy com remorsos. "Eu sinto-me tão triste e arrependida de não ter consciência dos sentimentos do Kent. Ele diz que está a sentir-se preso e vazio e está no fundo do poço agora. Ele não pode sentir nada por mim nunca mais. Está muito frustrado, irritado e solitário. Parece que a nossa relação conjugal está num caminho sem retorno. O tormento da dor emocional está a matar-me por dentro e eu preciso de ter a minha vida de volta."

O tumulto emocional estava a cobrar o seu preço na saúde de Cindy. Os sintomas físicos apareceram. Ela sentiu aperto no peito e espasmos gástricos que a mantinham acordada à noite. Durante a semana anterior, ela tinha experimentado uma sensação de dor insuportável na parte de trás de seu pescoço para a qual ela procurou tratamento de acupuntura.

"Eu não sabia o quão crítica estava a situação," Cindy soluçou. "A decisão dele deprimiu-me e eu não a posso aceitar. Na verdade, ele ficou muito surpreso por eu receber tão mal a notícia."

"Então ele pensou que você estava ciente do seu estado emocional e mental ao longo de todo processo?", perguntei.

"Sim," ela fez uma pausa. "E eu devo dizer que eu fui a pessoa má, porque eu sempre o desafiei em todas as suas ideias e decisões. Eu não sabia que o que eu fazia estava a magoá-lo porque ele nunca respondeu aos meus argumentos. Ou talvez ele o tenha feito, mas eu não consegui detetar a subtileza dos seus contra-argumentos. Em retrospetiva vejo que eu não deveria ter feito muitas coisas, mas é tarde de mais."

Foi uma chamada de atenção. Cindy queria muito encontrar uma maneira de dar sentido a este acontecimento, pois acreditava que ela ainda podia ser capaz de reverter a situação.

"Eu penso que muito stresse foi acumulado desde a infância do Kent. Lembro-me de detetar a sua agitação interna numa fase após o nosso casamento. Eu já falei com ele sobre isso. Eu observo que a maneira como ele me trata é idêntica à forma como ele trata os seus pais. Ele parece ter alguma autoconsciência e está frustrado com o que ele é, mas não está disposto a enfrentar a realidade."

Foi uma longa conversa. A questão de Cindy soou-me complexa e eu perguntei-me como poderia ajudar. Como terapeuta, eu tinha aprendido a não a considerar, à paciente, como o problema, mas o problema dela como o problema. De repente, ocorreu-me perguntar-lhe: "Mas... o que é que você espera obter da terapia de vidas passadas?"

"Eu não me atrevo a esperar alguma coisa," ela respondeu com franqueza. "A minha vida foi muito feliz no passado, mas as dificuldades do casamento incomodam-me. Eu sinto que o meu marido e eu estamos trabalhar bastante no relacionamento. No entanto, há um bloqueio entre nós e eu quero saber o que é isso. Estou a lutar com o facto de o meu casamento ter acabado. A parte mais difícil é enfrentar a verdade e passar por isso. Também estou preocupada com os meus filhos, pois eu não quero que a minha instabilidade emocional constante afete o seu crescimento psicológico e mental. Preciso de ajuda para estabilizar a minha mente para ir em frente. Estou preparada para aceitar o que o universo planeou para mim. Eu ainda não sei qual é a lição que é suposto eu aprender, mas acredite em mim: Eu não quero voltar noutra vida para reaprender a lição!"

Uma hora e meia passou. O humor de Cindy iluminou-se no decorrer da nossa conversa. Fiquei impressionado com a sua clareza de propósito, e decidi que iria tentar ajudá-la. No entanto, eu defini como condição que ela deveria retomar a sua prática diária de meditação que tinha interrompido há muitos anos.

A meditação é um esforço deliberado empreendido por uma pessoa para chegar a uma experiência contemplativa da realidade e felicidade através do poder da mente. Cindy pareceu entender o processo e o fenómeno muito bem. Expliquei-lhe que, uma vez que ela tivesse controlo sobre sua mente, ela tornar-se-ia menos perturbada pelos seus fracassos. A meditação, sendo um processo criativo pessoal, poderia ser adaptada à sua maneira de ser e ajudá-la a melhorar o seu autoconceito.

Em casa, naquela noite, Cindy experimentou uma melhoria significativa no seu bem-estar. O aperto no peito diminuiu significativamente e ela dormiu melhor. "Havia em mim um sentimento de ser atraída para a clareza", disse ela. "Eu acordei de manhã a sentir um pouco de entusiasmo e fui fazer alguns exercícios de alongamento no ginásio. Isso não era algo que eu costumasse fazer! Estou extremamente grata e sinto-me abençoada por me ser dada uma pessoa que me puxe para cima num momento como este. O seu compromisso e vontade impressionaram-me muito e isso continua a estimular-me."

Sessão 1: Cenas Arquetípicas do Self
Após uma semana de exercícios de meditação diária, Cindy melhorou emocionalmente e estava ansiosa por iniciar a sua terapia. Era 9 de outubro de 2012, à tarde. Vestida com uma elegante camisa branca de mangas compridas e calças cinzentas, ela compareceu de bom humor na minha clínica.

Sendo a sua primeira experiência com hipnoterapia, eu induzi-a lentamente a um estado de transe. Depois de um breve exercício de respiração e relaxamento muscular progressivo, ela entrou em transe de profundidade moderada. Uma emoção surgiu espontaneamente.

"Eu sinto-me triste", disse ela, e começou a chorar. "Eu preciso de mais espaço no meu coração. É muito apertado... Eu preciso de mais espaço... Eu quero mais liberdade."

O uso da palavra "liberdade" intrigou-me inicialmente.

Há nove anos, a mãe de Cindy estava gravemente doente e ela estava sob uma forte pressão familiar para se casar. Naquela época,

27

ela não tinha certeza se Kent era o seu parceiro de vida adequado, mas

no calor do momento, ela decidiu a seu favor. Logo após o casamento, a sua personalidade dominante levou a que ela o moldasse do jeito que ela queria, em vez de o deixar ser ele mesmo. Kent descrevia o seu relacionamento conjugal como sendo caracterizado como "um desacordo a cem por cento." Da parte de Cindy, ela sentiu que tinha sacrificado os seus interesses pessoais e *hobbies* depois do seu casamento para se concentrar nas suas rotinas familiares quotidianas. Durante o processo, ela tinha negligenciado a sua vida social e, por isso, sentiu-se emocionalmente presa com um sentimento de falta de liberdade.

Com Cindy sob hipnose, eu levei-a a concentrar-se no seu pensamento de "necessidade de liberdade." A técnica funcionou, e uma série de imagens arquetípicas surgiram espontaneamente.

Em primeiro lugar, Cindy viu-se como uma menina de dez anos de idade, sozinha e a divertir-se num prado. Sentindo-se feliz e despreocupada, ela estava a segurar um pedaço de pau e brincava num campo de arroz. Os seus sentimentos de "estar presa" de repente diminuíram quando ela se viu neste estado despreocupado. Esta busca pela liberdade era algo que ela tinha inconscientemente ansiado.

De seguida, Cindy derivou para uma outra cena. Inicialmente sentiu-se perplexa quando se visualizou como um homem, o chefe de uma casa, voltando para casa depois de um dia duro de trabalho. A mulher e o filho dirigiam-se a ele com respeito, enquanto o jantar estava a ser servido. Ficou logo claro que essas imagens eram arquetípicas dos esforços passados da vida de seu pai.

Depois, uma terceira cena arquetípica emergiu. As imagens desta cena acabaram por ser muito importantes em termos de sentido e cura.

"Eu vejo-me sozinha à beira-mar. Eu sou uma mulher adulta nos meus vinte anos. Eu gosto de ouvir o som das ondas. Estou sozinha e a sensação da areia é muito suave. Eu sinto-me muito tranquila... e estou a refletir sobre várias coisas na minha vida. Estou sentada, a olhar para o mar e a ouvir o som das ondas. Sinto-me muito solitária. Depois, caminho para casa para fazer o jantar e ver televisão.

A casa é muito moderna, como num país ocidental, e tem vista para o mar. Estou a viver sozinha. É de noite. Eu tiro um pouco de comida do frigorífico e começo a cozinhar. Eu ligo a televisão e assisto ao programa enquanto como a minha refeição. Bem, isto é também o que eu faço na minha vida atual. Oh, a minha mente está a flutuar... "

Após a sessão, Cindy ficou impressionada com a sua própria capacidade de entrar em hipnose. A imagem do seu eu solitário na praia ecoou no seu sentimento atual de solidão. Como todas as suas sessões de terapia posteriores afinal mostraram, as imagens à beira-mar eram uma componente consistente da sua experiência de cura.

Sessão 2: Hipnodrama
Incentivada pelo resultado da sua primeira sessão, Cindy voltou ansiosamente, no dia seguinte. Desta vez, porém, eu usei uma ponte afetiva e a sessão de terapia assumiu um viés diferente.

Como eu orientei Cindy para se concentrar no seu relacionamento com o seu esposo, emergiu uma emoção desesperada. "Eu sinto-me impotente. Há dor e aperto no peito. "Cindy começou a soluçar. "Eu estou a render-me... Eu estou com medo do que está para vir... Eu não sei se tenho a capacidade de o enfrentar... Eu vejo a escuridão".

Cindy explodiu em lágrimas, mas eu orientei-a para continuar. "Eu sinto-me muito solitária. Eu vejo-me sentada, sozinha, dentro de um quarto escuro. Sou iluminada por uma luz. Estou em pensamentos profundos, e estou a pensar e a procurar uma solução. Estou em transe... eu não podia encontrar uma saída. Estou sentada numa cadeira em frente a uma mesa. O meu rosto está entre as minhas mãos. Há uma luz elétrica no teto que brilha. Estou a pensar muito."

"Qual é o problema que está a tentar resolver?", perguntei.

"Como é que eu faço para melhorar as coisas? Eu tenho um monte de perguntas para as quais não tenho respostas. Como é que eu vou sair desta situação? Como devo seguir em frente? O que vai acontecer a seguir? Que caminho devo escolher? ... Eu estou presa," disse ela com a voz trémula.

De seguida, Cindy visualizou-se a caminhar para fora do quarto para passear pela praia, e estava numa cena idêntica à que ela tinha experimentado no dia anterior. Estava a desfrutar da visão do mar, do som das ondas e da sensação da brisa. Sentou-se a refletir sobre a sua vida. De repente, disse o que estava a pensar em voz alta. "As coisas não têm que ser assim! Estou tão perto, mas ele (Kent) está tão longe. Fico a pensar... como posso fazê-lo entender? O meu marido tem a capacidade. Eu vejo a grandeza dele, mas ele tem-na usado de forma errada. Ele não consegue deixar ir o passado e eu vejo-o num estado lamentável... lamentável para alguém que tem tanta grandeza, mas não a consegue ver. Ele não percebe o que está a fazer a si mesmo. Eu não sei como o ajudar... Estou perdida... Não posso decidir. Se eu deixar ir, eu não sei o que vai acontecer a seguir. Se eu não deixar ir, isso causa sofrimento, porque eu não estou confiante de que ele se vá ligar às crianças. O que devo fazer?"

A dor instalara-se. Senti que Cindy estava a tentar descobrir uma forma alternativa de agir que poderia ser executada caso tivesse uma segunda oportunidade na sua relação. Intuitivamente senti que era apropriado neste momento utilizar um hipnodrama.

Hipnodrama é a versão hipnótica do psicodrama[1]. O seu uso em terapia regressiva permitiria aceder à consciência de Cindy e do seu marido ao lado uma da outra. A interação subsequente entre eles criaria uma oportunidade para a sua história ser reformulada. Iria também ajudá-la a descobrir os seus sentimentos mais profundos e trazer as suas atitudes e crenças pré-conscientes para a superfície.

Pedi: "Visualize a imagem do seu marido à sua frente."

A imagem de Kent apareceu instantaneamente e Cindy entrou numa catarse intensa. De alguma forma, o surgimento da imagem do seu marido trouxe um enorme poder de transformação.

"Pergunte-lhe como é que ele se sente agora sobre a sua própria situação", pedi eu.

"Ele diz, *estou perdido*", disse Cindy.

---

[1] O psicodrama é uma técnica de ação em psicoterapia que envolve o uso de dramatização de papéis e autoapresentação para o paciente obter insights sobre a sua vida.

[2] A Experiência de Quase-Morte (EQM) foi descrita por Kenneth Ring, um

"Pergunte de que maneira o pode ajudar."

"Ele diz: *Eu não preciso da tua ajuda. Eu só quero que me deixem sozinho. Eu vou provar que eu posso fazer isso.*"

"Diga-lhe como se sente sobre a situação dele, do fundo do seu coração." Intencionalmente guiei Cindy a falar diretamente com o seu marido, de modo a focar a sua consciência sobre o aqui e agora, com um grau de consciência mais aguçado.

"Eu amo-te," disse ela a Kent, chorando alto e de forma explosiva. Passou um minuto. Entendi que, ao permitir que Cindy expressasse os seus sentimentos em voz alta, isso faria com que a sua experiência fosse mais vívida e aumentasse o processo de cura. Desabafando, Cindy disse: "É difícil vê-lo naquele estado."

"Olhe para o Kent nos seus olhos. Ele ouviu o que acabou de dizer?"

"Sim. Ele diz, *eu não sou digno do teu amor.* Pergunto-lhe por que é que ele se sente assim quando eu estou a fazer tudo por ele, mas ele não tem uma resposta. Ele diz, *eu não quero ser assim também.* (chorando) Ele diz que já está farto de tentar por nove anos e que está na hora de seguirmos caminhos separados. Pergunto-lhe por que é que ele deve deixar-me depois de nove anos. Ele responde que não tem mais nenhum sentimento por mim. Eu sou uma estranha para ele agora."

Foi um momento difícil. Eu senti-me privilegiado pela confiança que Cindy teve em mim ao expressar livremente as suas emoções. Com a sua contínua libertação catártica da tensão reprimida durante a sessão de terapia, eu esperava que a cura fosse rápida. Inconscientemente, ela entrou em transe profundo, o que a ajudou a interagir com a consciência de Kent para descobrir novas crenças e possibilidades para mudar a sua vida.

O princípio subjacente ao hipnodrama é o de combinação da visualização e improvisação. Aplicar este princípio exigia que Cindy se focasse novamente como se as coisas estivessem a acontecer no aqui e agora.

"Pergunte-lhe o que pode fazer para ser menos estranha para ele."

"Ele está tranquilo... Ele diz-me que eu não vou ser capaz de mudar nada, porque não estamos feitos um para o outro e não nos podemos entender um ao outro."

"Pergunte-lhe o que é que deve fazer para o entender melhor."

Houve uma pausa.

De repente, Cindy começou novamente a chorar, como se o profundo silêncio interior tivesse sido quebrado por uma comunicação solene. "Ele ainda se preocupa", disse ela enquanto desabafava. A principal ocupação da mente consciente da Cindy tinha sido ultrapassada e as imposições do passado estavam a ser interrompidas.

"Ele tenta bloquear os sentimentos que tem por mim... colapsa... sente-se impotente. Pede-me para o deixar sozinho. Ele quer cuidar de tudo sozinho e à sua maneira."

"Diga-lhe que respeita os seus desejos e que pretende ajudá-lo a lidar melhor com isso, mesmo que seja à maneira dele."

Houve outra pausa.

"Ele agora acalma-se e sente-se melhor."

"Agora dê-lhe um abraço e será capaz de sentir melhor os sentimentos dele." Eu sugeri-lhe fazer um gesto de amor enquanto lhe dava um travesseiro. O gesto acrescentaria vivacidade e posse à experiência de Cindy.

"Eu sinto dor. Oh! Ele ama-me também..." Cindy gritou novamente e desta vez muito mais alto. Eu esperei. Demorou um minuto antes da catarse intensa assentar.

"Durante algum tempo, eu quero que se visualize num lugar especial e seguro. É um lugar confortável, com paz e cura. Aprecie as vistas e sons deste lugar, encantada com todas as possibilidades e tudo o que vocês, os dois, podem experimentar... "

"Estamos a olhar para o mar agora." Cindy acalmou-se instantaneamente.

Decidi continuar a usar a sua própria imagem mental e fazê-la avançar com um guião de cura.

"Olhe para o mar e ouça o som das ondas. Deixe que cada onda que vem lave a vossa dor, frustração e tristeza. Com cada onda que vem, vocês sentem-se cada vez mais leves nos vossos corações. Vocês caminham pela praia e permitem que a água do mar bata nos vossos pés e limpe a vossa mágoa. A cura penetra logo nos vossos corpos e vocês, os dois, sentem-se cada vez mais próximos um do outro. Este é o momento em que está unida ao seu marido, com ou sem a necessidade de palavras. É um só coração e mente e vocês sentem o amor incondicional um no outro."

A sessão terminou com um ar de espanto. Cindy foi surpreendida por ainda poder sentir o amor de Kent por ela. As suas discussões ao longo dos anos levaram-na a crer que o seu amor estava morto. No entanto, a sua esperança tinha acabado de ser reacendida. Ela estava a acreditar novamente naquilo que, repentinamente, a convenceu como sendo verdade. Através da imaginação guiada, ela separou-se da sua antiga maneira de pensar e de se comportar. Foi também o poder do agora que forneceu o espaço onde foram possíveis novas escolhas. Enriquecida por novas possibilidades na forma de pensar, Cindy, de repente, desbloqueou. Ela agora apreciava o significado do amor incondicional. Ao fazer a integração da sua experiência através de um diálogo subsequente ela encheu-se de insights.

"O Kent tem dentro dele muito rancor, contra os seus pais, parentes e amigos. É como se toda a gente lhe devesse a vida. Conheço o seu problema, mas não o posso ajudar a resolvê-lo. Como é que ele pode viver a sua vida com esta bagagem toda? É muito cansativo. No processo, eu fui apanhada e eu própria acumulei mais e mais bagagem. Talvez seja por isso que eu falei sobre liberdade na minha sessão de terapia de ontem. É porque eu me sinto muito presa e pesada."

Cindy recordou as suas experiências passadas, quando ela debatia calorosamente com Kent os temas sobre os quais discordavam. À medida que falava, foi ficando triste.

"É doloroso falar sobre divergências," interrompi. "Discussões invocam a mente racional. Para o Kent, continuar a concordar consigo sobre o "certo" ou "errado" dos seus argumentos, e ser lembrado da dor que tem estado a vivenciar por desistir de si próprio a seu favor, seria um golpe contínuo ao seu ego já magoado. "

"Mais uma vez, conseguiu abrir a minha mente," comentou Cindy. "Parece saber como o Kent pensa. Tenho vindo a massacrar a minha cabeça a pensar como é que eu deveria falar com ele sobre o que correu mal. Eu acredito que é por isso que a nossa comunicação foi sempre um obstáculo. Inicialmente, eu tentei puxá-lo para fora dos seus padrões negativos. Ele percebeu e comentou que não havia nenhuma maneira de eu saber o que ele tinha passado."

Eu incentivei Cindy a falar livremente, tornando-lhe mais fácil reformular o seu problema como uma tribulação. Se se concentrar nos seus efeitos foi útil para a cura.

"De acordo com a família do Kent, ele era muito alegre e falante quando jovem," disse Cindy. "Ninguém entende porque é que ele se tornou tão calado e negativo agora. No entanto, reparei que ele fala bem quando trabalha com marketing e vendas. É só para os seus pais que ele quase não fala. Algo deve ter acontecido durante os seus anos de crescimento. A mãe dele parece assustadora quando explode. Estou certa que deve tê-lo espancado severamente na sua infância. O Kent disse que quando ele era pequeno, não podia reagir. Um dia, a sua mãe disse-me que lamentava ter-lhe batido e disse que o tinha feito para discipliná-lo pois ele comportava-se mal. A sua mãe tem melhorado desde então... mas agora o Kent usa o bastão no seu próprio filho!" Cindy suspirou.

Uma rápida cura parecia ter-se iniciado após a segunda sessão. Na manhã seguinte, enquanto Kent se estava a preparar para ir para o trabalho, Cindy experimentou uma vontade súbita e inexplicável de fazer alguma coisa por ele. Isso era algo que nunca tinha feito no passado, nem nunca pensara fazer. Ela perguntou a Kent qual a camisa que ele queria usar, tirou a camisa escolhida do guarda-roupa e abotoou-lha. Enquanto isso, ela estava a ter um *flashback* de uma cena de infância em que a sua mãe abotoava a camisa ao seu pai.

Fiquei espantado com o seu processo de cura! Na minha forma de pensar, existem várias pequenas coisas que uma mulher pode fazer para derreter o coração de um homem. Abotoar a camisa para ele era, de facto, uma delas!

"Isso é o que minha mãe fez ao meu pai. Eu percebo que é o mesmo apoio emocional que o Kent necessita. É tão simples. O Kent pediu claramente e eu não consegui dá-lo anteriormente. Uma vez, ele me disse-me que eu não sei como ser uma mulher... e eu fiquei com raiva dele! "Cindy lembrou com gravidade.

Num primeiro momento, Kent ficou estupefacto com a sua atitude. Para espanto de Cindy, ele menosprezou o seu comportamento como sendo estranho. Perguntou se havia algo de errado com ela. Ela permaneceu em silêncio e escorreram lágrimas pelo seu rosto, enquanto completava a sua tarefa.

Em seguida, Kent estava a sair para o trabalho e, na porta, Cindy perguntou-lhe de repente: "Podes dar-me um abraço?" Kent estava atordoado pela segunda vez naquela manhã. No entanto, deu-lhe um bom abraço. Ela fechou os olhos e parecia que o seu corpo derretia no dele, como um sonho. Enquanto ele saía no seu carro, as lágrimas de Cindy continuaram a correr.

"Agora estou a começar a ver a sua sinceridade. O seu sofrimento ao longo destas quatro semanas mostrou que ele se importa. Ele realmente tenta encontrar a sua alma, mas encontra vazio e frustração. Ele está igualmente perdido, e está a lutar também para encontrar o seu próprio caminho."

Cinco dias depois, Cindy teve uma experiência transformadora. Uma mensagem passou repentinamente pela sua mente e ela lembrou-se de uma passagem de um livro do Dr. Brian Weiss:

"Tudo é amor... tudo é o amor ... com o amor vem a compreensão, com a compreensão vem a paciência. E, em seguida, o tempo pára. E tudo é agora!"

Cindy, de repente entendeu que Kent a tinha amado realmente ao longo de todo o seu casamento, mas ela estava tão cega que não podia receber o seu amor.

"A sua frustração provinha do facto de que não importava o que ele fizesse ou dissesse, ele não era compreendido por mim... e, realmente, eu não o compreendia. Eu não podia sequer entender a sua simples sensação de vazio. A minha cegueira foi revestida das minhas deceções. Ele é incapaz de expressar a linguagem do amor por que eu tenho ansiado. Eu costumava estar num mar de ódio e também inundada com o sentimento de injustiça e muitas deceções. Eu estava perdida, e desde o início sempre questionei se existia amor suficiente no nosso relacionamento. Eu tinha muitas dúvidas sobre o nosso relacionamento. Eu esperava muito do Kent, à maioria das expectativas ele não podia ocorresponder, e eu continuo a forçá-lo com as minhas expectativas. Ah, bem... ele pediu o meu apoio incondicional em algumas ocasiões no passado e eu não entendi o que ele queria dizer."

O processo de cura continuou num ritmo rápido. Observei que Cindy estava consciente não só do que estava a acontecer ao seu redor, mas também do que estava a acontecer dentro dela.

"Lentamente, eu vim a entender o comportamento do Kent. Está certo que eu tenho que trabalhar para curar a sua sensação de ser bem cuidado e amado. Subconscientemente ele sabe que eu me importo, mas ele também está ciente de que eu não o entendo. Por isso, ele decide libertar-se deste casamento."

Na manhã seguinte, às 05h15, Cindy, de repente acordou e escreveu: "Finalmente entendi aquilo de que o Kent precisa. É do meu encorajamento, cuidado e apoio. É apenas o apoio emocional que uma esposa geralmente oferece ao seu marido guerreiro que precisa de sair para o campo para lutar na guerra. Meu Deus! Como é que eu não percebi isso tudo? A minha mãe fez sempre isso ao meu pai!"

Após despedir-se do marido naquela manhã, ela reuniu toda a sua coragem para lhe enviar uma mensagem através do telefone: "Finalmente cheguei à conclusão de porque é que as coisas estão a correr desta forma. A partir de agora vou dar-te o meu apoio, o meu carinho e o meu amor. "

Sessão 3: Ferida Conjugal

Na mesma tarde (16 de outubro), Cindy veio ao meu consultório para outra sessão de terapia. Até agora, as suas emoções tinham estabilizado. Ela chegou alegre e estava cada vez mais fascinada com o processo de pensar através de imagens. Vivenciar a experiência de misturar imagens guiadas com o pensamento inovador abriu-a para um novo campo de possibilidades de cura.

Nesta sessão, Cindy tinha escolhido abordar a sua questão da intimidade sexual com o marido. Ela já tinha percebido que este era o principal fator para o fracasso do casamento e não queria descansar até chegar à raiz do problema. Ela acreditava que isso iria colocá-la numa melhor posição para posteriormente ajudar Kent.

"Não pode ser uma situação contínua. Só porque nós discutimos sempre, não significa que a mente não possa concentrar-se em intimidade e o Kent não possa dar-me uma resposta sobre o assunto."

Cindy disse isso com amargura e dor.

"Talvez ele próprio não saiba a resposta," continuou ela. "Ele remete sempre para o tempo antes do nosso casamento, quando já discutíamos, e diz que as nossas discussões o distraíram e afastaram do seu interesse sexual. No entanto, eu vejo por um ângulo de que isto não pode contar para a gravidade do problema."

Silenciosamente discordei.

Para mim, a disfunção erétil de Kent era, obviamente, um produto dos seus constantes conflitos emocionais. Quando as águas se agitavam durante as discussões e estas continuavam, a calma era, provavelmente, confinada à superfície. Kent provavelmente tinha submergido os seus sentimentos feridos no interesse da harmonia, e estes sentimentos demoravam a apodrecer no substrato fértil de sua mente inconsciente. Ele já estava sobrecarregado com o seu stresse profissional. Provavelmente estava preocupado com os seus conflitos pessoais para provar a si próprio, e não tinha espaço para o desenvolvimento de um interesse pela intimidade sexual. Possivelmente, o roer da sua raiva, insegurança e ressentimento estava a crescer até ao ponto de paralisar a sua função erétil, mesmo antes do casamento.

Cindy relaxou num estado hipnótico e regrediu para a noite em que o casamento tinha sido consumado. Ela tinha definido a intenção de reviver o momento em que ela teve que enfrentar o calvário da disfunção erétil de Kent. A intenção é uma forma de vontade dirigida, e dizendo a si mesma que estava a ir para cumprir um objetivo em particular, ela estava a preparar o sucesso desta sessão.

"Estou de volta para a noite, quando tivemos intimidade pela primeira vez." De repente, vi os músculos faciais de Cindy tensos.

"É doloroso..."

"Conte-me mais."

"É muito doloroso." As suas sobrancelhas estavam a contrair-se. As pálpebras estavam apertadas e o lábio superior elevou-se enquanto o seu corpo ficava tenso. Após a sessão, ela lembrou-se de como o grau de tensão dos seus genitais, naquela noite agitada, trabalhou contra a intimidade. Mesmo em ocasiões posteriores, ela precisou de muito tempo para relaxar de forma adequada para a penetração.

"O que está a acontecer?"

"É muito desconfortável. Eu estou a empurrá-lo para longe. Ele tenta, tenta... e dá o empurrão final. Ele entra, mas depois... é muito doloroso." Ela fez uma careta.

"Concentre-se na dor e diga-me que sentimentos estão a surgir."

Houve uma longa pausa.

"Eu não gosto disto. Emm... é tão doloroso... Eu sinto-me frustrada... e um pouco perdida. Porque é assim?" Ela parecia perplexa.

"Conte-me os seus pensamentos agora."

Houve outra pausa.

"Estou com medo. Eu não sei de que é que eu estou com medo, mas estou muito triste. (Pausa) Definitivamente isto não é amor! É dor... é horrível!"

"Não está feliz que ele, finalmente, seja capaz de o fazer?"

"Não... Definitivamente não. Não é suposto ser assim. Esperava gentileza." Cindy respondeu mantendo-se totalmente focada no trauma do acontecimento.

"Isso é tão desagradável e bruto. Definitivamente ele não é atencioso. É muito doloroso. Eu disse-lhe mas ele está a apressar-se e eu não estou pronta."

De repente, isso alertou-me para o facto de que se estava a abrir uma janela de oportunidade para a cura. A minha formação ensinou-me que, em determinado momento do processo de regressão, o paciente tinha o poder de dizer que não é assim que minha história vai acabar. Este é o cerne do processo de "reenquadrar". Tal abordagem dá espaço para o paciente reformular ou reestruturar a sua história e criar espaço para a cura.

Num guião de terapia regressiva "reenquadrar" é análogo a desempenhar o papel de um coreógrafo no processo de terapia. O desafio consistia em orientar a paciente para que criasse uma sequência imaginária de ações e acontecimentos, atuasse novamente para que o evento imaginado ou recém-criado preenchesse a sua necessidade psicológica. Comecei imediatamente a ajudá-la a reestruturar o seu eu interior com as imagens necessárias.

"Eu quero que você visualize o Kent à sua frente."

"Sim, eu vejo-o aqui." Cindy respondeu prontamente.

"Diga-lhe que você não está pronta e que ele não se apresse."

"*Eu não estou pronta... Eu sinto que não gosto disto... Podes esperar um pouco?* (pausa) Ele responde que não pode esperar mais. Ele está a forçar."

O rosto de Cindy tinha uma expressão de desagrado. Eu, então, guiei-a para suplicar que Kent fosse gentil. *"Podes, por favor, fazê-lo lentamente? Relaxa e não te apresses,"* Cindy sussurrou baixinho a Kent.

Tornou-se logo evidente que uma das funções mais poderosas do hipnodrama foi dar a Cindy a oportunidade de ser capaz de viver não só o que tinha acontecido naquela noite emocionalmente traumática, mas também o que nunca aconteceu. O que nunca aconteceu é a "verdade psicológica" para Cindy e que era muito mais importante para a cura do que a "verdade histórica".

"Como é que o Kent responde agora?"

"Ele respira fundo e acalma-se um pouco."

"Ajude-o a acalmar-se ainda mais para que vocês os dois possam desfrutar da intimidade."

"Relaxa, Kent... toma mais cuidado... Apenas relaxa lentamente," Cindy implorou. "Sim... Eu estou a gostar mais agora... o Kent também. Ele é capaz de responder agora."

A utilização da abordagem de "reenquadramento" acabou por ser um belo ato de transformação e criou uma experiência de êxtase sob o estado de transe. Foi um momento importante na cura interior. Cindy pôde expressar ao marido os seus sentimentos apaixonados ao de uma maneira que ela não fez nos últimos nove anos. Ela conseguiu fazer com que Kent respondesse de uma forma sensual que finalmente fez com que realizasse os seus sonhos.

"Ele sente-se muito amado... Eu não sinto a dor agora," continuou Cindy, parecendo relaxada e feliz. Eu, então, guiei-a para que comunicasse os seus sentimentos de sensualidade em relação a Kent e chegasse a um clímax. "Foi agradável... Eu quero mais... Eu sinto-me livre... Eu estou rendida... liberta e satisfeita."

A seguir, eu guiei Cindy para fora do transe. O hipnodrama pode alargar o âmbito da cura em terapia regressiva, é como o que as ferramentas elétricas têm feito pela carpintaria. A essência da integração, no caso de Cindy, foi possível graças à oportunidade de viver uma "cena corretiva" para que ela pudesse reviver a situação traumática e experimentar o que tinha acontecido de uma forma mais positiva. Trazer as fantasias não ditas e não realizadas para sua consciência explícita era tudo o que era necessário. A base teórica da abordagem foi a de criar um espaço, um palco mental, onde ela poderia viver realidades alternativas, e experimentar uma forma diferente de se comportar num ambiente seguro. Em vez de puramente relembrar o que realmente aconteceu naquela noite, ela teve clareza sobre o que ela sempre desejou, mesmo que não fosse real. A cena reenquadrada representava o mundo psicológico de Cindy, no qual a sua expressão imaginária permitiu a conclusão de um conflito não resolvido ao revivê-lo com uma ressignificação corretiva. Com isso, a cura ocorreu.

Houve um breve momento de constrangimento quando Cindy saiu do estado de transe. Mas, mais importante, foi ela apreciar a conexão do seu coração a uma fonte de sabedoria maior do que sua mente. As suas esperanças tinham-se reacendido. Ela pôde visualizar o seu marido agindo em conformidade com as suas necessidades e a possibilidade dos dois desfrutarem da experiência íntima. Por repetir um acontecimento infeliz, Cindy agora experimentava um final mais poderoso e satisfatório.

Após a sessão, uma série de pensamentos emergiu.

"Será que isso significa que as coisas podem vir a ser mais positivas?", perguntou ela. "Eu começo a sentir que isso pode acontecer, e eu sinto de forma intensa que o Kent realmente me ama. Realmente me ama. Eu acho que muitos aspectos da sua vida estão a intrometer-se na sua mente e ele não pode exteriorizar as suas emoções."

CAPÍTULO 2

Crise no Casamento II: Seguindo em Frente

Dr. Peter Mack

"O que a maioria de nós precisa, quase mais do que tudo o resto, é de coragem e humildade para realmente pedir auxílio, do fundo do nosso coração... pedir a purificação e a cura, pedir o poder de compreender o significado do nosso sofrimento e transformá-lo; num nível relativo, pedir o crescimento da claridade, paz e discernimento em nossas vidas..."

Sogyal Rinpoche
Em: *Livro Tibetano do Viver e do Morrer, 2002*

A melancolia que havia atormentado Cindy tinha desaparecido. Na seguinte sessão de terapia, na tarde de 17 de outubro de 2012, ela chegou alegre. Veio com uma T-shirt castanho-escuro com um padrão florido vermelho brilhante e uma aparência radiante e calma.

Sessão 4: Amor Incondicional

Assim que Cindy relaxou, num estado de transe, no sofá, experimentou uma sensação de paz interior. O tema da liberdade que surgiu na sua primeira sessão de terapia surgiu novamente nos pensamentos que emergiam.

"Eu tenho feito tudo o que posso de forma consciente, mas não é suficientemente bom", começou ela. "Eu não consigo obter o resultado que eu quero. É apenas mais um passo para seguir em frente, mas é tão difícil."

Houve uma pausa.

"Estou a estender a minha mão ao Kent", disse Cindy emocionada, e começou a chorar. "Ele, também, está a tentar alcançar a minha mão... mas ele não a consegue segurar com firmeza suficiente."

A catarse começou. Eu esperei um minuto e meio. Ela afastou-se espontaneamente para duas outras cenas que eram repetitivas, uma após a outra.

Em primeiro lugar, Cindy viu-se sozinha, sentada num quarto escuro, sem janelas, com uma luz que a iluminava desde o teto. Estava a olhar fixamente para a parede numa reflexão profunda. Em cima da mesa, ela viu um portátil. "Estou a escrever alguma coisa... como se eu estivesse a estudar. Sempre que os meus pensamentos vêm, eu escrevo-os. É uma questão de Matemática... com alguns cálculos. Eu não sei por que é que eles estão a incomodar-me. Estou apenas a estudar... "

De seguida, as imagens derivaram repentinamente para uma outra cena.

"Estou à beira do mar novamente. Muito bom... o vento sopra. Estou a gostar da minha caminhada, do meu passeio. É muito tranquilo. Eu gosto do som das ondas. Eu estou sozinha... muito tranquila."

A sequência das duas cenas, aparentemente não relacionadas, pareceram-me simbólicas do seu eu interior. O quarto escuro era onde Cindy estava a lutar para encontrar as respostas, ao passo que a praia era onde as soluções intuitivas para seus problemas podiam fluir livremente. Aproveitei a oportunidade para a ajudar a desenvolver esta parte positiva do seu eu interior.

"Descreva-me a praia."

"Uma praia de areia... e são entre seis horas - sete horas do anoitecer. É hora do pôr-do-sol. Está um pouco nublado e eu sinto-me feliz e leve."

"Ouça o som das ondas e descreva os seus sentimentos."

"Estou bem e satisfeita. Eu agora sou livre e muito descontraída. Eu sou eu e há muito espaço no meu coração... Eu sinto-me muito tranquila."

Cindy refletiu depois sobre o seu anseio por liberdade. Há muito tempo que ela tinha vindo a lutar com o seu impulso interior de agradar às outras pessoas, especialmente à sua mãe. Ela acreditava que a lição a aprender era compreender as pessoas. Com uma melhor compreensão do Kent, após uma quinzena de terapia, ela notou uma mudança na sua própria consciência. Era agora mais capaz de deixar de intervir na maneira como Kent disciplinava os seus filhos, mesmo que ela sentisse que ele era um pouco duro.

"Encontrou então a resposta para a sua liberdade? Qual é a lição que aprendeu?"

"É sobre o amor... Eu amo toda a gente neste mundo. Quero que toda a gente me ame e seja bom. Eu quero que eu e toda a gente fiquemos em paz... e harmonia."

"Como é que pretende alcançar isso?

"Eu só quero que o meu marido Kent e os meus filhos estejam por perto, que sejam felizes e tenham o que eles gostam e desfrutem disso. Fico feliz ao vê-los sorrir e vou ficar mais contente dessa maneira."

"Quão longe está de ser capaz de conseguir isso?"

"Não muito. É só seguir em frente... está lá."

"Sabe o que fazer pelo Kent agora?"

"Na verdade... sim. Eu não fui capaz de o deixar ir, mas ele é muito mais feliz sem mim. Eu ainda o quero segurar."

Cindy entrou em catarse novamente.

"É muito difícil deixá-lo ir. Eu ainda quero mantê-lo e ele sente-se preso."

Senti-me espantado com o *insight* de Cindy e a mudança repentina no seu temperamento, a nível percetual. Tinha sido uma observação consistente na minha experiência que a mente do paciente, se for dado o espaço irrestrito em transe, tem um poder incrível para se mover em

45

direção a um estado iluminado, além de seu atual estado de crescimento.

"O que é que pode fazer para ele se sentir menos preso e mais feliz se ficar consigo?", perguntei.

Houve uma pausa.

"Eu não sei..." Ela parecia bloqueada. Eu esperei por um momento e decidi guiá-la para desenvolver uma maior consciencialização por meio da sua sabedoria interior.

"Peça ao seu Sábio Interior para a ajudar com uma resposta."

Cindy respondeu rapidamente a essa indicação. "Ele apenas diz que eu deixe ser. Deixe-o ser ele mesmo." Após uma pausa, ela continuou: "Na verdade, ele não me quer deixar. Ele ainda está lá. O Kent ainda está lá... "

Cindy estava em êxtase quando visualizou a felicidade em Kent e a sua relutância em ir embora.

"Pergunte-lhe o que deve fazer para o fazer feliz e ainda assim ele ser ele mesmo."

"Ele diz para o deixar fazer o que ele quer fazer. Diz que ainda me ama, e diz que está tudo bem... ele não está a ir para longe de mim afinal!"

Por um momento, essa revelação pareceu boa demais para ser verdade! No entanto, eu abracei esta resposta, uma vez que estava a trazer uma importante cura da parte de Cindy.

"Está preparada para aceitar a sua proposta?"

"Sim. Ele sorri... e digo-lhe, eu acredito que o podes fazer. Eu confio em ti e vou dar-te o meu apoio. Eu posso cuidar das crianças... não há problema, eu posso fazer isso."

Eu permiti que o hipnodrama continuasse.

"Ele está mais confiante agora, e eu estou a dar-lhe um abraço. Ele está a abraçar-me de volta e está a chorar. Ele diz que me ama muito, e que está arrependido. (catarse) Digo-lhe que está tudo bem pois todos nós cometemos erros."

Cindy estava a chorar muito alto nesta fase. Esperei para lhe dar tempo para mergulhar completamente e experienciar totalmente as suas emoções. Eu achei que isto era importante para ela obter a cura necessária.

Poucos minutos depois, o seu choro parou e eu perguntei: "O que acontece em seguida?"

"Nós os dois acalmamo-nos. Eu seguro a mão dele. Ele não diz nada e, em troca, segura a minha mão. Desejo-lhe tudo de melhor e asseguro-lhe que ele é livre para ir e eu vou dar-lhe o apoio total de agora em diante. Ele recebe a minha mensagem."

Foi um momento comovente. Cindy estava a começar a deixar Kent ir psicologicamente e sentiu a sua felicidade. Como eu estava a concluir a sessão, trouxe-a de volta para as mesmas imagens da praia que ela sempre amou, e configurei um guião de cura.

"Enquanto está na praia, a água estende-se tão longe quanto pode ver no horizonte. O sol estar a pôr-se e não se consegue distinguir o oceano do céu. As ondas estão a quebrar na sua direção, quebrando em espuma, subindo para seus pés e deslizando para trás. Ouça as ondas. Enquanto cada onda bate nas rochas, você fica fascinada pela costa e é também capaz de discernir o som rítmico do rebentamento da água sobre a água, e da água na areia. Cada onda que vem traz consigo poder de cura. Ouça o grito das gaivotas enquanto elas circulam no céu. Sinta a brisa soprando no seu rosto e a alegria, a esperança e o contentamento que ela traz. Continue a ficar relaxada na praia. Este é o lugar onde encontra a iluminação e a resposta para o seu relacionamento com o Kent. Este é o mesmo lugar onde é capaz de se reconciliar em alma e espírito com o Kent."

Após a sessão, Cindy sentiu-se perplexa com a repetição da sua visualização da cena à beira-mar. Vários dias depois, ela acordou, de repente, uma manhã e enviou-me uma mensagem para descrever como é que ela viu o simbolismo de estar à beira-mar a encaixar-se.

"Água, ondas, mar, praia, natação, tempo fresco, brisa, pôr-do-sol e nascer do sol, cozinhando o jantar ao crepúsculo, a paz de ver televisão sozinha...", ela relatou. "A mistura de todas estas cenas e imagens simboliza a minha afinidade com a água, que tem um efeito calmante sobre mim."

O insight de Cindy foi particularmente interessante porque o meu entendimento pessoal do simbolismo da água tinha um ponto de vista diferente. Para mim, a água representa todas as potencialidades de existência que antecedem todas as formas e criação. O contacto com a água leva à dissolução em direção a um estado mais indiferenciado. Isto é seguido de um novo nascimento. A imersão em água fertiliza e multiplica as potencialidades da vida. Era por isso que eu acreditava que a visualização repetida de Cindy de cenas de água significava um processo regenerativo em curso. Enquanto a água dissolveu a forma das coisas, também purificou e reforçou a sua renovação. No seu âmago, as imagens do mar rugindo e as ondas quebrando nas pedras ajudaram-na a redescobrir a sua ligação com o universo.

A evidência de cura continuou a manifestar-se após a sessão.

"Eu cheguei à certeza de que a minha lição de vida é aprender a dar e receber de forma incondicional, isto é, o amor incondicional," disse ela. "É realmente doloroso... amar incondicionalmente, sem pedir nada em troca. A minha compreensão do amor incondicional é que isso significa deixar ir a pessoa, livremente, sem controlo. Significa liberdade, sem amarras e sem apego. Isso significa desejar à pessoa felicidade e paz, sejam quais forem as circunstâncias. A palavra "amor" soa-me tão intensa agora... Eu nunca percebi que sou capaz de amar este homem tão intensamente.

"O amor, enquanto deixar ir, é o mais difícil. Eu continuo apegada ao Kent até ele se sentir preso e incapaz de fazer as coisas que ele quer fazer no seu próprio caminho. Ele já me disse daquilo que precisa - apoio incondicional, sem perguntas. Desde então, ele chegou à conclusão de que eu não vou ser capaz de fazer isso, porque eu continuo sempre a perguntar-lhe: Porquê? É justificável? Faz sentido?

"Eu acho que a lição de vida do Kent é aprender a abrir-se e perceber verdadeiramente que ele foi sempre amado; que sua vida não é como ele pensa. É aceitar contentamente a sua vida e aprender a ser capaz de apreciar o que está à sua volta. As nossas vidas estão entrelaçadas e planeadas para atender às necessidades de cada um, e eu tenho que ser o que age para o fazer perceber isso.

"Desde jovem, cuidaram muito bem de mim e foram-me mostradas maneiras de cuidar e amar. Agora é a hora de eu retribuir o que recebi e colocar em prática o que me foi ensinado. Os *flashbacks* de cenas repetidas de interação entre a minha mãe e o meu pai, a minha irmã e o meu cunhado, bem como aquelas entre os meus outros irmãos, estão a dar-me os sinais e as instruções.

"Está claro para mim, agora! Uma maneira de atravessar este caminho é deixar espaço para o outro. É a liberdade de sermos nós mesmos. Não se trata de mudar a nós mesmos para atender às expectativas do outro. É aprender o que é suposto aprender, e nós os dois vamos estar sempre lá para as crianças. Eu vou viver a minha vida de forma significativa a partir de agora e deixar que o universo revele o meu plano de vida."

Estas foram palavras inspiradoras. Parecia que a descoberta do significado tinha dado corda ao processo de cura. Ela tinha entendido que o significado da sua existência necessitava ressoar com os seus planos físico, social, psicológico e espiritual, a fim de criar um rico tecido de vida. Cada parte de sua psique interior tinha estabelecido um diálogo contínuo com as outras partes para proporcionar uma avenida através da qual ela poderia entrar em contacto com o seu ser maior. O mar tempestuoso e as águas pacíficas, o nascer do sol e o crepúsculo, a praia e o som das ondas eram todos partes da rede do seu ser maior.

Passaram-se outros cinco dias.

O sentimento de Cindy, de ligação emocional com o relacionamento conjugal, começou a diminuir. "Estranhamente, eu olho para o sentimento de apego dentro de mim e parece muito longe. Eu já não me sinto tão apertada e há espaço para outras coisas. Eu acho que estou a mover-me na direção certa e a meditação tem ajudado muito a acalmar a minha mente."

Cindy tinha entendido que deixar ir significava deixar as coisas como estavam. Não se tratava de as aniquilar ou deitar fora. Foi através da sua prática de meditação que ela começou a entender a origem do seu sofrimento – o seu apego ao desejo.

Desapegar de Kent envolveu, por parte de Cindy, a retirada relutante e gradual da energia, amor e apego a ele. Quando ela enfrentou e aceitou a realidade internamente, o seu comportamento externo começou a mudar. Eu adverti-a de que ondas de tristeza poderiam abaná-la à medida que ela levasse a termo a mudança. Ela precisaria de descobrir quais os aspetos da sua vida a abandonar, a fim de avançar para se tornar a mulher que ela queria ser.

Outro facto positivo ocorreu entretanto. Cindy teve a sua primeira aula de natação, numa manhã, às 7h00. Ela sentiu uma grande sensação de realização. A baixa temperatura da água não a deteve. Ela começou a apreciar o seu poder mental à medida que a sua temperatura corporal rapidamente se equilibrava com a água fria da piscina. "Está tudo na mente," comentou ela.

"Muitas pequenas coisas que eu tenho feito até agora indicam uma mudança no meu comportamento. Como agora eu acordo o meu filho de manhã para ir para a escola e me despeço dele à porta, eu vejo que ele está muito feliz com a minha atitude. Por apenas o observar a beber o seu leite ao pequeno-almoço e o ajudar a calçar meias e sapatos, eu percebo que essas pequenas tarefas podem suavizar a emoção e a irritação do menino por ter que se apressar para a escola. Eu posso realmente sentir a sensação de paz... com todas essas mudanças. Espero sinceramente que todos estes meus comportamentos positivos fiquem e cresçam numa transformação permanente."

Sessão 5: Ponto de Viragem na Vida

A 31 de outubro, Cindy veio à minha clínica com uma camisa rosa e calças pretas, parecendo um pouco cansada. Na última semana ela tinha estado a lutar arduamente para descobrir o seu propósito de vida, e tinha chegado à conclusão de que vinha a lutar contra o destino dela o tempo todo.

"Foi exatamente porque eu não acreditava no meu destino que eu tenho vindo a fazer todas estas coisas nos últimos nove anos," disse ela. "Eu voltei a entrar num grande círculo vicioso retornando aos mesmos problemas de relacionamento. Desde o primeiro dia, o problema de relacionamento estava lá. Por isso, é qualquer coisa que não fui capaz de romper ou eu ainda estou a tentar entender melhor, para depois avançar." Esta declaração deu-me a sensação de aumento de autoconsciência por parte de Cindy.

Depois de um exercício de respiração curta no sofá de terapia, Cindy entrou rapidamente em estado hipnótico, e disse: "Eu experiencio felicidade, a paz e liberdade..."

"Conte-me os seus pensamentos associados a essas emoções," pedi eu.

"Eu não tenho que estar a lutar como estou agora. Eu posso apenas dar um passo de cada vez e deixar fluir. É como sentir a brisa enquanto aprecio a viagem. Às vezes, quando eu passo por um prado, gosto só de olhar para as flores, para as folhas, e para o cenário colorido. Outras vezes, quando está a chover e tempestade, eu vou só olhar para a chuva do lado de fora da janela. Digo a mim mesma que em breve a chuva irá terminar e o sol vai nascer de novo e poderemos sair e jogar."

Seguindo estes pensamentos, ela regrediu para uma cena em que era jovem. Foi uma experiência marcante, que me permitiu compreender as muitas maneiras secretas, subtis em que ela se sentiu ferida ao longo de seu crescimento.

"Tenho 17 anos. Meu pai acabou de falecer na China. "Ela começou a soluçar. Ouvi com interesse.

"Eu não sei quais são os meus sentimentos. Estou a dormir a sesta e o meu irmão acorda-me com a chocante notícia de que o pai tinha falecido. Eu não sei como chorar e estou a perguntar-me o que isso significa. Depois disso, a minha mãe diz-me que eu tenho que ser

51

independente de agora em diante. Eu registo claramente na minha mente a palavra "independência". Eu sou a filha mais nova da família. Os meus irmãos estão todos crescidos e eu ainda estou na escola secundária. Eles decidem enviar-me para Sydney para estudar. É difícil. É a primeira vez que estou longe de casa."

Cindy começou a chorar. Eu esperei. Intuitivamente, eu previa que uma história perturbadora estava prestes a surgir.

"Eu sinto-me muito solitária. Estou a ser colocada numa escola em que existem apenas três estudantes asiáticos. É um choque de culturas... Eu não sei como falar ou expressar-me em Inglês. Quando eu ouço rádio, eu não consigo entender nada. Sinto-me como uma alienígena. A palavra "independência" vem-me à mente novamente. Pela primeira vez na minha vida em que eu olho para os jornais, consigo um emprego e vou para o trabalho. Eu estou a trabalhar num restaurante da McDonald's. Eu ganho o meu próprio dinheiro. Sinto-me muito feliz e orgulhosa de mim mesma."

"O que é que acontece a seguir?"

"Eu fico com o meu terceiro irmão na mesma casa. Ele também se sente muito solitário. Ele vai para o trabalho, enquanto eu vou para a escola. Chego a casa, preparo o jantar e ele lava os pratos. Eu lavo as roupas e passo a ferro. Passam-se dois anos. Eu não consigo misturar-me com os estudantes caucasianos. Eu tenho apenas meia dúzia de amigos asiáticos."

Havia um tom de tristeza na voz de Cindy.

"Na universidade eu encontro um grupo de amigos. Eu sinto a proximidade, o apoio e o carinho. Aquilo molda-me. Um deles traz-me para a Sociedade Budista. Estamos numa reunião do comitê da Sociedade... a vida começa a andar para a frente. Eu aprendo muito com eles.

"Gosto dos quatro anos de vida universitária. É o melhor momento da minha vida. O que acontece a seguir é que eu não estou a ir bem nos estudos. Estou a fazer Química Industrial, mas, a meio, eu não gosto do curso. Então eu suspendo-o, salto o ano de Honra e concluo a licenciatura antes.

"Vou para casa e consigo encontrar um emprego relacionado com a Química Industrial, no departamento de uma empresa que lida com comércio de equipamentos de testes de laboratório. Eu não gosto e peço a demissão. Então o meu irmão consegue-me um trabalho num banco através dos seus contactos. Estou no Banco SMA como estagiária. Estou num dos ramos de melhor desempenho do banco. Eu sou a única mulher entre sete ou oito funcionários. Estou muito entusiasmada por ser a única com graduação no estrangeiro. As pessoas olham para mim. Eu vou e atendo os clientes, entendo como o negócio funciona, escrevo relatórios, concedo créditos e aprendo muito.

"Então, eu encontro o Henry... Ele gosta de mim. Eu não sei como é que o sentimento se desenvolve. Ele ajuda-me em muitas coisas. O nosso relacionamento fica muito intenso. A mamã descobre sobre ele e diz 'não', porque ele é seis anos mais velho do que eu, e também porque ele é portador de hepatite B. O meu pai também era portador de hepatite B e morreu de cancro de fígado. Então a mamã considera-o inaceitável.

"Ao mesmo tempo, acontecem outras coisas na família. O meu terceiro irmão teve um caso que está a levar a um divórcio. A família está chateada e a mamã põe um fim à minha relação com o Henry. Então eu disse-lhe que queria voltar para a escola e estudar."

A última declaração veio mesmo a calhar. O simbolismo da "escola" e "vida" estão em lados opostos de uma polaridade. A escola é sobre aprender lições e a vida é sobre passar por testes. Cindy tinha acabado de enfrentar um teste na vida que lhe ensinou uma lição! Pareceu-me que "voltar para a escola" poderia indicar que agora ela queria aprender a lição mais uma vez antes de passar pelo próximo teste na sua vida.

"A Mamã contesta a minha decisão," continuou Cindy. "Ela diz que uma mulher não precisa de um nível tão elevado de ensino. No entanto, quanto mais forte a sua objeção, mais eu quero voltar para a escola. (a chorar) Eu quero ser independente e estou a quebrar a norma. A Mamã diz que ela não me vai apoiar se eu fizer isso. Digo-lhe que está tudo bem e eu posso sobreviver sozinha. Eu reservo o bilhete de avião e faço um empréstimo para o meu curso em Finanças. Eu não me importo... Eu só quero mostrar às outras pessoas que eu posso fazer isso. Com minhas próprias economias eu vou em frente. Ela está com o coração partido e não me pode parar.

"Eu estou muito solitária. Apanho um táxi para o aeroporto e de alguma maneira encontro o meu próprio alojamento. Vou trabalhar e estudar ao mesmo tempo. Eu tenho a sorte de conseguir um emprego como funcionária de serviço ao cliente num banco. Assim, eu trabalho durante o dia e assisto às aulas à noite. A Mamã sente muito a minha falta. Mais tarde, ela vem a Sydney para me visitar. Eu costumava odiar a sua atitude negativa para com as necessidades educativas das mulheres. Os meus familiares dizem que eu sou muito teimosa. Eu sei e entendo que há tanta coisa que uma mulher pode fazer na sociedade, mas a minha personalidade não pode ser alterada.

"A vida em Sydney é boa. Eu estou lá durante apenas um ano e volto à minha vida. Antes de voltar para casa em Jacarta, eu tenho um trabalho à minha espera como bancária no atendimento a empresas num banco indonésio. Então, eu tenho tudo planeado. No entanto, após apenas sete a oito meses no trabalho, o caos aconteceu... os motins indonésios. O pensamento de solidão aumentou novamente.

"Desta vez, o meu terceiro irmão e eu, de alguma forma, estamos juntos novamente. Estamos com medo da visão das lojas a ser roubadas e queimadas. Todos os desordeiros são muito assustadores.

"Cindy estava a chorar muito.

Naquele momento eu comecei a recordar, com tremores, o que tinha lido nos jornais sobre os motins indonésios, em maio de 1998. Isto aconteceu no auge da crise financeira asiática, que começou em 1997. Em toda a Indonésia houve violência em massa e foi particularmente abundante em Medan, Jacarta e Surakata. A crise regional precipitou grandes problemas económicos no país, incluindo o desemprego em massa e a escassez de alimentos. Mais de mil pessoas morreram nos distúrbios e várias centenas de mulheres indonésias chinesas foram violadas. Dezenas de milhares de pessoas de etnia chinesa fugiram do país após os acontecimentos.

"A qualquer momento um grupo pode forçar a entrada e eu desaparecerei..." Cindy gritou com medo. "Eu ouvi as pessoas a gritar e a gritar enquanto as casas estão a ser queimadas. O meu irmão está muito assustado. Ele está muito preocupado comigo. Somos os únicos que ficaram dentro da casa. (a chorar) Os meus outros irmãos estão presos no aeroporto. Eles levaram as suas esposas, filhos, mães e sogras para lá para apanharem um voo para Singapura, mas está bloqueado."

"Como é que isso é possível?"

"Os indonésios chineses tornaram-se alvo de violência por parte dos bandidos locais. As lojas de propriedade de chineses são saqueadas. É caótico... muito assustador! O telefone continua a tocar. O sítio em que estamos hospedados fica numa localização estratégica, porque estamos a caminho do aeroporto. Amigos e familiares ligam para acompanhar a situação. O meu segundo irmão, afinal, está a voar com o meu irmão mais velho. O meu irmão mais velho consegue arranjar bilhetes para todos nós... mas como é que vamos chegar ao aeroporto? Temos de encontrar o nosso próprio caminho! Está escuro... são cerca das 05h00 e uma decisão tem que ser tomada. O meu terceiro irmão é firme comigo e diz que temos de ir para o aeroporto agora.

"Há um trabalhador que está connosco. Então, o meu terceiro irmão pergunta-lhe: Sabe conduzir? Ele diz que sim. Eu nem sei como podemos obter os nossos passaportes. Subimos para um camião de carga por volta das 06h00. Está escuro. Ele diz que sabe conduzir, mas conduz entre trinta a quarenta quilómetros por hora. É uma viagem muito longa para o aeroporto. No caminho estão grupos de arruaceiros e algumas pessoas e não me atrevo a olhar para eles. Existem incêndios e eu posso ver fumo aqui e ali.

"De qualquer maneira, chegamos ao aeroporto com segurança. Eu tenho apenas algumas peças de roupa comigo. Nós voamos com segurança para Singapura. Eu sinto-me muito sortuda por fugir... Eu li todas as notícias sobre os distúrbios nos jornais... amigos e outras pessoas falam sobre os incidentes e casos de violação. As pessoas estão a guardar rancor. Eu talvez consiga perdoar porque estou longe...
"

Cindy tinha apenas narrado uma lembrança muito dolorosa de uma experiência de pesadelo e eu permiti-lhe fazê-lo livremente. Decidi terminar a sessão neste momento. O relato das histórias teria criado novos significados a partir do seu passado e a sua história iria influenciar a maneira como ela se via a si e ao mundo à sua volta. Nesta fase da terapia, eu senti que era tão importante aprender sobre os seus sistemas de significado, tanto quanto sobre seu comportamento.

Eu percebi que o novo sistema de significado de Cindy tinha ajudado a compreender as suas experiências de vida a partir de duas perspetivas. Em primeiro lugar, Cindy percebeu que o seu terceiro irmão desempenhou sempre um papel importante na sua vida, ao estar presente ao seu lado durante os seus momentos mais críticos e os pontos de viragem na sua vida. Ele ensinara-a a analisar e a resolver problemas matemáticos enquanto estudava. Ele estava com ela durante a fuga dos motins indonésios. Além disso, o seu próprio relacionamento e problemas conjugais tinham deixado uma marca na sua mente. Por um momento, Cindy estava surpresa por até agora nunca ter visto a presença do seu irmão na sua vida dessa perspetiva.

Em segundo lugar, a solidão foi o tema por trás da história da regressão de Cindy e um denominador comum presente em muitos outros aspetos da sua vida. Ela era o motor por trás das suas realizações pessoais, pois ela queria mostrar aos outros que podia ter sucesso sozinha e com pouca ajuda. A solidão tinha moldado a sua identidade adulta com um sentido de independência e vontade de se afirmar a si mesma. Com o tempo, ela aprendeu a ter um caráter excessivamente assertivo. No entanto, eu acredito que o seu passado a tinha preparado bem para o que ela se tornaria.

Sessão 6: Metáfora para a Vida

Notei que a expressão de Cindy se tinha animado. Uma semana depois, a 6 de novembro, eu vi-a novamente. Desta vez, ela parecia mais relaxada e com um olhar suave que olhava diretamente para mim, sem estar com o olhar fixo ou pestanejando. Com um brilho nos olhos e um ritmo de respiração regular, ela tranquilizou-me com confiança de que estava bem no seu caminho de recuperação, e perto de embarcar num novo capítulo na sua jornada de vida.

Cindy tinha acabado de passar o seu sétimo fim de semana desde o início da sua crise conjugal sem um colapso emocional. Ela foi clara sobre o que ela precisava para a sua sexta sessão de terapia - orientação para descobrir o seu propósito de vida.

Após uma curta indução, ela regrediu novamente para a sua imagem favorita à beira-mar. Eu podia sentir que ela estava muito relaxada.

"É quase noite e eu estou apenas a divertir-me ao dar um passeio sozinha pela praia. Estou a sentir-me muito feliz e em paz ", disse ela num tom suave e lento. "É uma praia de areia. Gosto simplesmente de me sentar na praia e de sentir a brisa e ouvir o som das ondas. Eu sinto-me muito serena e muito tranquila. É hora do pôr-do-sol, provavelmente cerca das 18h00."

"Descreva-me o sol."

"Ele é redondo e metade escondido atrás do mar. A cor é um bocadinho laranja. Estou muito feliz."

"Que pensamentos estão associados à felicidade?"

"A liberdade... há muito espaço no meu coração."

A forma serena como Cindy introduziu o tema da liberdade, neste momento, chamou-me logo à atenção para o contraste com o estado tumultuado da sua mente durante sua primeira sessão de terapia.

"Ouça o som das ondas e reflita sobre a cena da praia para ver se ela tem um significado relacionado com o seu propósito de vida."

"A vida é bela," ela começou." A vida é cheia de altos e baixos. É por isso que existe a impermanência. A vida é sobre deixar ir e seguir com isso. Trata-se de seguir os altos e depois seguir os baixos. Pode ser uma alegria dar e dar sinceramente. "

"Que significado especial tem a beira-mar no que respeita ao seu propósito de vida?"

Houve uma longa pausa. De repente, Cindy falou como se estivesse numa epifania.

"O mar dá-me calma. Sinto-me em paz. Ele é infinito e sem limites. Olhe para as ondas... é como a vida eterna. Eu posso viajar tão longe quanto eu quiser. Posso alcançar tanto quanto eu quiser. Não há limite. Devo fazer o que eu quero fazer e não ser preguiçosa. Eu tenho que sair da minha zona de conforto. Eu posso fazer o que eu quiser e há possibilidade para tudo, desde que eu me esforce no que fizer. Eu nunca sei."

Era uma bonita máxima de vida. Decidi guiá-la em frente.

"Em que áreas da vida iria colocar o seu esforço a seguir?"

"Em tudo... na minha carreira, nos relacionamentos, filhos, pais, irmãos e, claro, no meu marido. Não há limite para a lista. Eu não sei o resultado até eu chegar lá. As coisas continuam a mudar. Coloca-se o esforço... num momento está-se em cima e, no momento seguinte, em baixo. É impermanente; não existe uma situação fixa. É por isso que não é o destino. Quando viaja com ele vai em cima da onda e cavalga-a. Essa é a beleza. É uma aventura e não há nenhuma preocupação. Eu nunca sei o que esperar. É por isso que o amor é lindo. Ele não deve ser aborrecido... deve ser colorido. Quaisquer que sejam os desafios que surjam eu só vou lidar com isso lá e então.

"A próxima questão que surge é uma nova maneira de olhar as coisas. É um sentimento maravilhoso de se poder flutuar em cima das ondas, assim como um surfista a aproveitar a oportunidade que elas lhe dão. Às vezes uma pessoa cai para trás, mas levanta-se mais tarde e balança de novo. Assim como o surfista que aprende pelo erro. Sim, o sentimento de realização é ser capaz de navegar em cima das ondas. É o ato do equilíbrio. Às vezes, as ondas batem nos penhascos, mas tem que haver equilíbrio novamente. Há momentos em que as águas são calmas. É por isso que eu gosto de olhar para as ondas. Eles nunca são as mesmas. Como eu aprendo a ouvir o som das ondas, elas dizem-me muitas coisas."

"Tais como?"

"Indo com o fluxo... aprendendo as estratégias. Há momentos em que eu preciso de abrandar... Eu abrando. Há momentos em que eu preciso de lutar... Eu devo lutar. Há momentos em que eu posso até dançar com ele. Há uma música com o som das ondas. Enquanto eu escuto com o meu coração, há uma música para ele."

"Qual é o impacto desta realização em si e no seu futuro?"

"É uma questão de escolha. Cada momento é uma escolha. É uma escolha sair da minha zona de conforto e fora da minha caverna para sentir o mundo exterior. É realmente muito bonito. Eu não tenho que ter tanto medo... Eu preciso de me conectar totalmente com os meus filhos. Eu tenho-os negligenciado de várias maneiras."

Esta sessão de terapia terminou com Cindy a ter um sentimento maravilhoso. A sua perceção intuitiva revelada durante o transe tinha sido incrível. Embora a maior parte do que ela disse tenha sido metafórico, colocou-a num caminho de profunda reflexão.

Até agora, havia sinais positivos de mudanças transformadoras. Após esta sessão Cindy, repentinamente, voltou para o estúdio de dança para a prática de seu *ballet* novamente. Ela adorava *ballet* quando criança, mas tinha parado de praticar durante os últimos 22 anos. Após a aula, ela sentiu-se revigorada e totalmente carregada. Entretanto, ela continuou com a sua meditação diária e o seu mergulho matinal duas vezes por semana. A sua aparência estava cheia de ânimo e os seus amigos tinham observado recentemente uma rápida melhoria no seu estado emocional.

Sessão 7: Vida Passada na China
Cindy voltou no dia seguinte, 7 de novembro, com um pedido de uma sessão especial de regressão a vidas passadas. A indução hipnótica tinha-se tornado muito simples até então, e ela sentiu que precisava de entender a sua conexão com vidas passadas.

Sob transe, surgiu um sentimento de medo. Pedi-lhe para se concentrar no medo, amplificá-lo e usei-o como uma ponte emocional. Instantaneamente ela conectou-se com uma vida passada na China antiga.

"Eu vejo-me deitada na cama, num travesseiro branco, sentindo-me muito impotente e fraca. Sim... estou de volta à China antiga, durante uma das dinastias mais antigas. Estou nos meus trinta e pouco ou quarenta anos. O meu cabelo está apanhado para cima. Há uma bacia de metal com uma toalha ao lado da minha cama. O meu vestido é branco com rendas. Tenho uma criada jovem e ela está de pé, ao meu lado. Eu acho que eu estou em sofrimento."

"Conte-me sobre o seu sofrimento."

"Eu não tenho certeza por que estou a sofrer, mas estou a suar e a minha empregada está a ajudar-me a colocar a toalha molhada na minha testa."

"Descreva-me a sua empregada."

"Ela é jovem, na casa dos vinte. Ao contrário de mim, o seu cabelo não está apanhado para cima. Há uma fita preta amarrada ao seu cabelo e ela tem um longo gancho com alguns enfeites. Tem sapatos pretos com uma ponta ligeiramente curvada. A sua roupa é composta por uma túnica e calças com uma saia externa a cobrir toda a extensão até aos tornozelos. Eu não consigo ver o seu rosto."

"De que é que está a sofrer?"

"Eu vejo-me deitada com a cabeça num travesseiro de madeira de uma antiga dinastia. Eu não sei de que é que eu estou a sofrer, mas... posso sair da cama."

"Sinta a dor e descreva a sua localização no seu corpo."

"A dor é no meio do meu peito. Agora estou a caminhar... Estou sentada ao lado de uma mesa redonda. Sinto-me melhor agora e já não sinto dor. Eu estou a beber o meu chá. Estou muito elegante e muito bonita com o meu vestido. "

"O que é que acontece a seguir?"

"Eu ando na direção da janela e da porta. Parece que estou a esperar alguém. Apenas a empregada e eu estamos no quarto. Estou a pentear o meu cabelo, a refrescar-me. O espelho é de forma oval e tem uma moldura decorativa de madeira com alguns padrões encaracolados. Há algumas gavetas laterais. Eu estou muito bonita... Estou a instruir a minha empregada sobre como pentear o meu cabelo."

"Quais são as suas emoções nesta fase?

"Bastante calma e serena."

"Que pensamentos estão na sua mente?"

"Estou muito feliz... à espera que o meu marido volte e quero ficar pronta para o receber em casa. Estou ansiosa para o ver."

"O que acontece a seguir?"

Houve uma pausa. Parece que o seu marido guerreiro tinha acabado de regressar, vestindo a sua armadura.

"Hmm... oh, sim, ele usa uma armadura do exército... a armadura com todas as armas de guerra. Parece cansado. Ele tira a vestimenta."

Ouvi intrigado a história da vida passada. A história de Cindy ajustou-se bem com o *insight* que ela tinha tido num momento "Ah-Ha", há três semanas atrás – que o que o Kent realmente tinha precisado da parte dela, nos últimos nove anos, era do apoio emocional que uma esposa normalmente proporcionaria ao marido guerreiro que precisa de sair para o campo de batalha para lutar.

"Eu não consigo ver o seu rosto. Ele tira o seu elmo. O seu cabelo está apanhado para cima, com um rabo de cavalo, num estilo viril. Ele está a beber chá. ... Nós estamos a ter a nossa refeição à mesa."

Houve uma pausa e a voz de Cindy ficou muito tímida. "Ele insiste em fazer amor... e eu acolho-o," disse ela em voz baixa.

Eu fiquei em alerta novamente. A falta de intimidade tinha sido o ponto sensível no seu casamento atual, enquanto o oposto parecia prevalecer na sua vida passada!

"Quais são as suas emoções agora?"

"Cheia de amor... Eu posso sentir que ele está muito cansado. Ele precisa de se soltar. Não há problema... é apenas uma coisa de homens. Ele é muito grato pelo meu apoio. Agora acabou. Ele veste novamente a sua roupa. É uma túnica branca. Estou a lavar-lhe os pés. Eu só faço o que é suposto a esposa fazer. Ouvi-lo e confortá-lo."

"O que é que acontece depois?

"Ele diz que é uma dura batalha que ele acabou de lutar. Ele esteve fora durante 20 dias. Agora, ele está a viajar novamente para lutar noutra guerra. Está a pegar no seu equipamento."

"Como é que você se sente quando ouve a notícia?"

"Eu sinto-me bem e não me sinto triste. Eu dou-lhe confiança. Entendo que ele está a fazer isso pelo país e desejo-lhe tudo de melhor. Vou esperar que ele volte, e certa de que tudo vai ficar bem. Não é nenhum fardo... é compreensão mútua. Sinto-me feliz, contente e muito completa."

"Ele já saiu?"

"Eu vejo-o a sair. Ele monta no cavalo e sai."

"Ao vê-lo ir tem alguma emoção?"

"Não, eu tenho total confiança nele".

A sensação de experimentar uma vida passada trouxe muita emoção a Cindy. Pela primeira vez, ela começou a apreciar a libertação da sua mente dos cinco obstáculos de que fala o Budismo - desejo, aversão, preguiça, agitação e dúvida. Ela começou a experimentar um estado muito tranquilo e os seus sentidos tornaram-se muito apurados.

Uma semana depois, desenvolveu novos *insights* sobre o significado da sua vida passada na China. Ela sempre se sentiu muito só porque o marido na vida passada era um guerreiro que a deixou sozinha em casa, enquanto lutava nas batalhas. Ela era uma esposa mais amorosa e submissa. Por isso, na vida atual, ela queria experimentar uma inversão de papéis.

Sessão 8: Bênçãos e Harmonia

Passou mais uma semana. Cindy ganhou força na sua recuperação e quis continuar a explorar a sua vida passada com maior profundidade. Foi na tarde de 20 de novembro e ela apareceu com um alto astral.

Após uma curta indução, regrediu rapidamente para outra cena na China antiga.

"Estou nos meus vinte e poucos anos e vejo-me com roupas brancas. Estou sentada em algum lugar dentro de uma casa a fazer tricô. É uma bela casa com uma grande separação entre o quarto e a sala de estar. O meu bordado tem um padrão florido. É vermelho e brilhante. O meu cabelo está apanhado num coque. Tem uma fita com um laço, alguns enfeites e um alfinete de cabelo... muito elegante. Há escritos e caligrafia em grandes caracteres numa imagem de papel pendurada na parede. As mesas e os bancos são feitos principalmente de bambu e outros ainda são de madeira."

"O que é que está a fazer agora?"

"Eu estou a olhar para fora, pela janela, à espera de alguém... Oh, o meu marido está a regressar de uma longa jornada. Ele veste a sua armadura e carrega o seu escudo e a sua espada. Ele tira as suas coisas da sua bolsa. Estou feliz por ele estar de volta. Ele tem um grande porte e é muito masculino."

"Ele diz que está muito cansado, mas parece muito forte. Então eu massajo as suas costas e dou pequenas pancadas no seu ombro."

"Que pensamentos estão a vir através da sua mente?"

Houve uma pausa.

"O meu marido está feliz em me ver. Ele fica confortado. Estamos a comer e a beber em copos e bules de bronze. Eu noto que tenho a tendência de não perguntar o que ele faz fora. Sou muito prestativa e apenas o sirvo. Estou a dobrar as suas roupas, limpo as coisas dele. Vejo um espelho de bronze com uma superfície curva. Há um outro pequeno espelho em que eu olho para mim mesma e uso para a maquilhagem. Ele está pousado num toucador. Eu sinto-me emocionalmente bem e não me preocupo. Apenas vivo dia-a-dia e faço o que devo fazer. Gosto de pentear cabelo e de olhar para o espelho e de me embelezar.

"Estou a preparar-me para sair, ir ao jardim para uma caminhada. A empregada acompanha-me. Lá fora há um pequeno rio... como num pequeno palácio. Vejo outras senhoras como eu e nós cumprimentamo-nos e conversamos. Estamos todas bem e elegantemente vestidas. Todos os nossos maridos estão de volta. Percebemos que não sabemos exatamente o que está a acontecer lá fora. Ainda há combates... a guerra ... a conversa está a ficar um pouco séria.

"Tenho a sensação de que o meu marido na vida passada é o Kent. Ele está envolvido em alguma discussão importante sobre estratégias de guerra. Estou preocupada com o país e com a segurança das pessoas. O Kent está a andar para trás e para a frente no escritório, a pensar numa saída. Ele precisa de fazer uma outra viagem amanhã. Ele vestiu o seu equipamento e a sua armadura. Dou-lhe um abraço."

Havia um tom de súbita surpresa perspicaz.

"Oh... agora eu entendo porque é que, na vida atual, ele se sente muito confortado sempre que lhe dou um abraço! É o mesmo abraço que eu lhe dou nesta vida."

"Como é o sentimento agora, quando o abraça?"

"Ele sente-se triste ao deixar-me para trás. (a chorar) Ele não suporta ter que ir. Digo-lhe para ir e fazer o que é suposto fazer. (a chorar) Ele salta para o cavalo e sai. Peço-lhe que tome cuidado... Ele já foi."

"Como é que se está a sentir agora?"

"Eu sinto-me bem. (a chorar) Aqui estou eu sozinha, outra vez, e a fazer as minhas coisas. Sim, eu posso dançar e tocar o instrumento musical de cordas. Então, quando ele não está por perto, posso fazer todas essas coisas. Às vezes, eu faço a minha caligrafia. Eu sou uma senhora muito refinada e não tenho filhos."

"Passe para o próximo acontecimento significativo."

"As coisas estão caóticas, agora... Eu vejo incêndios. As pessoas estão a matar-se umas às outras dos seus cavalos... com facas e espadas... está a acontecer uma guerra."

"Onde está o seu marido agora?

"Ele está no meio da guerra... Apesar do caos, eu estou muito firme e confiante, e não com medo... apenas um pouco preocupada. Eu sou uma senhora com muita sabedoria. Muitas pessoas morreram. Estou à espera que o meu marido volte."

"Ele está novamente consigo, agora?"

"Sim. Ele está cansado... não está em boa forma. Ele tem uma série de lesões... cortes e contusões."

"Quais são as suas emoções nesta fase?"

"Eu sou uma senhora muito forte e não derramo uma lágrima. Limpo as suas feridas, faço os curativos e asseguro-lhe que tudo vai ficar bem. Dou-lhe um abraço, e deixo-o dormir."

"Ele diz-lhe alguma coisa?"

"Não. Ele não me diz muito sobre o que acontece na guerra. Ele quase não fala... guarda tudo para si mesmo... toda a tristeza e dor. É como ele na vida atual. Eu sinto-me muito triste porque não posso ajudá-lo, mesmo que eu queira."

No próximo acontecimento, Cindy viu-se grávida.

"O meu contorno abdominal está a aumentar. Estou grávida de seis meses agora. O meu marido não está em casa... Oh, eu estou prestes a dar à luz. Ele está de volta e à espera lá fora. Uma parteira faz o meu parto. É um menino... o meu marido está feliz. O menino está agora com dois a três anos de idade... O Kent está a brincar às escondidas com o menino. O menino agora tem cinco a seis anos de idade... "Eu acho que estou grávida novamente. O meu marido está feliz. O segundo bebé é uma menina... O menino está muito grande agora, 11-12. O Kent já não vai para a guerra... está mais por aqui, sempre ocupado com o seu trabalho. O filho adora-o. Olha para o pai e observa cada pequenina coisa que ele faz. Ele diz-me que, quando crescer, quer ser como o pai. Às vezes, vejo o Kent a contar-lhe algumas histórias, contos, e a passar-lhe alguns valores. A menina fica comigo mais vezes. A vida é pacífica e boa."

A regressão terminou neste momento, mas o significado por trás dessa história de vida passada não estava imediatamente claro para Cindy. Ela pediu um tempo para reflectir sobre isso.

Na manhã seguinte, às 07h00, Cindy acordou com outro *insight*. No seu estado mental de sonho, ela gradualmente sentiu o elo perdido. Ela disse-me que tudo era sobre aceitação. A sua lição de vida foi aceitar e abraçar a diferença entre o passado e vida atual. Era sobre a aceitação de Kent como quem ele era na vida atual e não forçar as suas expectativas sobre ele. Ambos se tinham sentido frustrados e zangados um com o outro por causa da incapacidade de aceitarem as diferenças de cada um. Ela precisava de aprender a ser independente dele de agora em diante.

"Finalmente entendi sobre o que é a minha luta. Eu não gosto do meu cargo atual porque espero que o meu marido seja o provedor da família, assim como na minha vida passada. Eu sinto-me desconfortável por desempenhar o papel de chefe da família nesta vida atual, ainda que seja capaz e tenha recursos suficientes. Eu acho que é porque eu estou muito acostumada à maneira favorável e gentil com que eu desempenhava o típico papel de apoio nas minhas vidas passadas, na antiga China. No entanto, na vida atual, eu sou obrigada a ser mais independente e a assumir um papel de liderança. É muito cansativo e eu não gosto dessa escolha. É claro que o clamor do interior é ir por esse caminho. Agora posso ver a frustração do Kent. Apesar de ele ter trabalhado tanto, as suas conquistas são escassas. Bem, com isso, eu atingi outro nível de entendimento."

Sessão 9: Morte e Renascimento

As emoções de Cindy tinham estabilizado. Nas semanas em que ela tinha sido submetida à terapia, Kent sentiu uma clara mudança no seu temperamento. Ele percebeu a crescente calma dentro dela e ficou intrigado. Apesar de um pouco desconfortável com as diferentes mudanças que aconteciam nela, ele manteve-se muito preocupado com a sua própria luta pela carreira para investigar.

Da parte de Cindy, ela já não sentia perturbação com seu problema de relacionamento. No entanto, ela estava muito intrigada com a felicidade e harmonia da sua experiência de vida passada na antiga China. Ela voltou em 21 de novembro e queria ir um pouco mais longe na sua vida passada.

Desta vez, ela entrou rapidamente num estado de transe, que foi como uma continuação do momento em que tinha parado na última sessão.

"Eu vejo-me novamente no mesmo traje de seda", disse Cindy. "O meu filho é muito grande agora. Ele tem 15 anos de idade e é um menino encantador e bonito. Ele está a usar uma roupa bordada com sapatos pretos. Está sentado a ler e a escrever. Eu vejo muitas palavras em Chinês, papel e livros. Ele é muito inteligente e concentra-se nos seus estudos. O seu pai está atrás dele, a olhar para as estantes de livros. É um ambiente muito sereno. Estou a preparar chá e lanches para eles. A minha filha acabou de entrar. Ela tem cerca de nove a dez anos de idade e é muito irrequieta e alegre. Ela está a perturbar o seu irmão e a perguntar-lhe por que é que ele está a estudar tanto? O irmão sorri e faz um gesto facial para indicar que o seu pai está por trás deles e para ela ficar quieta."

A cena da vida passada estava cheia de felicidade. No próximo acontecimento, Cindy viu-se na cena da morte.

"Estou deitada numa cama. Estou nos meus cinquenta e muitos. Parece que estou doente. Tenho dificuldade em respirar. O meu marido e os meus filhos estão ao meu lado. A minha filha está nos seus vinte anos e é bastante bonita. O meu marido está a andar para lá e para cá. Estão todos preocupados e eu acho que estou a morrer."

Cindy entrou em catarse, neste momento.

"É hora de eu ir. Kent apenas olha para mim e, como de costume, ele não sabe o que dizer. Ele está a segurar a minha mão ", disse ela, soluçando. "Todos sabem que é a minha hora de ir e sentem-se tristes. Estou a transitar tranquilamente... Eu vejo-me a flutuar... Acho que estou fora do meu corpo. Eles estão a chorar. Agora estou acima do meu corpo."

"Que emoção é que sente nesta fase?"

"Tristeza. Não consigo realmente deixar ir. Estou nas nuvens e sozinha agora. Estou perdida numa envolvência branca. Estou a perguntar a mim mesma: Onde fica este lugar?"

Parecia que Cindy tinha chegado ao plano do espírito. Enquanto ela tentava saber do seu paradeiro, eu guiei-a para se encontrar com o seu guia espiritual.

"Sim, apareceu um velho e eu estou a olhar para ele. Ele é um homem de grande porte com o cabelo pela altura dos ombros. Ele tem uma bengala de madeira com alguma coisa pendurada no topo. Peço-lhe orientação sobre o meu propósito de vida."

"O que é que o seu guia espiritual está a dizer?"

Houve uma pausa e Cindy parecia perplexa.

"Ele diz que eu sou livre para escolher... e ir com o meu coração."

Neste momento, inicia-se um processo de catarse.

"Ele diz que eu tenho um coração muito bom e que estou muito bem protegida (a chorar) e que vou ser sempre protegida. Mas eu não estou certa de como escolher! Peço-lhe conselhos. Ele diz que eu vou saber. Ele também me diz para confiar no meu instinto e usar a minha sabedoria e que não há nada a temer."

Mais tarde, eu percebi que essas palavras ficaram presas na mente de Cindy durante vários meses.

"Pergunte-lhe qual é o seu propósito nesta vida que acaba de terminar."

"Ele diz que tem que ver com amor. Eu preciso de saber o que é o amor, e, em seguida, como deixá-lo ir."

De repente, notei uma mudança no tom de voz de Cindy.

"Oh... Eu vejo um túnel, e estou dentro dele! No final do túnel, há uma luz muito brilhante. Estou a caminhar em direção à luz. Ela está a ficar mais e mais brilhante. Enquanto ando em direção ao fim do túnel, percebo que a luz é branca. Parece que estou a ir para outro plano."

A descrição do túnel escuro e "luz branca" tinha todas as características consistentes com uma experiência de quase-morte (EQM)[2]. Em espiritualidade, a luz branca é considerada uma luz de cura divina. É o espaço no universo onde energias positivas são armazenadas. Quando a luz branca é encontrada numa EQM, acredita-se ser uma manifestação do próprio Eu Superior, e geralmente é acompanhada por sentimentos de paz e bem-aventurança.

Houve uma pausa, como se Cindy estivesse a experimentar-se neste reino diferente.

"Está a aparecer uma imagem, no final do túnel. É como ir para outro lugar, e eu não sei como é que vai ser. Oh!... Eu estou a ir para outro lugar agora... Eu vejo um bebé."

"Descreva-me o bebé."

"Ele está envolto num pano branco e está perto dos braços da mãe."

De repente, Cindy teve uma revelação. "Oh... Eu sou o bebé! Eu sou um bebé muito saudável e a sentir-se bem... a chutar, a mover-se, e a sorrir. Eu tenho os olhos muito bonitos. A mãe do bebé está a segurá-lo."

---

[2] A Experiência de Quase-Morte (EQM) foi descrita por Kenneth Ring, um célebre pesquisador na década de 1970 e 1980.

No momento seguinte, Cindy teve outro *insight*. "Eu tenho a sensação de que a mãe é a minha mãe nesta vida atual." Ela rompeu em catarse novamente neste ponto.

"Como é que se sente quando acha que é a sua própria mãe?"

"Eu sinto-me segura. (com a voz oscilante) O seu amor por mim é muito forte."

"Qual é a mensagem que você aprende com este amor?"

"Trata-se de dar... dar livremente, e aprender a ser mulher, proporcionando o calor sempre que for necessário." Havia uma sensação de deleite na sua declaração.

"Vê um padrão que esteja relacionado com a sua vida atual?"

"Sim, agora eu sei como entender, como ser simples e detetar os sentimentos dos outros... isso vem do coração e da boa vontade." A voz de Cindy, neste momento, tornou-se sonhadora. "Eu posso aprender com a Mamã a dar. Ela tem tanto para dar e nunca pede nada em troca."

A sessão terminou com um ar de *finale*. A sensação era de paz e felicidade, muito semelhante a uma EQM clássica.

Apenas há sete semanas, Cindy estava emocionalmente instável, mas, agora, com a sua mudança de consciência, perguntou calmamente a minha opinião acerca de acabar com a sua terapia neste ponto, porque ela queria continuar de forma independente. Ela tinha passado por uma jornada de cura difícil e aprendera uma lição valiosa ao sobreviver a ela. Desde o início, ela passou a entender Kent muito melhor. O que era notável era o seu desenvolvimento da consciência nos seus níveis mais profundos do ser e a capacidade de ver além das suas limitações. Acima de tudo, ela era agora capaz de amar Kent de forma diferente, e à distância.

A 22 de janeiro de 2013, eu ouvi dizer que houve uma significativa mudança, de coração, com Kent. Foi um pouco antes do período de férias do Ano Novo Chinês. Kent tinha decidido resistir à sua decisão de sair de casa. Em 10 de fevereiro, Cindy e Kent organizaram umas férias em família e foram para a Malásia com os seus dois filhos. Foi uma ocasião memorável. Eles conduziram pela Woodlands Causeway em direção a Port Dickson. O clima estava fantástico, o tráfego era leve durante a época de férias. Foi o momento de ligação mais relaxante e agradável que eles passaram com as crianças.

"Estou a refletir agora, noto que esta é a primeira vez que o Kent e eu tivemos uma viagem tão pacífica," recordou Cindy. "Agora eu aprendi a deixar ir e a não o forçar com os meus desejos. Sentei-me na praia com ele a olhar para o mar e senti-me tranquila e serena, como sempre... "

Isto soou quase como um milagre a tornar-se realidade. Infelizmente, um mês depois, algo provocou outra mudança na mente de Kent. Mais uma vez, ele queria sair de casa. Foi uma notícia muito dolorosa para Cindy que tinha, durante todo este tempo, vindo a fazer um esforço tremendo para salvar o casamento.

Sem saber o que estava a acontecer na mente de Kent, Cindy lidou com a situação com firmeza e de forma muito diferente do seu eu anterior. Ela aceitou a sua decisão sem questionar. Procurou então outro apartamento para viver e mudou-se para fora de casa com as crianças antes que Kent o fizesse.

Kent foi apanhado de surpresa. Ele sentia-se desconfortável com a sua firme e repentina mudança e lamentou a sua própria atitude. Propôs voltar atrás na sua decisão e implorou a Cindy que voltasse para casa e tivessem um novo começo no casamento. No entanto, Cindy foi firme. Estava claro que ela precisava do espaço emocional para si mesma. Ela sentiu que ainda podia trabalhar nos seus problemas de casamento, mesmo na fase de separação.

A partir das suas feridas emocionais, Cindy tinha desenvolvido uma cicatriz que contava a história da sua sobrevivência à sua jornada de cura. Ela entendeu que estava a usar o seu relacionamento conjugal, tudo isso ao mesmo tempo, como uma muleta para se apoiar. Agora ela tinha descoberto que as muletas já não se encaixavam nas suas necessidades e fora muito doloroso usá-las.

71

Finalmente Kent aceitou o que ela tinha feito e concordou em criar uma lista de atividades para a família e as crianças como parte do seu compromisso de continuar a trabalhar sobre o casamento. Quando ouvi a notícia, lembrei-me de um pensamento de Neale Donald Walsch:

"A vida começa no final da sua zona de conforto. Então, se se está a sentir desconfortável agora, saiba que a mudança que está a ocorrer na sua vida é um começo, não um fim."

Cindy explicou-me a sua atitude de forma calma. "Agora eu tomei uma posição de ver-para-crer no meu relacionamento com o Kent. Enquanto o meu coração ainda está aberto para ele, eu estou em reavaliação das minhas necessidades, dos meus filhos e do meu marido numa perspetiva mais ampla. É uma abordagem neutra que estou a tomar neste momento. Basicamente, eu estou a abrir mão do meu controlo sobre ele e a deixá-lo ser livre. Ele precisa de ser verdadeiro para si mesmo e ter a certeza daquilo que ele quer no nosso relacionamento e como quer gerir a sua vida."

O tempo passou. Eu confirmei com Cindy, alguns meses mais tarde, como é que ela estava a progredir na sua vida.

"Na verdade, estou a ir muito bem. Não se preocupe", ela tranquilizou-me." Atualmente, estou inundada pelo meu trabalho no escritório e fico, regularmente, até tarde. Não tenho certeza se isso é uma coisa boa, mas isso, definitivamente, afastou a minha concentração para longe dos meus problemas pessoais com Kent. Já há mais de três meses que vivemos separados e o meu apego a ele diminuiu drasticamente.

"Eu aprendi muito sobre afirmações positivas, que são tão poderosas na mudança de pensamentos negativos. A cura é realmente sobre o autocuidado e automanifestação."

Fiquei agradavelmente surpreendido com o seu progresso.

"Quando eu refleti sobre a minha vida, eu, realmente, manifestei inconscientemente o que eu tenho. Eu sempre quis ter dois filhos e ser uma mãe que trabalha num escritório num arranha-céus e que tem um salário confortável. Tudo isto está a acontecer-me agora," explicou Cindy.

"A separação, de facto, serviu-me bem e permitiu-me o espaço para reavaliar toda a situação e descobrir o que é que eu realmente quero. Ela tira-nos a pressão. Já não há quaisquer querelas ou desacordos, e não há mais discussões e gritos. Nós os dois somos livres, e já não nos controlamos um ao outro. Isso abre caminho para decidir sobre a vida que eu quero viver."

Fiquei impressionado. Cindy parecia ter aprendido a confiar em tudo o que quer que fosse com que estivesse a lidar. Seja qual for a porta de entrada para a crise que ela experimentou, estava a levá-la a uma lição maior de vida, onde o poder do amor estava no trabalho.

Outros dois meses se passaram e eu tive notícias de Cindy novamente. Era 17 de junho e a sua mensagem começou com: "Finalmente encontrei a verdade sobre o meu propósito de vida."

Isto prendeu imediatamente a minha atenção e eu continuei a ler:

"Lembra-se de, durante a minha última sessão de regressão, eu ter perguntado ao meu guia espiritual o que era suposto eu fazer? A voz disse-me que eu posso escolher o que eu quero. Fiquei perplexa, então. Bem, eu acabei de entender que o meu propósito é o que eu digo que é, e minha missão é a missão à qual eu me entrego ".

Enquanto eu lia a sua mensagem, os meus olhos estavam fixos nela com espanto. Vi liberdade e beleza na sua mente. Ela tirou-me o fôlego, como se eu estivesse hipnotizado pela maravilha da mudança que tinha ocorrido nela.

"O meu propósito de vida será a criação de mim mesma e criar quem realmente sou. Eu só agora percebi que tenho pedido sempre a aprovação de outras pessoas para o que eu faço. A verdade é que eu sou a única a ditar como a minha vida vai ser, não as outras pessoas. Estou aqui para expressar e cumprir o que realmente sou."

Aquele foi o momento mais emocionante; ele revelou um sentimento que palavras não podiam descrever. A busca de Cindy pelo seu propósito de vida tinha sido difícil. Como estive ao seu lado durante toda a sua viagem de transformação, eu tinha sentido um surto de crescimento espiritual em mim mesmo. Era como uma autotransformação, depois de ter feito a diferença na vida de alguém.

SEGUNDA PARTE

Amor e Relacionamentos

CAPÍTULO 3

Cura da Criança Interior em Relacionamentos Complicados

Dra. Soumya Rao

"Quando eu falo consigo, a quem me estou a dirigir? À Criança Interior, que procura tão esperançosamente por algum sinal que é amado? Ou ao Adolescente, apoiado contra um mundo hostil, que procura desesperadamente pela verdade? Ou é o Intelecto Adulto, que luta arduamente para manter tudo em condições? Deixe-me falar com a sua alma vagueando pelo espaço como um náufrago, apanhada numa armadilha psicofisiológica criada por séculos de sofrimento, o esplendor aprisionado deste planeta remoto."

Ernest Pecci

Tendo sido criado numa família Indiana tradicional por um pai disciplinador e uma mãe que teme Deus, fui apresentado à espiritualidade numa fase muito inicial da minha vida. Isto inclui os conceitos de *karma* e reencarnação como parte do sistema de crença Hindu. Além disso, também fiz amizade com um vizinho homeopata que acredita na auto-cura e que partilha comigo os seus livros sobre trabalho energético e remédios naturais.

Se, por um lado, aproveitei os meus dias da licenciatura em Medicina e os conhecimentos adquiridos, por outro, fiquei um pouco desiludido com o facto de as causas profundas de muitas doenças médicas continuarem por identificar. Após a minha formação, escolhi seguir uma carreira na área da saúde mental, porque acredito firmemente que os nossos pensamentos e sentimentos são importantes contribuintes para a saúde e a doença. Durante quatro anos, estive no Reino Unido, num internato de especialização em Psiquiatria, e foi nessa altura que me deparei com o *bestseller* de Dr. Brian Weiss sobre regressão a vidas passadas.[3] Isto abriu um novo caminho para mim. Os conceitos descritos nos seus livros proporcionaram-me respostas para muitas das minhas perguntas existenciais, e indiretamente influenciou a minha carreira. A partir daí, soube exatamente o que era o meu objetivo de vida. Depois de me qualificar como psiquiatra, obtive a minha formação em terapia de regressão na *Academia de Investigação de Vida*[4], Hyderabad, na Índia, e, desde então, dediquei-me à busca de uma vida pelas ferramentas de auto-transformação e cura.

A Minha Jornada como Terapeuta
Ao longo da minha jornada, percebi que é comum nós ignorarmos o nosso bem-estar emocional no meio das nossas ocupadas rotinas de vida. Atiramos os problemas para debaixo do tapete para continuarmos com as nossas vidas. Muitas vezes, distraímo-nos de feridas purulentas do passado, pensando que estas irão embora com o passar do tempo.

Alguns de nós têm tendência a deixarem-se ser governados por medos incompreensíveis e crenças irracionais. Muitos outros batalham

---

[3] Dr. Brian Weiss é Presidente Emérito de Psiquiatria no Centro Médico do Monte Sinai de Miami (Mt. Sinai Medical Center of Miami), EUA. Ele é o autor de *Muitas Vidas, Muitos Mestres* e é um pioneiro médico em regressão a vidas passadas.
[4] A Academia da Investigação de Vida (*Life Research Academy*) é fundada por Dr. Newton para a formação de terapia de regressão a vidas passadas, na Índia.

contra a falta de autoestima e confiança, esforçando-se para descobrir como e onde esses medos surgiram. No processo, temos de confrontar a nossa raiva interna e explosões impulsivas. Além disto, está a nossa relação perene com a culpa, que nos limita de viver as nossas vidas ao máximo. Como lidamos então com estas aflições da vida? A resposta, creio, está na nossa vontade de as enfrentar. Começamos por dizer "Olá" à dor interior, sabendo que essa nos tem incomodado por um longo período de tempo e fazendo um esforço para falar sobre isso. Este é o primeiro passo.

É bem sabido que a forma como nos sentimos, pensamos e comportamos é fortemente influenciada pela nossa educação. O que nos foi dito e o que nos foi feito em crianças moldou a nossa psique. Muitos de nós podemos lembrar-nos conscientemente de como certos incidentes ou eventos na nossa infância têm impacto no nosso comportamento e personalidade. No entanto, algumas crianças reprimem memórias que são traumáticas, como se essas coisas nunca lhes tivessem acontecido. Consequentemente, o fantasma do nosso passado continua a assombrar-nos de muitas maneiras e deixa-nos perplexos, quando adultos.

Como seres humanos a viverem neste planeta, esperamos viver em casas idealizadas, com pais sem falhas, infâncias perfeitas e oportunidades maravilhosas à nossa frente. A realidade é que nenhum de nós é abençoado com todos estes presentes. Crescemos a lidar com a nossa desilusão, seja negando que a nossa infância foi infeliz e cheia de parentalidade inadequada, ou permanecendo com raiva de tudo o que nos aconteceu. A maioria das crianças são amadas condicionalmente. Elas são aceites apenas quando correspondem às expectativas dos pais. Crescem com problemas em se aceitarem como são. Como as crianças são incapazes de ver as coisas da mesma maneira que os adultos, tendem a desenvolver percepções distorcidas sobre si mesmas e sobre as suas vidas enquanto adultos.

Abuso Infantil

As crianças identificam-se com os seus sentimentos como parte de si mesmas. Tudo o que as crianças querem é ser aceites como elas são e como indivíduos com mente própria. Quando os seus sentimentos são julgados, as crianças sentem-se como se estivessem a ser avaliadas como indivíduos bons ou maus. Estes sentimentos permanecem enterrados no fundo da sua mente subconsciente e persistem para surgir como uma influência perturbadora mais tarde na vida. Quando eles crescem e se tornam adultos, esquecem tudo sobre a sua criança interior à medida que são vítimas das amarguras da vida humana.

Repetidamente, a criança interior na forma de uma sub-personalidade aparece em diferentes situações de vida e praticamente consegue colocar o intelecto adulto em conflito.

Apesar da nossa capacidade de conectar com todos os pontos do passado, ela não nos impede de experimentar a dor antiga, por mais conscientes que estejamos do motivo e do tempo em que isso aconteceu.

Por um futuro melhor e mais brilhante para todos, nós somos responsáveis colectivamente por providenciar um espaço de não-julgamento e de amor incondicional para que as crianças cresçam e se tornem cidadãos capacitados do mundo. O que é comumente encontrado na prática clínica é o abuso de crianças, de natureza física, emocional e sexual. Considera-se que a simples negligência física e emocional de uma criança também equivale a abuso, porque representa uma grave ameaça à sua integridade e cicatriza o indivíduo para a vida.

"Atualmente, mesmo com os holofotes da publicidade sobre o abuso de crianças, reinam confusões e mal-entendidos sobre a sua ocorrência. Existe hostilidade e ódio a crianças na nossa e

noutras culturas e a prevalência do abuso e da enormidade dos seus efeitos ainda não são reconhecidas. Uma grande quantidade de pessoas ainda acredita que o abuso infantil é insignificante e estão convencidas de que as crianças mentem e exageram sobre tais abusos."

Alice Givens

Os conceitos de omissão e comissão são relevantes neste assunto. O acto de omissão engloba as necessidades da criança durante o seu crescimento, as quais são inadequadamente dadas ou nem sequer feitas. Exemplos são fornecer alimentação inadequada, casa pobre e falta de cuidados físicos ou sustento emocional. Por outro lado, o acto de comissão abrange as coisas que não devem ser feitas, mas foram infligidas à criança vulnerável e impotente. Isto inclui todas as formas e graus de trauma físico, emocional e sexual.

Na maioria das famílias, as crianças são maltratadas em graus diferentes, por fazerem todas as coisas normais, como serem curiosas e inquisidoras, falarem alto e gritarem com emoção, serem desajeitadas e criarem o caos, pedirem o que querem, sujarem as suas roupas, quererem jogar o tempo todo, fazerem perguntas e falarem aos adultos do que lhes vai na mente, etc. Abuso dos seus direitos e necessidades e não valorizar a sua autenticidade faz com que cresçam irracionalmente defensivos sobre a sua identidade, querendo proteger-se do mundo e não permitindo que qualquer pessoa entre no seu espaço pessoal.

A violência física e verbal é excessiva em todas as culturas baseadas na crença de que a violência é um mal necessário para disciplinar crianças. No entanto, esta violência cria um medo paralisante e empurra as crianças vulneráveis quase de imediato para um estado alterado, registando o complexo de medo profundamente. Dado que as agressões físicas e verbais estão frequentemente associadas, estas crianças tornam-se adultos que acreditam que os

81

adjetivos que foram usados sobre elas, como "inútil", "mau", "ruim", "feio" e "inútil", são verdadeiros.

Uma falta de reconhecimento e valorização do pequeno indivíduo na família, como se as suas opiniões não importassem, pode contribuir para a baixa auto-estima, a falta de voz e uma sensação de estar permanentemente preso dentro de um casulo próprio.

A violência emocional é comum em todos os lares. Quando palavras depreciativas são ditas associadas a uma carga emocional, é bastante prejudicial mesmo na ausência de trauma físico. Um estado psico-socio-económico desastroso numa família pode conduzir a negligência emocional grave, falta de afeto, críticas severas, julgamentos negativos e ao uso de obscenidades verbais para com as crianças. Isso cria um ambiente de infância de depressão, desespero e desamparo que se pode refletir na vida adulta como neurose que requer tratamento psiquiátrico.

Abuso sexual, por outro lado, é ainda mais complexo. Raramente é falado, e muitas vezes é escondido tanto pela vítima como pelo agressor. As famílias continuam a viver alegremente, como se o abuso sexual não acontecesse ou não existisse. É verdade que os abusadores são geralmente os membros da família ou amigos de círculos sociais próximos com acesso a crianças vulneráveis, e não tanto estranhos. A experiência da infância é geralmente reprimida e esquecida, mas continua profundamente amarrada e enterrada no subconsciente. Há sempre uma relação distorcida entre o agressor e a vítima, em que, invariavelmente, o primeiro faz a última sentir-se culpada. A vítima é muitas vezes levada a acreditar que nada deve fazer para parar o processo, porque ela recebe algum prazer com isso, e que ela é alguém especial que está a ser amada profundamente. Isto coage a vítima a jurar segredo.

A sintomatologia do abuso sexual consiste num medo vago, raiva irracional, falta de auto-estima, imagem corporal distorcida e dificuldades com relacionamentos e intimidade. É necessário um terapeuta incondicional e que não julgue, para orientar a vítima a desfazer esses nós de forma gradual, e ao ritmo do próprio paciente.

Fundamentalmente, uma criança precisa de carinho físico e afeto como uma expressão do amor incondicional de um pai ou de uma mãe. Um abraço gentil e carinhoso do seu ente querido é meio caminho andado para a fazer sentir-se segura e confortável. No entanto, em algumas culturas é considerado vergonhoso mostrar o amor com um gesto físico. É como se o amor fosse automaticamente transmitido e compreendido por uma criança de alguma forma, sem lhe ser demonstrado.

Curando a Criança Interior

Quando uma criança é atacada por um trauma externo, a experiência leva ao congelamento defensivo como forma de sobrevivência. Para que a cura ocorra, as energias congeladas, como o medo, a raiva, o abuso, a humilhação, a falta de esperança e o abandono devem ser libertados das memórias dos eventos passados. A criação de um espaço seguro e de confiança, onde o paciente pode deixar a resistência e expressar as velhas dores da infância, seguido de um reenquadramento da situação, é o começo de uma boa sessão. O terapeuta, que já trabalhou as suas próprias questões mais profundas com aprendizagem transformacional e autoaceitação, pode então ajudar os pacientes na sua jornada de cura.

"... esteja em contato com os seus sentimentos, comece a ter contato com a parte de si que precisa de observar. Porque há uma parte de si que realmente anseia por compreensão, por reconciliação e por ampliação da consciência... comece a ver uma mudança agora, uma mudança na sua maneira de ver."

Ronald Wong Jue

A criança interior é, essencialmente, a parte da psique do indivíduo que obtém energia das memórias baseadas tanto no medo como no

83

amor, conceitualizadas durante a infância. Estas emoções são registadas na mente subconsciente e reagem de forma autónoma às situações de vida. A terapia da criança interior oferece uma oportunidade para o paciente aceitar a sua criança interior incondicionalmente e reformular as memórias de infância para chegar ao caminho de cura.

A terapia começa por induzir o paciente a estado hipnótico ou a um estado alterado de consciência. O paciente é, então, guiado para reviver uma memória de infância que pode ser responsável por um problema particular na sua vida. A experiência é reavaliada da perspetiva da criança e, em seguida, justaposta com a compreensão madura do adulto. Geralmente isso é feito envolvendo o paciente num diálogo sob transe, até que um conflito seja resolvido.

Como parte do processo de terapia, ajuda fazer uso de personagens mitológicas e de fantasia, como super-heróis, semi-deuses ou qualquer entidade poderosa conhecida da nossa experiência de infância, incluindo animais de poder[5], para ganhar força nas suas energias, enquanto se reenquadra a experiência da criança interior. Esta abordagem é tanto de capacitação como transformacional na libertação de trauma emocional.

Em poucas palavras, a criança interna refere-se à soma total de todas as energias mentais e emocionais armazenadas na mente subconsciente da criança desde o nascimento até a puberdade. A terapia da criança interior funciona integrando as várias sub-personalidades[6] da psique do indivíduo, ou seja, as partes da criança, do adulto e a da figura paternal, para fazer com que o indivíduo se sinta inteiro.

---

[5] Um animal de poder é um conceito animista e xamânico de um espírito tutelar que protege o indivíduo do mal e dá a sabedoria ou atributos de um determinado animal para o indivíduo sob a sua proteção.

[6] A sub-personalidade é um pensamento, sentimento ou modo de ação específico que entra em ação para lidar com certos tipos de situações.

Uma Ponte para as Vidas Passadas

Memórias de infância dolorosas e traumáticas podem também trazer energias de traumas de vidas passadas que podem ser reativadas por uma experiência semelhante na vida atual. A terapia da criança interior leva o paciente a identificar esses padrões de vidas passadas em que o indivíduo está preso. É útil como um trampolim para aceder às vidas passadas relevantes onde o padrão se originou.

Se analisarmos o trauma na escola de pensamento de "apenas-uma-vida", o uso da terapia da criança interior para o tratamento de um trauma emocional pode atenuar a gravidade dos sintomas, iluminar a personalidade e permitir ao paciente vê-lo como um vale na onda da sua experiência atual de vida.

Quando o trauma é visto na perspetiva alargada de vidas passadas, a alma é vista como estando numa viagem contínua, para experimentar várias polaridades emocionais e integrar esta aprendizagem para a sua própria evolução espiritual e aquisição de sabedoria.

"A vida é como um fio de pérolas, o ser interior sendo o fio e as pérolas lado-a-lado são experiências de vida, nascimentos e mortes sendo um contínuo, todas oportunidades de crescimento em consciência."

Barbara Findeisen

Na seção seguinte, ilustro o processo de terapia da criança interior narrando sessões de terapia de dois dos meus pacientes que, desde então, sofreram alterações transformacionais.

Enquanto muitas abordagens estão disponíveis neste tipo de terapia, eu uso principalmente a regressão hipnótica na minha prática. Isto porque trabalhar em estados alterados de consciência com imagens guiadas facilita o processo de reenquadramento das histórias de infância. O objetivo é alcançar uma reestruturação cognitiva positiva das suas crenças, juntamente com uma mudança dos seus campos bioenergéticos. Onde apropriado, recorro ao uso de terapia corporal[7] e de trabalho de respiração[8] para libertar as energias congeladas das suas memórias. A mudança na voz, linguagem corporal e comportamento, durante a sessão e em consultas de seguimento, é uma validação do que eles têm processado internamente, durante e após a terapia.

O CASO DE NALINI - ABUSO INFANTIL

Nalini entrou, um dia, na minha clínica, parecendo muito perturbada e desesperada por ajuda. Ela tinha uma aparência abatida e estava ansiosa para extravazar a sua tristeza. As lágrimas corriam quando começou a contar a sua história.

Nalini tinha trinta e cinco anos, um pouco acima do peso, casada e vivia com o seu marido e sogros. Ela tinha trabalhado como contabilista anteriormente, mas agora ficava em casa a cuidar do seu filho de dois anos. A sua principal preocupação era a sua tensa relação com o marido. Tudo surgiu de uma relação sexual incompatível depois do casamento. O seu marido era dominante, sexualmente agressivo e queria as suas fantasias realizadas, e, ao mesmo tempo, era vociferante sobre as suas decepções. Nalini, por outro lado, sofria de uma imagem corporal pobre e um baixo desejo sexual. Ela era incapaz de satisfazer as necessidades do seu marido e tinha dificuldade em retribuir os seus avanços sexuais. Ela tinha esperado um companheiro amoroso, que fosse mais terno e sensível às suas necessidades, mas estava desapontada. Ela sentia-se rejeitada, maltratada e culpada por falhar em satisfazer o marido. Sob a pressão de ser uma parceira "perfeita", a sua auto-estima ficou de rastos.

---

[7] A terapia corporal é um ramo da psicoterapia que aplica os princípios da psicologia somática como desenvolvida por Wilhelm Reich.
[8] Trabalho de respiração refere-se a várias formas de alteração da respiração consciente que são usados dentro da psicoterapia ou meditação.

No decorrer da nossa discussão, apercebi-me que Nalini tinha colocado sempre os interesses das outras pessoas à frente do seu próprio. Ela não sabia dizer "não" a outras pessoas e tentava arduamente agradar aos outros para que pudesse ser apreciada e amada. No entanto, quando eles não retribuíam, um sentimento de rejeição e culpa instalava-se. Claramente, Nalini tinha perdido o seu sentido de ser.

Nalini relatou dois relacionamentos fracassados no passado. Um deles foi um relacionamento de seis anos durante o seu tempo de faculdade que terminou tristemente, porque o homem não se podia comprometer com o casamento. Como repercussão pelo término da relação, ela subsequentemente teve um caso com um colega de trabalho que se tornou bastante doloroso. Ficou claro que, em ambos os casos, ela tinha atraído homens abusivos. Eles, inicialmente, pareciam muito amorosos, mas, lá no fundo, eram ambos dominadores. Sem suspeitar, ela assumiu o papel de uma vítima amável e desafortunada.

Pela sua história clínica, Nalini soava como se estivesse presa num padrão de relacionamentos abusivos. Ela confidenciou-me que se sentia como se estivesse misturada num saco de emoções negativas que vão desde a opressão e raiva à tristeza e impotência. Ela estava ciente de que as pessoas exploravam a sua bondade, mas era estranho como ela sempre tinha atraído essas pessoas para a sua vida. Esgotada de suportar responsabilidades que não eram suas e nunca ter tempo para si mesma, a sua saúde física tinha sofrido com isso. Sofria de infecções de garganta frequentes e a sua asma crónica era exacerbada durante períodos de stresse.

Nalini foi a segunda filha numa família de dois filhos, com um irmão mais velho. A sua mãe favorecia o filho, mas ela era a princesa do seu pai. Ela cresceu com a sensação de que a sua mãe a tinha negligenciado, e sentia-se insegura. Nalini recordou vagamente alguns episódios de abuso sexual quando tinha cerca de oito anos de idade.

Ela gostava muito do seu pai, que era um homem muito ocupado num trabalho em que se deslocava muito. Ela tinha passado muitos anos da sua infância com saudades dele. Ele estava hospedado em diferentes cidades no decurso do seu trabalho, e, ocasionalmente, voltava para casa para a visitar durante as férias. A mãe e as crianças permaneciam apenas no mesmo lugar como uma base para a educação destas. Ela partilhou uma relação cordial, mas emocionalmente distante com seu irmão, que era cinco anos mais velho do que ela. Nalini lembrava-se de se sentir sozinha em casa e de não ter o carinho da sua mãe que cuidava mais do seu filho.

Nalini estava profundamente perturbada com a sua consciência de vítima provocada por uma flagrantemente gritante infância de insegurança, fome emocional, desconfiança e abuso sexual. Estas emoções alastraram-se para a sua vida actual. Depois de refletir sobre o seu problema, ofereci a terapia de regressão. Ela aceitou a oferta, embora tivesse entendido que poderia ser um longo caminho para a cura.

Regressão 1: No Templo
Depois de uma indução hipnótica, que envolveu um exercício de respiração e relaxamento progressivo, Nalini entrou num estado alterado de consciência. Eu levei a sua memória até ao acontecimento que envolveu abuso sexual.

"Estou com a minha mãe, a caminho de um templo. Não gosto de ir para lá", começou. "A minha mãe está a arrastar-me e a dizer que Deus vai ficar zangado comigo se eu não for. O meu coração está acelerado."

Nalini estava a começar a parecer inquieta. Ela tinha-me dado anteriormente antecedentes de palpitações inexplicáveis e parecia que outro desses ataques estava prestes a chegar.

"Estou a sentir as minhas pernas fracas. Não me sinto bem. Algo está para acontecer... Não gosto desta sensação." Havia medo na sua voz. Neste momento, eu guiei-a para respirar profundamente e para ficar conectada com os seus sentimentos, intensificando-os a cada respiração. Foi uma abordagem centrada no corpo a terapia pela qual optei. Numa terapia de corpo, presume-se que o corpo retém ecos de choques e trauma precoces. Estes podem ser libertados se o terapeuta deixar as emoções não expressas do paciente completarem as suas respostas. Um ponto central desta abordagem é o conceito de "corpomente", que reconhece que cada indivíduo é uma unidade composta por um corpo e uma mente que são inseparáveis e estão entrelaçados. Uma emoção gerada é entendida como simultaneamente como um evento psicológico e fisiológico. As memórias emocionais aparecem como sentimentos e persistem no decorrer da vida do paciente. A natureza intrínseca dos sentimentos é expressarem-se somaticamente e qualquer coisa que interrompa esta expressão é problemática.

Pouco depois, Nalini começou a sentir uma pontada de medo no peito. Essa dor parecia representar um sentimento não descarregado mantido sob a forma de tensão muscular no peito.

"Eu não consigo respirar mais. Sinto que algo está em cima do meu peito... é enorme. Oh, é pesado... Consigo sentir uma mão na minha boca! Quero gritar, mas não consigo."

Nalini estava a soluçar muito enquanto a memória do abuso da sua infância emergia gradualmente.

"Sinto-me magoada lá em baixo... alguma coisa me atinge muito profundamente... Não consigo ver nada, sinto-me cega... Oh, meu Deus!"

Nalini chorava intensamente enquanto revivia a cena do trauma com um sentimento de total impotência.

Eu continuei a guiá-la para que ela continuasse no corpo a reviver a experiência até que esta terminasse. Foi difícil. Ela esforçou-se para permanecer conectada com a imagem e eu sugeri que ela pedisse ao seu Eu Superior que lhe permitisse visualizar o que tinha acontecido. Finalmente reuniu coragem suficiente para passar pela experiência.

"Eu agora consigo vê-lo. Ele é tão grande, assustador e escuro. Está a fechar a minha boca para que eu não possa gritar. Ele mete os seus dedos dentro de mim, ... lá em baixo, e isso dói tanto!" Nalini estava em lágrimas.

"Ele está a prender-me contra a parede e a pressionar o seu braço contra o meu peito. Oh, Deus, eu vou morrer!" Depois de uma longa e profunda respiração, Nalini começou a lutar.

"Ele está a dizer-me para tocar na sua pilinha, e depois ele força-a a entrar na minha boca!" Era nojento. Nalini tossiu violentamente. Ela lutava para conseguir respirar e experienciou um sentimento de náuseas e asfixia. Ela deu-me indicação que queria terminar a sessão nesse momento, porque emocionalmente era demasiado pesado.

Eu concordei e trouxe-a de volta para o aqui e agora. No entanto, acordamos mutuamente que iríamos retomar a terapia novamente. Levou algum tempo até que ela aceitasse que o evento realmente ocorreu. Debatemos e decidimos que talvez nós pudessemos trabalhar o seu trauma em etapas.

Regressão 2: Animal de Poder

Na sessão seguinte, revisitamos a mesma cena no templo. Desta vez, Nalini estava mais preparada para enfrentar o trauma, depois de ter passado um bom tempo a refletir sobre isso. Voltando para essa mesma memória, sob transe, eu levei Nalini a experienciar novamente o evento como observadora e não como participante no processo. Isto fez com que fosse mais fácil para ela ficar envolvida.

Nalini agora reconheceu o agressor como um sacerdote e um dos oficiais do templo, que era conhecido da família. Ele tinha feito amizade com ela quando ela visitou o templo com os seus pais. Ela percebia que algo nele a tinha feito sentir inquieta mesmo sendo uma menina pequena, mas não conseguia dizer o quê. Ele parecia muito gentil e tinha-a atraído para uma pequena sala no templo, enquanto a sua mãe estava a observar os rituais religiosos.

"Ele estava a acenar para mim e disse-me que tinha uma surpresa para mim. Deu-me um caramelo. Depois de eu o comer, ele começou-me a despir e a despir-se a ele próprio." Nalini começou a chorar alto. "Eu sabia que era tão errado, mas não sabia o que fazer. Eu não deveria ter entrado. Ele disse-me coisas doces muitas vezes e aconteceu tudo tão rapidamente. Ele disse que a nossa amizade era especial e que ninguém deveria saber o que aconteceu... e as boas meninas não recusam nada do que lhes é pedido."

Nalini continuou a chorar incontrolavelmente. A criança que não desconfiava de nada tinha entrado num buraco do inferno e saído enquanto o resto da multidão, incluindo a sua mãe, se encontravam absortos num ritual religioso.

Neste momento, Nalini conectou-se com o seu corpo espontaneamente, e experienciou completamente a repulsa e vergonha do trauma do sexo oral ter sido imposto sobre ela. Deixou-a a sentir-se suja, com náuseas e vergonha do seu próprio corpo. Ela tornou-se difícil de consolar e demorou algum tempo para superar isso.

"A minha mãe está tão perdida; ela nem sequer sabe que eu não estou! ", disse ela, amargamente. "A sua atenção está focada no ídolo do templo, e eu só fui até ele. Eu deveria ter ficado, e deveria ter dito 'não'... mas eu não consigo dizer não!... Eu simplesmente não consigo dizer não! "Nalini estava soluçando.

"Como é que ela pode ser tão negligente? Ninguém sabe que isto está a acontecer comigo!"

Os sentimentos de Nalini eram uma mistura de culpa e raiva que a deixavam num conflito profundo.

"Estou com tanta raiva agora. Gostava de o poder matar!"

Nalini estava a sentir-se furiosa por dentro e a respirar com dificuldade. Também notei que os seus punhos estavam cerrados. Imediatamente, incentivei-a a intensificar esses sentimentos e a usar o seu corpo para expressar plenamente a sua raiva reprimida e libertar a energia congelada. Coloquei uma almofada para ela atacar com os seus punhos. Ao mesmo tempo, eu decidi induzir a força de um animal de poder no seu corpo para que ela se pudesse sentir forte o suficiente para "punir" o agressor.

"Querido corpo, que animal de poder desejas ter agora, que não tiveste da última vez?"

"Eu estou a conectar-me com uma leoa que protege o seu filhote do perigo." Depois de uma pausa, ela disse: "Sim... Eu estou a receber a sua força agora."

Nalini esticou os braços e as pernas à medida que estava a experienciar a nova sensação e poder de uma leoa. "Estou a sentir-me forte agora. Estou a saltar em cima dele... a desfazer o seu corpo em pedaços... e a cravar as minhas garras no seu corpo. Ele está a contorcer-se de dor. O meu filhote está atrás de mim a assistir."

A menção da palavra "filhote" foi pertinente, uma vez que era o significado da sua criança interior neste contexto. Nalini respirou profunda e fortemente depois de ter libertado a sua raiva. Isto foi seguido por uma pausa longa.

"Ele está gravemente ferido. Ele não se atreve a tocar mais no meu filhote. Ele está morto. Eu matei-o. Este bandido está morto. Sinto-me mais pacífica agora."

O uso de um animal de poder foi uma maneira de o Eu parental poder assumir o comando para proteger a sua criança interior, reformulando a cena toda, num cenário com poder transformado.

"A culpa não é tua... tu és a minha criança pequena e inocente! Tenho tanta pena que tenhas que passar por isto. Estás segura agora, porque eu estou aqui. Eu estou sempre contigo. És pura e divina... nada te pode tocar. És o meu anjo pequeno... segura-te a mim."

Nalini estava fortemente a abraçar e a segurar uma boneca de peluche que simbolicamente representava a sua criança interior. Ela chorou lágrimas de alívio. Depois de a sua garganta relaxar, foi mais fácil para ela falar.

Dentro da mesma sessão de terapia, revisitamos esta memória traumática mais algumas vezes até que ela libertou toda a emoção residual. No seu estado alterado de consciência, ela lembrou-se que o seu agressor a tinha cobiçado todas as vezes que ela visitou o templo. Ele tinha-a tocado inadequadamente várias vezes e tinha-a beijado nos lábios. A menina de oito anos de idade sabia que algo não parecia certo, mas, na altura, foi incapaz de expressar este sentimento à mãe. Ele tinha feito a menina jurar sigilo dizendo que era a amizade especial deles.

A sua incapacidade de dizer não às pessoas surgiu da crença distorcida de que ela não podia recusar ninguém, porque "as meninas boas não dizem não". O medo paralisante do seu agressor que a convenceu da crença distorcida era agora evidente. Ela agora percebia como o sentimento de impotência que ela sentia sexualmente com o marido e os parceiros anteriores provinham do abuso na infância. Ela começou a entender como as complexidades do abuso sexual geraram a culpa nela. Ao envolver o seu eu adulto e maternal num diálogo de voz com a sua criança interior, ela foi capaz de trabalhar lenta e progressivamente a sua culpa e as crenças auto-depreciativas.

A jornada de cura de Nalini tinha começado. As sessões foram catárticas, mas ela desenterrou com sucesso toda a raiva e culpa reprimida que vivenciou como uma criança de oito anos e, desde então, transformou-se.

Regressão 3: A Luz de Cura

Um mês depois, durante uma consulta de acompanhamento, vi que Nalini estava menos tensa emocionalmente e mais confiante em si mesma. A sua linguagem corporal transmitiu-me que estava mais relaxada. Ela relatou que sentia fora do seu peito um peso enorme e tinha praticado o ato de dizer não conscientemente, sempre que quisesse. Ainda é necessário esforço, mas consegue fazê-lo agora. A sua garganta estava melhor e os seus ataques de asma eram menos frequentes.

Em transe, voltou facilmente para o mesmo evento, mas sentindo-se mais à vontade desta vez, tendo sido submetida a catarse significativa nas suas sessões anteriores. Estava a concentrar-se mais em como se sentia em relação à indiferença da mãe nesta sessão.

"A minha mãe obriga-me a ir ao templo com ela e eu não gosto", ela lembrou. "Estou zangada com ela por ser negligente. Como é que ela não sabe o que estava a acontecer? Ela é minha mãe e nada disto teria acontecido se ela tivesse reparado e me tivesse protegido." Estava a a soluçar novamente.

Desta vez, iniciei a cura, orientando-a a visualizar-se a si mesma, à sua criança interior e à sua mãe a sentaram-se numa enorme bola de luz de cura. A sua criança interior foi encorajada a expressar a sua angústia à mãe por esta não a ter protegido. Ela expressou os seus sentimentos em voz alta e clara até que terminou. A figura materna implorou por perdão profusamente e abraçou a criança.

Este foi um momento de transformação. Subsequentemente, Nalini foi capaz de revisitar a memória mais desapaixonadamente e compreender o apuro da sua mãe.

"A minha mãe estava dececionada com a vida dela. Ela também se sentia sozinha. Sentia falta do meu pai, que não estava por perto para partilhar as responsabilidades dela. Ela estava exausta. Sempre que estava no templo, ela tinha tendência a esquecer as suas preocupações. Eu conseguia perceber o porquê dela estar preocupada. Ela confiava no homem e não se incomodava quando ele me levava por algum tempo. Eu agora consigo perdoá-la. Ela deu o seu melhor e foi tudo demasiado para dela."

Regressão 4: Preconceito de Género

Nalini tinha outros problemas para resolver. Ela veio para outra sessão de terapia para trabalharmos os seus sentimentos de ser rejeitada pela sua mãe e o impacto sobre o seu Eu adulto.

Uma vez em transe, foi levada para uma cena em que viu a sua mãe a segurar o seu irmão num abraço e a admirar a sua beleza.

"Ela diz que ele é muito mais louro do que eu." Nalini falou com um tom triste. "Ela está a aconchegá-lo e a acariciar a cabeça dele. Ela acha que eu não sou tão bonita quanto ela esperava e está preocupada se eu posso casar facilmente quando crescer."

Nalini estava muito perturbada.

"Estou a sentir-me sozinha e rejeitada. Não consigo entender porque é que a minha mãe o favorece em relação a mim. Eu sou feia. Ela nunca me abraça da mesma forma como o abraça a ele." Nalini começou a chorar.

"Eu quero que ela me ame, mas ela não me ama... ela acha que eu sou um fardo para ela." Foi o Eu adulto de Nalini a falar. "A minha mãe acha que uma filha vai casar-se e sair, enquanto o filho é o seu único consolo. Ela acredita que o seu filho vai cuidar dela quando ela envelhecer. Ela ama-o mais do que a mim".

A catarse começou. Nalini ficou emocional e chorou. Eu esperei até ela se sentir mais aliviada.

"Eu quero fazer a minha mãe feliz. Eu tenho tentado, mas nada a faz sorrir; nada parece tirar a sua atenção do meu irmão. Ele é sempre a criança favorecida. Eu estou a sentir falta do meu pai."

Houve uma longa pausa, enquanto ela continuava a chorar.

"O meu pai teria tomado conta de mim. Ele ama-me muito." Nalini entendeu que a sua vontade de agradar a todos, especialmente à sua mãe, estava relacionado com este evento. Se ela não conseguia fazer alguém feliz, constituiria um fracasso da parte dela. Ela conseguia ver que a origem das suas premissas distorcidas tinham vindo da sua infância e foi capaz de reformular a experiência.

Sem a minha sugestão, ela permitiu que o arquétipo da mãe amorosa em si assumisse o controlo, abraçando a pequena Nalini com amor incondicional.

Em seguida, a Nalini adulta começou a falar com a versão infantil de si mesma. "É absolutamente perfeito ser uma menina", disse ela ao seu Eu mais jovem. "As meninas são maravilhosas, e tu és maravilhosa, minha querida filha! Eu amo-te e sempre estarei aqui para ti. Tu trazes-me alegria."

Nalini repetiu as afirmações várias vezes no seu estado alterado, até que a energia da sessão se transformou e a sua criança interior se sentiu segura.

Nalini era agora capaz de entender que o sentimento subjacente de tristeza e rejeição enquanto adulta estava enraizada na sua infância com privação de afeto. Ela também percebeu que tinha inconscientemente procurado este afeto perdido em todos os seus relacionamentos na vida adulta.

Para melhorar a cura, Nalini foi conectada de volta às memórias felizes nas suas sessões de terapia subsequentes. O objetivo era obter mais força a partir destas memórias e trazer a esperança de volta à sua vida para reforçar a positividade. Eu guiei-a de maneira a conectar-se com algumas memórias boas que tinha passado quando era criança, na companhia do seu pai. Na verdade, houve momentos de viagens em família e férias juntos, onde foi mimada por ele. Ela foi muito mimada e recebia muitos presentes e doces sempre que o pai estava de volta a casa. Ela sentia muito a sua falta sempre que ele estava afastado por meses. No entanto, ela foi capaz de reforçar o seu Eu-parental com a imagem do seu pai, que a amava e a tratava bem. Ela visualizou, conscientemente, memórias de si mesma com o seu pai, como uma prática regular para sentir o amor e a dignidade que ele lhe tinha dado.

As sessões de terapia da criança interior tinham feito uma diferença significativa entre o modo como Nalini via a sua vida, e como a vê agora. Por um lado, ela tinha percebido o impacto daqueles eventos sobre a sua personalidade. Começou a fazer esforços conscientes para cuidar de si mesma e praticar afirmações positivas e a assertividade. Ela tinha agora muito mais controlo das suas emoções e tinha melhorado a comunicação com o seu marido, expressando as suas necessidades.

O CASO DE ROHAN – NEGLIGÊNCIA INFANTIL

Rohan era um homem de trinta anos, magro, alto e bonito que estava casado há três anos e trabalhava como profissional de TI. A sua mulher estava a trabalhar no mesmo setor. Apesar de ter um bom casamento, ele queria abordar alguns dos seus medos e limitações, que tinham começado recentemente a ter influência no seu casamento. Rohan veio com a queixa de se "sentir preso" na sua vida, tanto profissional como pessoalmente. Ele experienciava uma incapacidade de progredir na sua vida e uma falta de motivação para a mudança. Ele estava plenamente consciente de que uma parte dele queria mudar enquanto outra parte dele não estava preparada para trabalhar para isso.

Em primeiro lugar, ele tinha problemas de intimidade com a sua esposa e sentia-se particularmente desconfortável quando envolvia afeto físico. Ironicamente, ele sentia-se desajeitado até quando recebia abraços da sua mulher, e sempre que os braços dela estavam à volta dos seus ombros. Mesmo o ato de abraçar a sua esposa envolvia um esforço significativo da parte dele. Ele acreditava que ficava aquém de retribuir o amor que recebia da sua esposa por causa do seu desconforto físico.

Financeiramente, Rohan estava satisfeito com os seus rendimentos e não aspirava por mais, apesar de admitir que tinha o potencial de ganho; não assumia grandes riscos no trabalho nem na sua vida pessoal. Estava feliz com uma bicicleta como o seu meio de transporte, mesmo sentindo que a sua família poderia desfrutar de mais se tivessem um carro. Morava numa casa alugada, embora fosse capaz de possuir casa própria. Nunca desfrutou de comprar coisas para si mesmo, mas gostava de gastar dinheiro com a sua esposa. A sua atitude descontraída e a falta de motivação para alcançar coisas maiores na vida estavam a preocupá-lo.

Na nossa primeira conversa, descobri que não tinham gastado muito dinheiro com ele, ao longo da sua infância. Não teve muitos brinquedos ou muitas roupas; nem exigia mais dos seus pais. A sua mãe fazia sempre as compras para ele e para o seu irmão. Lembrou-se de sentir teque lhe era dado o adequado e nunca reclamou de escassez. Alegou ter tido uma infância razoavelmente feliz, sem qualquer história de trauma ou abuso.

Regressão 1: Aos Seis Meses e Cinco Anos

Após a avaliação inicial, Rohan concordou em submeter-se à hipnoterapia. Uma vez em transe, usei uma abordagem de regressão de idade, com o objetivo de compreender aquelas memórias e crenças da sua primeira infância que poderiam tê-lo influenciado. Começámos por voltar a uma fase muito inicial da sua vida. Depois de um exercício inicial de respiração e relaxamento, ele entrou num transe moderadamente profundo e conectou-se imediatamente com um evento da infância com apenas seis meses. Viu-se no colo da sua mãe e a ser amamentado. A sua mãe estava indiferente, e parecia preocupada com outros pensamentos durante o processo de amamentação, enquanto ele estava inquieto e com necessidade de atenção.

"Eu consigo sentir a presença física da minha mãe, mas ela não está ligada a mim emocionalmente. Ela só me quer alimentar e acabar com isso. É mais um trabalho de rotina," disse Rohan amargamente, enquanto a sua criança interior estava aclamando pela atenção da mãe durante a amamentação.

"Ela está remoendo sobre uma zanga que teve com o meu pai. Ela não está a apreciar o momento, e eu não sinto qualquer amor vindo dela. Estou a alimentar-me porque eu estou com fome, mas também não estou a gostar." Ele percebeu que estava a ser privado da atenção emocional de sua mãe.

"Eu quero que a minha mãe cante e me acaricie, enquanto me amamenta, e que me diga algumas coisas bonitas. Ela está ocupada, preocupada e irritada, e, como sempre, a sua mente está noutro lugar. Eu estou a sentir falta do toque dela. Ela está tão indiferente. Eu não quero o leite dela."

Rohan começou a chorar. Ele, então, recordou memórias semelhantes quando tinha cerca de dois anos de idade, enquanto a sua mãe estava a vesti-lo, mas desprovida de quaisquer palavras amáveis, abraço ou beijo. Ele sentia-se emocionalmente carente e tinha ansiado profundamente pelo toque quente e amoroso da sua mãe em vão. Houve alturas em que ele correu até ela, querendo um abraço, mas foi afastado, porque ela estava ocupada com as tarefas domésticas. Ele reconheceu o quanto ansiava por aquele calor enquanto criança, exactamente aquilo que ele estava negando a si mesmo e à sua esposa no presente.

Neste momento, eu encorajei Rohan a conectar-se profundamente com os sentimentos no seu corpo. Ele estava em lágrimas enquanto expressava a sua necessidade de ser pegado ao colo, abraçado e amado. Estava com raiva da sua mãe por ela ser indiferente e pouco preocupada. Então levei-o a reformular a memória para a maneira que ele a quisesse, usando o corpo para expressar a sua raiva. Parte disto envolvia incentivá-lo a usar os punhos e os movimentos das pernas, enquanto em transe, para fazer uma birra à sua mãe. Ele foi capaz de captar o carinho da sua mãe, gritando e exigindo verbalmente que ela o amasse.

O que se seguiu foi uma imagem visual dele nos braços da sua mãe, imerso no amor incondicional. Foi-lhe dado um brinquedo macio, que representava a sua criança interior, para o segurar num abraço amoroso.

"O que é que queres que aconteça agora, que não aconteceu antes?", perguntei.

"Eu quero que a minha mãe expresse o afeto que me tem", respondeu Rohan. Uns momentos depois, ele visualizou alterações na imagem.

"Agora estou a chorar e a gritar. Eu parei de me alimentar e quero a sua atenção. Ela está a perguntar-se porque é que eu estou a gritar e está a começar a embalar-me. Ela agora está a falar comigo, com palavras de amor doces. Levanta-me e segura-me num abraço,

99

acariciando-me. Está preocupada com o que aconteceu de errado, e eu estou lentamente a sentir-me melhor. Ela está mais carinhosa e está a falar comigo agora. Está a cantar uma canção de embalar, acaricia-me, coloca-me na cama e fica perto de mim. Eu acalmo-me e continuo a alimentar-me até ficar satisfeito. Ela está a embalar-me suavemente para eu adormecer e estou a sentir-me bem. Consigo ver que a minha mãe tem um sorriso e está satisfeita também."

O seu comportamento habitualmente rígido foi invadido por uma sensação de alívio, seguido de um sorriso, resultante de ter finalmente experimentado o êxtase do toque da mãe. Foi-lhe permitido deleitar-se com este belo momento por um longo tempo.

Levando-o para uma idade mais avançada hipnoticamente, Rohan conectou-se com um outro evento passado, onde ele tinha caído acidentalmente enquanto brincava. Tinha cerca de cinco anos de idade e recordou-se de se ter magoado.

"Os meus joelhos estão feridos. Eu caí enquanto brincava e estou a chorar. A minha mãe sai de casa. Está chateada comigo e está a repreender-me por ser descuidado. Arrasta-me para dentro da casa e está a bater-me nas nádegas por eu ser descuidado!

"Como é que ela pode estar chateada comigo? Eu estou tão magoado. Eu quero que ela seja boa para mim. Agora está a colocar um pouco de desinfetante na minha ferida. Ui! Queima e faz-me sentir pior. Porque é que ela não consegue ser amável comigo? Estou muito zangado com ela. Ela nunca brinca comigo e agora está chateada e a gritar comigo. Eu não gosto disto." Rohan começou a chorar enquanto falava.

"Estou agora a ser trancado em casa enquanto os meus amigos estão à minha espera. Não tenho autorização para brincar. Estou a sentir-me triste e solitário. A minha mãe não quer que eu brinque até ficar melhor. Estou a sentir falta dos meus amigos. Estou a chorar muito."

Esta memória desencadeou a libertação da sua tristeza e do constrangimento físico que estava armazenado profundamente dentro do seu corpo. Começou a sentir o aperto no seu abdômen. Usando a terapia de corpo e trabalho de respiração, guiei-o para que expressasse a sua angústia e exigisse que a sua mãe cuidasse da sua ferida. Isto, gradualmente, libertou-o do sentimento de aperto do seu abdómen. Em seguida, a cena visualizada mudou. "Agora, a minha mãe está a brincar ao esconde-esconde comigo e com os meus amigos", Rohan descreveu. "Estamos todos a rir. Eu gosto da minha mãe assim. Ela está a lembrar-me sobre segurança e a observar-me enquanto eu brinco."

O uso do intelecto adulto para dar expressão à criança interior tinha instantaneamente transformado a energia. Rohan agora sentia o seu abdómen relaxado e solto. Até agora, a raiva dentro dele tinha-o feito sentir-se rígido em relação aos outros e afetado a sua intimidade com a sua esposa amorosa. Agora consegue ver a correlação entre a sua fome de aconchego na infância e a sua falta de jeito atual para o afeto físico.

Após esta sessão, Rohan estava espantado. Sentia-se grato porque entendia como estas memórias de infância tinham moldado a sua personalidade. Desde então, tinha progredido consideravelmente na intimidade com a sua esposa, e também estava muito mais relaxado durante as sessões de terapia subsequentes.

Regressão 2: Aos Dez Anos
Na sessão seguinte, Rohan pediu para a terapia ser focada no seu problema de excesso de complacência e falta de motivação.

Depois de o induzir num estado hipnótico, ele conectou-se imediatamente com uma memória de si mesmo com a idade de 10 anos. Ele foi o melhor no desempenho da sua turma, e voltou para casa orgulhoso com o relatório para mostrar à família. No entanto, o que ele viu foi os seus pais a discutir, como de costume, sobre algumas questões.

"A minha mãe está dentro da cozinha e o meu pai está de pé na porta da cozinha a falar alto. Há alguma tensão entre eles. Estou fora na sala de jantar e consigo ver que ambos estão com raiva e não estão a falar. Vou para a cozinha para mostrar o meu relatório, mas o meu pai nem sequer repara em mim. Ele apenas desaparece da cozinha, como se eu não existisse. A minha mãe está em lágrimas."

Houve uma longa pausa.

"Quando eu finalmente mostro o meu relatório à minha mãe, ela não olha para ele. Ela apenas me afasta, dizendo que não é um bom momento.

"Estou a sentir-me rejeitado... tão magoado e zangado. Estou tão animado por ser o melhor da turma. Entro no meu quarto a chorar, a sentir-me profundamente ferido. Os meus professores e amigos estão todos tão felizes por mim, mas o meu sucesso não tem nenhuma importância para os meus pais! Não me vou dar ao trabalho de estudar mais!"

Caíram lágrimas pelo rosto de Rohan.

"Porque me deveria preocupar? Ninguém se importa!"

Rohan tinha cristalizado o tema da indiferença dos seus pais como sendo um resumo da sua experiência de infância. O seu irmão e ele foram sofredores silenciosos da falta de atenção dos seus pais. Ele explicou como sentiu que nenhum dos seus talentos eram bons o suficiente para atrair a atenção do seu pai, que sempre esteve distante. Os seus pais não estavam de boas relações e passavam o seu tempo num silêncio arrepiante. Estavam sempre focados nas suas diferenças e nunca foram felizes juntos. As crianças tinham-se aproximado da mãe, pois o seu pai estava fisicamente ausente a maior parte do tempo.

Nesta altura, eu guiei a criança interior de Rohan para obter o apoio do seu Eu parental para mudar as coisas para a maneira como ele teria gostado que fosse.

No momento seguinte, Rohan visualizou a sua criança interior a caminhar para a sala onde seu pai estava sentado a ler jornais; Rohan chamou a sua mãe para deixar o trabalho na cozinha e juntar-se a ele.

"Eu quero que os dois me ouçam. Eu fui o melhor da minha turma. Estão a ouvir-me? Eu dei o meu melhor e vocês não estão sequer interessados!" Ele viu a sua criança interior a bater os pés e a fechar as mãos em punho.

"Eu quero que vocês vejam o meu relatório", disse ele exibindo-o com ambas as mãos.

Depois de uma pausa, ele continuou: "Agora eu vejo os meus pais a olhar para o relatório, sentindo-se felizes. O meu pai está agora a ajoelhar-se para falar comigo. Ele acaricia-me gentilmente e abraça-me. Ele está a valorizar o meu desempenho. A minha mãe está absolutamente encantada e está a falar sobre fazer uma festa no meu próximo aniversário."

A voz de Rohan soou mais alegre.

"Eu vejo os amigos do meu grupo a entrar em casa. Eles estão a comemorar o meu aniversário em grande estilo. Há um bolo, vários balões, bonés e muito papel colorido. Esta é a primeira vez que tenho uma festa. Sinto que estou tão feliz a cortar o bolo. Os meus pais parecem felizes também. Eu e os meus amigos estamos reunidos num círculo, a jogar! Os meus pais estão a sorrir de pé lado a lado. Nós todos parecemos felizes." Uma sensação de alívio tomou conta dele e lágrimas de alegria caíam pelo seu rosto.

Rohan concluiu esta sessão de terapia com um profundo sentimento de satisfação e uma expressão facial feliz, tendo-se finalmente sentido apreciado. Ele aproveitou esta oportunidade para reeducar a sua criança interior com amor incondicional e elogios. Sentia-se feliz, incentivado, e amado. Ele percebeu que o simples ato de interpretar o papel de pai ideal sob transe tinha sido transformacional. Após a sessão, ele praticou afirmações positivas, tanto para a criança interior como para o seu Eu adulto para integrar a experiência descrita.

Vi Rohan novamente dois meses após a sessão de terapia. Ele tinha dado um salto no seu progresso em termos de afecto para com os outros e sentia-se fisicamente relaxado. Ele também tinha ganho um pouco de peso e confiança no seu trabalho, no qual tinha começado a afirmar-se e a tomar decisões ousadas.

Regressão 3: Aos Treze Anos

Na sua terceira sessão, Rohan estava ansioso para descobrir quais eram as suas crenças limitativas em relação ao dinheiro e prosperidade, e como isso tinha contribuído para os seus problemas de comportamento.

Sob hipnose, ele conectou-se com um evento passado, com treze anos de idade. De repente, ele experienciou dor e memórias corporais vívidas.

"Os meus pés estão-me a doer. Estou a usar sapatos que não me servem. Eu cresci e já ultrapassei o tamanho, mas ainda os estou a usar. A minha mãe diz que eu deveria usá-los durante o máximo de tempo possível e levá-los para a escola todos os dias," Rohan começou a recordar.

"Estou a sentir bastante dor, mas orgulhoso de usá-los por ser capaz de lidar com a dor. A minha mãe não quer pedir dinheiro ao pai para me comprar sapatos novos, porque vai ferir a sua dignidade. Ela orgulha-se de ser capaz lidar com menos dinheiro. Agora vejo cada vez menos o meu pai, que sempre foi ocupado com o seu trabalho. Estou muito chegado à minha mãe. Ela está a cuidar de mim e do meu irmão."

Em seguida, Rohan mudou para outra cena.

"Estou a carregar um livro na minha mão para esconder um rasgão nos meus calções com ele. A mãe diz que agora não tem dinheiro para comprar uns calções novos. Eu e o meu irmão temos que nos contentar com o que temos. Eu tenho pena da minha mãe. Eu não a quero magoar. Eu quero fazê-la feliz."

Rohan ficou surpreso ao ver como sentia um forte sentido de orgulho no seu empobrecimento e tinha vinculado isso à sua lealdade para com a mãe. Ele percebeu que tinha inconscientemente interiorizado o egoísmo da sua mãe como se fizesse parte dos seus próprios sentimentos e crenças durante todos estes anos. Viver na miséria foi uma escolha da sua mãe, não dele. Ele conseguia agora ver o quanto era inadequado e queria reformular isso.

Fig. 1: Regressão da Vida Atual de Rohan

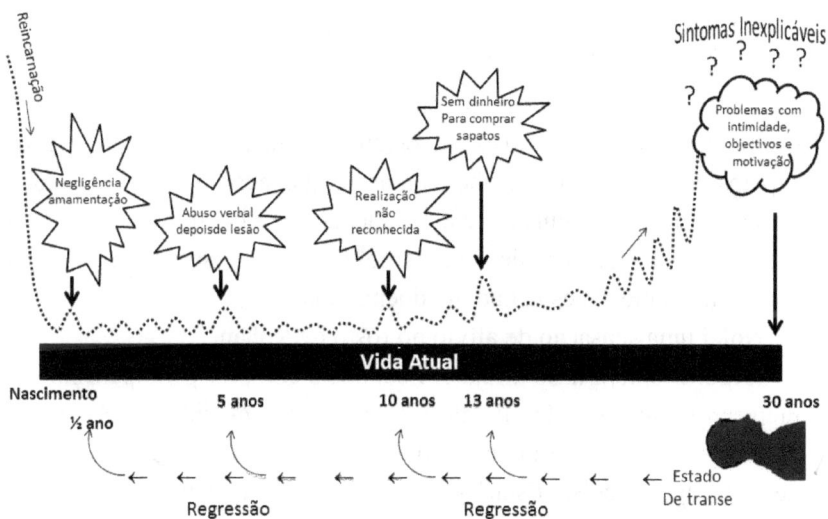

De seguida, Rohan libertou a sua identidade da criança de treze anos e voltou para o seu Eu adulto, ainda sob transe. Depois, o seu Eu adulto começou a envolver a criança num diálogo e explicou à criança como é que ainda poderia ter os seus confortos e ainda assim continuar a cuidar da sua mãe. O seu Eu adulto sentiu que a criança poderia ter sido injusta em não compreender o seu pai ao longo dos anos.

Pela primeira vez, Rohan conectou-se com a sua sabedoria interior e viu como o seu pai tinha tentado sempre dar o seu melhor para fazer face às despesas. Ele tinha sido um viciado em trabalho toda a vida. Permaneceu indiferente em casa e evitava confrontos com a sua mulher. Amava os seus filhos e queria um futuro brilhante para eles, mas era incapaz de o expressar em palavras ou de lhes demonstrar isso. Rohan foi capaz de sentir empatia com o seu pai e sentiu que, quando menino, deveria ter-se aproximado dele para atender às suas necessidades, já que a sua mãe havia falhado com ele.

Este foi um momento muito fértil para ele se reconectar com a sua criança interior, durante o qual ele voltou a experienciar a sensação de dor nos pés devido aos sapatos desajustados.

"O que é que tu queres fazer ou ver acontecer que não tiveste oportunidade na última vez?"

"Estou agora a ir ter com o meu pai. Ele está ocupado, como de costume, com o trabalho dele. Estou a ganhar coragem para pedir sapatos novos depois de lhe contar o que aconteceu. Ele escolhe examinar imediatamente a situação e leva-me às compras. Agora estou a experimentar um par de sapatos novos, que me servem e sinto-me tão bem! Os meus pés já não me doem mais."

Notei uma sensação de alívio no rosto de Rohan.

"Agora estou a ir ao alfaiate. Estamos a comprar pano para fazer o meu uniforme novo. O alfaiate está a tirar-me medidas, e o meu pai está a pagar de bom grado por tudo isto. Ele pergunta-me se eu preciso de mais alguma coisa. Estamos a comprar artigos de papelaria, livros e jogos. Estou tão animado! Eu estou a fazer compras para mim, a escolher o que eu quero e a sentir-me tão bem!"

A criança interior estava encantada. Rohan tinha desatado a crença distorcida de "escolher a mãe é igual a escolher a pobreza" e reformulou a sua memória de infância para uma de aceitar e atrair abundância. Ele tinha-se desprendido da sua frieza em relação ao seu pai e entendia-o melhor. Ele reeducou o seu Eu adolescente proporcionando-lhe amor incondicional e integrou-o com o seu Eu adulto através da imagem visual de fazer compras com entusiasmo e vontade de gastar.

Após a sessão, Rohan criou a sua realidade, colocando o que aprendeu em prática. A jornada da sua criança interior tinha feito uma diferença marcante na sua vida uma vez que ele olhava para si mesmo com autoestima e confiança renovadas. Ele era agora capaz de retribuir a expressão de amor aos outros, especialmente para a sua esposa amorosa e de atrair abundância para a sua vida. Um mês depois, a sua vida estava muito mais brilhante à medida que comprava roupas novas e aparelhos eletrónicos para si mesmo. Nessa altura, ele também estava interessado em comprar um carro e uma casa à sua escolha!

Conclusão

A cura da criança interior é apenas uma das muitas ferramentas que podemos usar na terapia de regressão. Faz incursões nas camadas mais profundas da nossa existência e transcende o tempo para alcançar a fonte, para ser um novamente com o tesouro infinito do amor e da felicidade que nós somos verdadeiramente. A chave para isso é o perdão.

"Há uma essência primordial caracterizada pelo amor incondicional, alegria, serenidade e sabedoria, da qual nos separamos e para a qual podemos voltar, movendo-nos para as realidades mais vastas da consciência."

Ernest Pecci

Através das muitas viagens transformacionais dos pacientes que eu tenho acompanhado e dos seus avanços que testemunhei, também tenho adquirido um *insight* novo, bastante valioso de mim mesmo. Em particular, a terapia da criança interior permitiu que eu me conectasse com a minha própria infância e conferiu-me competências parentais mais conscientes e hábitos de dar carinho. O meu trabalho clínico tem-me enriquecido com a sabedoria para abraçar a minha essência única e inspirar a minha criança interior com alegria, risos e inocência uma vez mais.

Agradecimento

Devo a minha transformação pessoal aos meus professores, Dr. Newton Kondaveti e Dr. Lakshmi G.V., que são pioneiros na terapia de regressão na Índia.

CAPÍTULO 4

Amor-próprio e autodestruição

Dra. Karin Maier-Henle

"É muito fácil para mim falar sobre a cura depois de ter passado por ela, ou dizer-lhe que apenas confie e deixe ir permitindo o fluxo da vida comandar, mas quando se está a passar por um período em que se está em baixo, é difícil fazê-lo - ou até mesmo saber por onde começar. No entanto, acho que a resposta é mais simples do que parece e é um dos segredos mais bem guardados do nosso tempo;a importância do amor-próprio."

Anita Moorjani
Em: Morrer para ser Eu, 2012

Aos doze anos de idade, senti o apelo para me tornar médica. Depois do ensino médio continuei com aulas à noite, obtendo a minha qualificação para acesso à universidade. Iniciei assim o curso de Medicina, estudando em Berlim e Munique. Nesse meio tempo, trabalhava em tempo parcial como enfermeira e assistente de laboratório e assim financiei os meus estudos. Após a licenciatura em Medicina, continuei a minha formação como médica residente e passei os 11 anos subsequentes a trabalhar em hospitais nas especialidades de Reumatologia, Gastroenterologia e Cuidados Intensivos.

109

Sempre gostei da minha formação clínica e dos conhecimentos médicos adquiridos, mas, interiormente, sempre desejei pôr em prática os meus conhecimentos médicos de forma mais saudável. Comecei então a olhar para além da medicina ocidental para entender melhor o processo de cura. Nesta procura, obtive os meus diplomas em Homeopatia, Medicina Tradicional Chinesa e Acupuntura, enriquecendo as minhas competências para o processo de cura. Um dia, um parágrafo no *Organon de Hahnemann* [9] chamou-me a atenção. Afirmava que qualquer tratamento seria um fracasso a longo prazo, se a causa subjacente do problema estivesse ativa ou se o paciente tivesse, por diversas razões, negligenciado a fonte, desconhecesse a origem do problema, ou estivesse em negação da raiz do mesmo. Esta mensagem foi inesquecível, uma vez que mudou drasticamente a minha forma de olhar para a terapêutica.

Na minha carreira, observei nos meus pacientes muita dor, associada ao desespero e negação, enquanto lutavam com as suas doenças. Isso era particularmente vincado quando estavam a enfrentar a morte. Esta atitude era desconcertante, porque muitas das situações eram associadas a raiva, lamento, desespero e medo da sua parte. Para o médico hospitalar, essas emoções eram geralmente muito cansativas de gerir. Mesmo que se criasse empatia com a situação, a causa subjacente à sua angústia permaneceria sem solução. Na busca de um método para me ajudar a chegar à raiz dos problemas dos meus pacientes, encontrei finalmente a disciplina de hipnoterapia regressiva.

A minha jornada como terapeuta
Regressão é o processo de descoberta e orientação em que o paciente volta a vivenciar experiências anteriores que condicionam as suas queixas e estão na génese da situação em conflito. É uma forma de

---

[9] Hahnemann foi um médico do séc. XVIII que, insatisfeito com a Medicina da época, fundou a Homeopatia. *The Organon* é uma visão global deste sistema médico publicado em 1810.

psicoterapia transpessoal, onde experiências esquecidas que condicionaram feridas emocionais podem ser rastreadas desde a infância, período pré-natal ou até mesmo a uma vida passada. Esta técnica terapêutica é muitas vezes praticada em associação com a utilização de técnicas hipnóticas para estabelecer a comunicação com a mente inconsciente. A abordagem revela a raiz dos problemas do paciente de forma rápida, tornando-os acessíveis à mente consciente. Isto permite uma modificação dessas crenças inconscientes, reprogramando ações e comportamentos prejudiciais e inúteis para o paciente.

Eu cresci numa família onde estava havia um profundo interesse pelo budismo. Por isso, os conceitos de reencarnação e *karma* foram assimilados desde tenra idade e não tive problemas em integrá-los na minha prática de cura. No meu percurso como terapeuta, li livros de Helen Wambach, Roger Woolger, Andy Tomlinson e Michael Newton. Neles, encontrei respostas para muitas das minhas perguntas a respeito de determinadas perturbações estarem presentes em certos indivíduos da forma como estão.

À medida que fui aprofundando os meus conhecimentos e competências em terapia regressiva, mantive uma mente aberta para todos os fenómenos que fui encontrando. Estou ciente e convencida de que a mente subconsciente e a alma podem recordar sentimentos e emoções ou arquivar memórias passadas que, de alguma forma, ressoam com os sentimentos do indivíduo. Eu acredito que um bom ponto de partida de qualquer prática de cura é aceitar e honrar as histórias de tais experiências, sempre que o paciente as partilhe. Quando comecei a trabalhar, procurei a ajuda do meu Eu Superior para resolver os problemas de muitos dos meus pacientes que precisavam de cura. Com o tempo, percebi que os pacientes precisam de descobrir por si mesmos o sentido da vida e o que acontece dentro de si, durante a doença. O paciente precisa de aceitar as lições que a sua própria vida lhes proporciona. Assim, muitos dos desafios que enfrentam pertencem a questões de autoconhecimento e do domínio de amor-próprio.

Amor-próprio

O amor-próprio significa cuidar e assumir a responsabilidade com o seu bem-estar, bem como respeitar e conhecer-se a si mesmo. Antes que se possa amar verdadeiramente outra pessoa, é preciso amar-se a si próprio. No entanto, nos dias de hoje, o amor-próprio é, frequentemente, desvalorizado e inexistente em muitas pessoas.

Muitos pacientes, se questionados sobre a existência de amor-próprio, tenderão a dizer: "Sim, é claro que eu me amo." No entanto, ao conhecer melhor o paciente e ao iniciar o processo de identificação de problemas e a sua gestão, torna-se óbvio que a falta de amor-próprio é a raiz dos mesmos. Não raro, os seus problemas estão associados a uma mistura de questões emocionais complexas, incluindo culpa, vergonha e responsabilidade. Quando estas questões criam problemas recorrentes nas suas vidas, emoções como medo, raiva ou até mesmo fúria, podem complicar o quadro e perpetuar um ciclo vicioso de comportamento destrutivo.

Muitas vezes, a origem da falta de amor-próprio não é óbvia. Ou porque começou muito cedo na vida, ou é subliminar na sua natureza. Às vezes, o trauma do evento de sensibilização é tão doloroso que a mente consciente reprime a memória do incidente.

Na minha prática clínica, considero que o uso de histórias ajuda nos processos de cura. As histórias interpretam as nossas vivências sensoriais da vida numa cadeia ininterrupta de experiências contadas, que ligam os acontecimentos passados com o presente, assim como para um futuro desejado. Elas têm a capacidade de inspirar, motivar e destacar a resiliência do espírito humano. Eu acredito em contar histórias porque funcionam como um poderoso estímulo de optimismo e esperança em pacientes em dificuldades. Na secção seguinte, quero partilhar as histórias de dois dos meus pacientes, cujas vidas têm permanecido presas por causa de uma falta de amor-próprio. Depois de reunirem coragem suficiente para aderirem à terapia de regressão, após terem reconectado com as suas próprias histórias, melhoraram a sua qualidade de vida. Tornando-se conscientes das experiências negativas que passaram, olham agora o futuro, ansiosos por contar as suas histórias que desde então lhes permitiram a cura com base no amor-próprio e afirmação pessoal.

O CASO DE DANA – FALTA DE AMOR-PRÓPRIO

Dana era uma senhora de cabelos escuros, de cinquenta e dois anos de idade, com uma beleza voluptuosa. Ela possuía uma forte sagacidade e senso de humor e parecia uma pessoa sensível, embora com uma natureza exigente. Quando a conheci, estava desesperada porque o filho mais novo tinha baixado ilegalmente material da internet e enfrentava uma acusação. Sendo funcionária pública, estava assustada, profundamente envergonhada e insegura do impacto que esta situação teria nas suas vidas. Trabalhamos esta questão em conjunto com um psicólogo clínico e ela sentiu-se bem por um tempo. Quando reencontrei a Dana dois anos mais tarde, ela estava a lidar mal com seu envelhecimento e a mãe doente, além de um relacionamento falhado. Durante a nossa conversa, aprendi mais sobre ela.

Dana nasceu fora do casamento. A mãe rebelde, fê-la pagar a vergonha sentida e assediou-a e manifestou-lhe ódio abertamente. Dana passou por alguma terapia de conversa comigo, o que resultou bem no início. Pouco tempo depois, a mãe morreu de cancro com oitenta e dois anos de idade e Dana entrou em depressão profunda. Isto não parece dela, pensei. Ela lidou muito bem com muitas outras dificuldades no passado, com a sua visão bastante pragmática e positiva da vida. Desta vez, o seu peso aumentou rapidamente, especialmente em torno da área da barriga e isso incomodava-a imensamente.

Dana casou jovem para ficar longe da influência da mãe. Infelizmente, o marido foi infiel no seu relacionamento conjugal. Eles divorciaram-se há alguns anos, mas ela ainda sentia muito ressentimento em relação a ele. Fiquei também a saber sobre o difícil relacionamento com o filho mais velho, que se recusou a ter contacto com ela porque a nora não gostava dela. Como alternativa, ela amava e encontrou consolo no seu filho mais novo, que tinha amadurecido imensamente desde o seu ato ilegal de há dois anos. Curiosamente, o filho mais novo também estava a lutar com um problema de excesso de peso.

Após a morte da mãe, Dana não tinha familiares próximos dependentes e não tinha certeza se devia comprometer-se num novo relacionamento. Ela admitiu que tinha um problema de baixa autoestima a atingir um sentimento de ódio por si mesma. Isto foi associado à sua tendência para a compulsão alimentar. Recentemente sentia-se muito só e tinha inexplicáveis dores de cabeça e uma dor no joelho direito. Não havendo explicação para a depressão, Dana concordou com a abordagem pela terapia regressiva para tentar identificar a origem do seu problema.

No início da sessão, Dana foi posicionada confortavelmente num sofá reclinável, mas mostrou sinais de nervosismo. Sugeri então que, por breves momentos, se permitisse ouvir os seus pensamentos e o seu corpo.

Indução hipnótica
Quando estava pronta para relaxar, pedi-lhe que fechasse os olhos e se respirasse um pouco mais lenta e profundamente. A experiência correu bem. Então instalei uma resposta ideomotora, fazendo sinais com os dedos, um método não-verbal para o terapeuta comunicar com a mente subconsciente do paciente. Em seguida, realizei uma varredura do corpo. Com as mãos posicionadas vários centímetros acima do seu corpo e com as palmas viradas para baixo como se fossem sensores intuitivos.

"Eu quero que se concentre nas diferentes áreas do seu corpo, à medida que eu o for percorrendo com as minhas mãos, para verificar a energia que possa ter ficado estagnada em determinadas zonas. A parte específica do corpo onde a energia está estagnada vai sentir-se diferente das outras", expliquei enquanto pairava as palmas das minhas mãos sobre várias partes de seu corpo. "Pode sentir em qualquer parte do corpo que algo não está certo. Vou dizendo que área do corpo estou a analisar, à medida que avanço. Concentre-se apenas em cada área e faça-me um sinal se sentir que algo está diferente."

À medida que fui avançando, detetei tensão no seu joelho direito e pescoço, mas a descoberta mais notável foi na região abdominal. "Eu sinto tensão e peso na área inferior da minha barriga", disse Dana.

"É muito desconfortável e sinto-a em carne viva, queimando e a doer muito. É como se estivesse ali alguma coisa, a causar essas sensações; algo que realmente não me pertence, mas que me provoca dor."

Isso colocou-me em estado de alerta. O que Dana descreveu acabara de confirmar a sensação de energia presa que eu tinha detetado com as palmas das minhas mãos.

Forma-pensamento

O conceito de energia ou emoção *"presas"* é semelhante a um indivíduo a tentar cantarolar uma melodia, mas a achar que ele simplesmente não consegue sintonizar essa melodia que está na sua cabeça. Muitas vezes, esta emoção presa é devida a uma associação com uma memória negativa. Eu precisava de detetar a sua origem e incentivei Dana a exprimir os pensamentos que se estavam a formar na sua mente.

"Eu quero que você se concentre na energia que está na sua barriga e, enquanto o faz, eu movo-a para a sua boca... e vamos ouvir de si qual a origem desta energia."

O resultado foi espantoso e surpreendente.

"Esta é a energia da minha mãe", disse Dana. Pouco tempo depois, ela sentiu-se agitada.

"Eu posso senti-la. Sinto-me como ela... ela está aqui, comigo. "Ela descreveu a energia com emoção.

Na terapia de regressão, encontra-se ocasionalmente esta tal concentração da energia do pensamento de uma pessoa e é reconhecida como uma "forma-pensamento". Em discurso teosófico, um pensamento específico irradia uma vibração. A vibração irradiada expressa-se nos corpos astral e mental do indivíduo. Quando esta está a ser enviada a partir de qualquer corpo mental ou astral, imediatamente se reveste da essência elementar que vivifica o assunto nos planos mental e astral. O pensamento torna-se então uma espécie de "ser vivo", sendo a força de pensamento a alma, e a matéria viva o corpo.

Esta forma de pensamento também pode interferir com outro indivíduo e gerar um comportamento de sub-personalidade. No caso de Dana, a materialização dos pensamentos da mãe tomaram uma forma física e expressaram-se nela como uma tensão abdominal.

O conceito de forma de pensamento é mencionado no Budismo Tibetano. Quanto à sua origem, há duas escolas de pensamento. Na escola de pensamento"*apenas-uma-vida*", pode interpretar-se que o profundo vínculo negativo partilhado entre Dana e sua mãe estava armazenado na mente subconsciente. Isso criou um campo negativo dentro dela na hora de lidar com os seus conflitos internos, após a morte da sua mãe. Na escola que segue a *"perspectiva alargada da existência de vidas passadas"*, a energia detetada é exatamente aquilo que Dana sentiu que era - a energia de sua mãe. A consciência da alma da mãe, ao deixar o corpo após a morte, ligou-se ao campo de energia de Dana, contribuindo para as suas emoções negativas.

Independentemente da explicação, Dana precisava de se livrar da energia negativa que lhe tinha causado a depressão. Afinal, isto poderia ser alcançado rapidamente, enquanto no estado hipnótico, e tudo o que era necessário era recorrer aos recursos mentais da Dana. Em seguida, comuniquei diretamente com esta energia, da mesma forma que teria feito com a sub-personalidade do paciente.

"Olá! Eu sou a Karin e estou aqui para ajudar. Gostaria de falar com a energia que está aqui dentro da Dana. É verdade que é a mãe da Dana?"

"Sim, é verdade", falou a energia, e foi através da voz de Dana: "Eu sou de facto a mãe da Dana."

"Podemos saber porque está aqui?", perguntei.

"Depois da vida miserável que vivi, decidi ficar aqui com a Dana porque quero que ela pague por algumas das experiências negativas que sofri na minha vida."

"Mas o que a faz sentir que precisa de fazer isso?"

"Eu não quero estar sozinha nesta miséria. Eu quero que ela seja tão miserável como eu sou, e não vou deixá-la enquanto não conseguir isso."

"Compreendo." Fiz uma pausa enquanto estava a estruturar mentalmente a minha resposta." Acredito que pode não estar ciente do facto de que tem outras opções muito mais promissoras e satisfatórias, onde nem precisa de ficar na miséria, nem permanecer no corpo. Talvez queira considerar essas outras opções."

Era um processo persuasivo gradual. Gentilmente persuadi a energia da mãe a deixar o corpo de Dana como a opção preferida. Trocamos pontos de vista e argumentos durante o nosso diálogo, enquanto Dana permaneceu em transe. A energia foi inicialmente bastante persistente em permanecer no corpo, sendo muito amarga e determinada, mas consegui convencê-la a sair.

Curiosamente, após a energia da mãe concordar em sair, fez-nos uma surpresa!

Presumindo que, após a minha persuasão, a energia teria deixado o corpo, fiz uma varredura de verificação no corpo de Dana. Quando eu cheguei novamente à área abdominal Dana gritou: "Ela deixou a sua barriga comigo! Deixou-a mesmo aqui!"

Foi uma surpresa! Eu tive novamente que convencer a energia residual a sair. Finalmente, todos os vestígios da energia nos deixaram para regressarem à LUZ. Isto incluía todas as impressões, os ganchos

117

ou sementes, e não havia nenhum ponto de apoio para permitir um retorno. Implementei então uma proteção de energia para Dana antes de prosseguir com o tratamento adequado.

Regressão de Idade

Aprofundei o estado de transe de Dana, e Dana regrediu à época em que tinha oito anos de idade.

Foi um evento assustador e uma experiência horrível. A sua mãe tinha saído de casa e deixou-a sozinha no apartamento, trancando a porta.

"Estou apavorada. Estou arrasada," disse Dana. "Ela prendeu-me em casa. Estou tão assustada que fugi de casa através de uma janela. Mais tarde, um vizinho encontrou-me e cuidou de mim até a minha mãe voltar," soluçou.

"Mais tarde, a minha mãe enviou-me para um internato. Lá, sentime melhor e mais segura. Consegui fazer amigos."

Como a história de infância se desenrolou sob transe, houve outras situações desagradáveis semelhantes que foram vivenciadas. A mãe tinha abusado dela, chamando-lhe nomes e comportando-se de forma irresponsável enquanto mãe.

No acontecimento seguinte significativo, ela regrediu à idade de três anos. Havia lembranças muito tristes.

"A minha mãe está a deixar-me com a minha avó," lembrou-se. "A sua mente está alterada e não se importa nem um pouco comigo."

"Quais são os seus sentimentos agora?", perguntei.

"Sozinha e abandonada. A sensação é a de choque e desconhecimento," disse ela. O trauma de ser abandonada pesava fortemente nas suas emoções.

Em seguida, fiz Dana regredir ao tempo em que estava no ventre da sua mãe.

A lógica para compreendermos uma regressão terapêutica pré-natal baseia-se na compreensão de que a programação emocional básica começa antes do nascimento. Nesta fase, o feto em crescimento é entendido como um ser sensível que absorve e responde a informações a partir da sua mãe e do ambiente uterino. Ao mesmo tempo, as suas expectativas de vida estão a ser formuladas de acordo com o estado mental da mãe.

Uma vez dentro do útero, Dana visualizou os seus contornos enquanto feto, o cordão umbilical e a ligação à mãe e o ambiente criado pelo líquido amniótico envolvente. Acima de tudo, ela podia sentir distintamente os batimentos cardíacos e as emoções da mãe. Ela comentou: "Eu sinto a solidão da minha mãe. Eu também sinto a sua raiva. Ela sente raiva por estar grávida naquelas circunstâncias. Temo que isto não vá ser fácil para nós duas... Estou com medo."

Reino espiritual

Do útero dirigi-a para o domínio espiritual para conhecer o seu guia. Curiosamente, uma vez neste reino, descobriu que ela própria se tinha programado para alguns desafios, como parte do seu plano de vida.

"Eu estou a falar com o meu guia espiritual, que eu sei que é sábio e justo. Eu posso sentir o seu amor por mim e estou em paz. Ele felicita-me por ser tão valente e por fazer tão profundos progressos. Diz –me que devo trabalhar o meu amor-próprio. Eu percebo que escolhi o meu corpo atual, porque eu quero ter um desafio adicional de ser pesada e de ter que trabalhar duramente para encontrar o equilíbrio. É bom, porém, ser forte e resiliente, e sinto que fiz a escolha certa. Eu sou muito ambiciosa e, trabalhando a tolerância e a aceitação, quero experimentar ser independente".

A seguir, Dana conheceu a mãe no reino espiritual. Para sua surpresa, os seus papéis estavam invertidos numa vida passada! Com esta nova visão e compreensão das consequências subjacentes, ela sentiu que podia agora deixar ir.

"Eu compreendo que fui cruel com ela na sua vida passada quando a maltratei e a abandonei. Posso sentir agora o quanto ela sofreu então. Decidimos que iríamos reverter os nossos papéis nesta vida, de modo que ambas tivéssemos oportunidade de experimentar o abandono, desamparo e a raiva de uma criança maltratada. Planeámos para experimentar a emoção de ter que superar o que temos de suportar. Eu sei que quero deixar ir, e é importante para nós encontrarmos amor-próprio e perdão, enquanto ainda estamos encarnados.

Nem sempre é possível atingir todos os nossos objetivos na vida, mas temos muitas oportunidades de aprender o que desejamos. É muito mais difícil quando estamos passando por todos os sentimentos negativos ao estar no corpo. Estou ciente agora dos nossos planos para a vida atual e eu estou bem com isso."

Fig. 2: Única sessão terapêutica de Dana

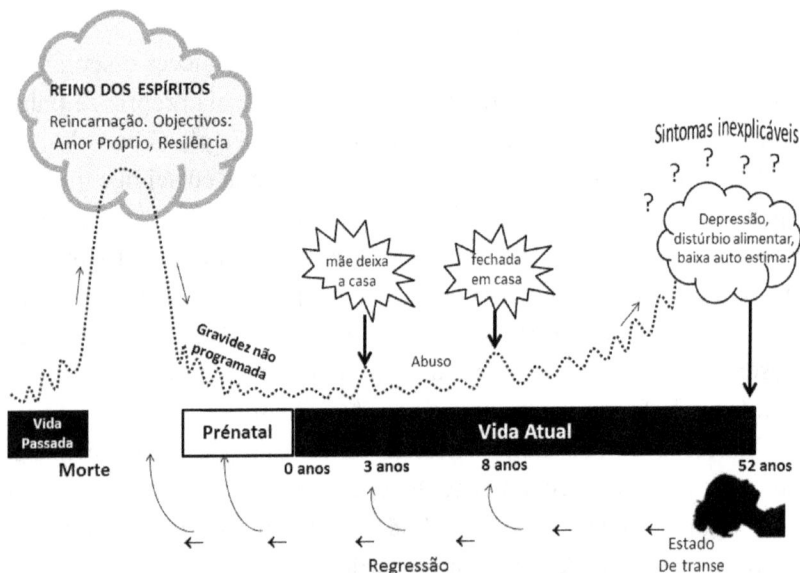

Ambas, Dana e a sua mãe poderiam ldeixar ir o que tinha acontecido depois de encontrarem o amor de uma pela outra. Ela descobriu que era uma alma muito ambiciosa e que tinha escolhido a viagem através de uma vida muito exigente, o que poderia dar certo se ela conseguisse aprender a perdoar e superar o preconceito.

Cura da Criança Interior

Após o encontro com a mãe, senti que Dana precisava de uma cura mais profunda nesta fase.

Eu próprio orientei Dana para voltar à idade de oito anos no reino espiritual. A Dana adulta e jovem conetaram-se maravilhosamente. Por sugestão minha, encheram balões lado a lado, com diferentes cores representando diferentes significados.

Elas escolheram um balão verde para serem saudáveis, aceitar e cuidar do seu corpo; um vermelho para uma alimentação saudável e saber o que é bom para si mesma; um branco para a tolerância; um amarelo para a capacidade de dizer não, se ela assim o quisesse; um rosa para o amor-próprio, independência e alegria perante os acontecimentos da vida; um castanho para ser capaz de ver as coisas a partir de diferentes perspetivas; um laranja pela alegria de mover o seu corpo e praticar desportos; e um multicolorido com todas as capacidades de que pode vir a precisar, mas que ainda não conhece.

O uso da metáfora do balão para fortalecer a estrutura de suporte interno de Dana foi fundamental para aumentar a sua capacidade de trabalhar através das suas emoções profundamente arreigadas e bloqueadas. Como uma criança negligenciada e maltratada, Dana tinha crescido demasiado rápido deixando para trás muitas experiências vitais importantes para um desenvolvimento saudável. Encher balões de diferentes cores representando diferentes atributos que ela tinha perdido reforçaria a noção de EU da criança e isso foi fundamental para a expressão emocional saudável. Fazer com que a jovem Dana enchesse balões, envolveu o ato de respirar profundamente, soltando-se, conhecer o seu corpo e sentir o seu poder. Neste trabalho com a criança interior, o encher de balões que carregam significados diferentes, envolveu tocar a própria individualidade e experiências da criança, onde cada balão é uma

121

representação metafórica da sua vida. O ato foi simbólico para a criação de atributos próprios. Isso encorajou-a a conhecer-se e a fortalecer-se. Ao focar-se no *self*, Dana estava a integrar a afirmação: "Isto é quem eu sou" na sua consciência.

Em seguida, a adulta e a pequena Dana admiraram-se mutuamente com amor. "Eu vejo que a pequena Dana é tão feliz agora; ela é linda e os olhos dela brilham de forma cintilante. "A Dana adulta manteve a pequena Dana nos braços e olhou-a, focando-se nela. Então, eu orientei-a para visualizar Dana a encolher-se gradualmente até ao tamanho de uma laranja. Neste ponto, a Dana adulta colocou a Dana pequena como uma laranja no seu coração, unindo-se com ela numa só, como sempre esteve destinado a ser.

Foi uma experiência maravilhosa de cura!

Com o discernimento e a sabedoria adquiridos ao vivenciar o seu passado, Dana agora podia ancorar-se nos seus pontos fortes e tornou-se mais consciente de que ela tinha todo o poder e assistência necessárias para trabalhar com as suas lições de vida.

Dana sentiu-se significativamente energizada após a sessão. Ficou ansiosa e não podia esperar para alterar algumas das coisas que precisava mudar. Tinha a sensação de que algo dentro dela estava significativamente diferente após a morte da sua mãe, mas não quis prestar muita atenção a esse facto até agora.

Seguimento
Algumas semanas mais tarde revi Dana. Foi maravilhoso encontrá-la feliz e com melhoria significativa do seu humor. O que me surpreendeu foi que Dana estava fisicamente muito mais em forma do que antes. O seu caso era único. Uma única sessão de terapia tinha produzido uma transformação significativa e rápida.

"Sinto-me muito melhor agora. A depressão desapareceu completamente", referiu. "Percebo que ainda há um monte de coisas que quero mudar, e sei agora que posso fazer isso. Matriculei-me num ginásio, e o estranho é que realmente gosto! Pensei que podia desmaiar a primeira vez que fiz passadeira, mas agora estou bem, mesmo depois de praticar durante 25 minutos. Sinto-me óptima após o treino. Perdi oito quilos desde o início e não vou parar tão cedo. Sinto-me forte e confiante e fiz planos para um monte de outras coisas que quero experimentar."

Dana, então, partilhou os seus pensamentos sobre a sua autoconfiança.

"Eu já não me sinto vítima, mesmo que algo não ocorra como planeado. Há muito a fazer com o que me está a acontecer e posso ver onde posso mudar as coisas, ou adaptar-me a novas situações muito mais facilmente. A sessão de terapia que tivemos foi tão útil. Agora posso lidar com todas as memórias dolorosas dos tempos difíceis que tive com minha mãe."

CASO DE LAURA - PADRÕES AUTODESTRUTIVOS

A segunda paciente, Laura, era alguém próximo do meu coração, porque era minha conhecida de longa data. Calorosa, carinhosa com uma conexão profunda com os seus companheiros, era surpreendentemente inconsciente da sua natureza amorosa e do seu potencial. Como Dana, ela também tinha uma baixa autoestima e sempre senti que se culpabilizava se algo errado acontecia. Tinha um medo inexplicável de que coisas más lhe pudessem acontecer, mesmo que não houvesse nenhuma base para isso. Além disso, tinha sido incomodada por um sentimento de que ela tinha sempre desiludido as outras pessoas.

Enquanto criança, Laura foi emocionalmente indesejada por sua mãe e cedo na vida teve que enfrentar problemas no casamento dos seus pais. Isso provavelmente contribuiu para os seus sentimentos profundos de se sentir indigna. Tinha 47 anos de idade quando aceitou a minha oferta de hipnoterapia para o seu tratamento. Até então, ela tinha sido casada durante 25 anos com um homem muito mais velho do que ela. Apesar da sua natureza forte, maternal, ela havia escolhido conscientemente não ter filhos.

Laura sentiu-se muito culpada por não se ter comprometido com a maternidade. As tentativas anteriores com diferentes abordagens para alterar os seus sentimentos negativos e melhorar a sua autoimagem obtiveram sucesso apenas a curto prazo. Desta vez, concordamos em explorar o seu problema com o uso de terapia de regressão.

Indução difícil

Laura passou por uma indução hipnótica com exercícios de relaxamento profundo, mas, infelizmente, teve dificuldade em entrar em estado hipnótico. A comunicação através da *resposta ideomotora com os dedos* revelou que a sua mente subconsciente estava com medo de se libertar e perder o controlo. Então, usei uma abordagem diferente.

Guiei-a num percurso imaginário a assistir a um filme numa tela de cinema e antecipar a cena seguinte. Consegui que ela assumisse um estado semelhante a hipnose e assim orientei-a a entrar no estado de transe. Infelizmente, esta abordagem também falhou. Então eu descobri que ela precisava de um ambiente seguro. Para fortalecer o seu senso de segurança, pedi-lhe para procurar ajuda adicional escolhendo um *animal de poder*. Isto reforçaria o seu eu interior e fortaleceria o seu próprio campo de energia.

O conceito de animal de poder e a sua aplicação em terapia de regressão é explicado no capítulo anterior. Descobri que Laura não teve sequer coragem para fazer o movimento sozinha. Eu tive que ir um passo à frente. Guiei-a para o Mundo Espiritual e convoquei o seu espírito guia para a ajudar na escolha do animal de poder.

Surpreendentemente, Laura voltou do reino espiritual com um pato amarelo e sorriu. Que eu saiba, o pato representa um animal multi talentoso que pode andar, nadar e voar, e, portanto, simboliza flexibilidade que se mistura em várias situações. A cor amarela recordou-me o popular pato de brincar no banho, que compreensivelmente associamos às crianças. Na minha opinião, o animal seria um símbolo de crianças muito ativas. Quando perguntei a Laura sobre a sua escolha, explicou que o pato era um símbolo que a iluminaria durante a sessão de terapia, e que nada incomum iria acontecer. Era uma explicação divertida e o animal de poder funcionou bem.

Regressão 1: Vida passada - Homem e Covardia

Laura atingiu rapidamente um transe suficientemente profundo e começou a sentir sentimentos de algumas das personagens de vidas passadas, sugeridas anteriormente a serem vistos na tela de cinema. Interpretei isso como um sinal de que estava pronta para a regressão.

Laura foi trazida de volta a uma vida passada no século XIX como um homem solitário, errante que ganhava a vida trabalhando em marcenaria e carpintaria. Levava uma vida simples e solitária, mas encontrou-se numa situação assustadora. Teve que enfrentar e lidar com um grupo de ladrões que estavam sentados num bosque ao redor de uma fogueira. Esses ladrões eram impiedosos; saqueavam e matavam. Ele estava muito assustado e queria esconder-se deles. Por um lado, ele não poderia comprometer os seus princípios morais e praticar crimes com eles, e, por outro lado, tinha medo de que eles o matassem se soubessem da sua relutância. No final, ele decidiu que tinha de fugir ou corria o risco de perder a vida. Sob o pretexto de cooperar com eles, ele encontrou uma oportunidade de escapar.

"O que aconteceu depois de se ir embora?", perguntei.

"Estou fugido. Nunca descanso. Sempre atento a eles. Estou a vaguear por vários lugares para procurar emprego, enquanto em estado de alerta, para evitar ser descoberto."

"Como é o seu aspecto nesta vida passada?"

"Eu sou resoluto e não muito grande em tamanho."

"Em que país está?"

"A paisagem lembra-me a Holanda ou a Bélgica, por volta de 1800 a 1850."

"Nesta vida, quais são os seus sentimentos como homem?"

"Sinto-me como se estivesse andando por uma estrada escura... mas sem medo. Estou a fazer trabalhos em madeira para viver. Sei que é um trabalho árduo, mas realmente não me importo."

"Que pensamentos estão associados a esses sentimentos?"

"Nesta vida, estou sempre solitário e cauteloso. Ouço atentamente e falo muito pouco. Estou muito contente com o que faço para viver. Nunca tive um lugar que me pertencesse, nem senti que pertencesse a algum lugar. Eu aceitei que é assim que tem que ser, para alguém na minha situação."

Ficou claro que não lamenta o seu destino e tinha aceitado a vida como ela era. Orientei-a então até ao fim daquela vida. No leito de morte, ela via-se como um homem cansado, idoso e desgastado. Estava quase completamente careca e tinha muitas rugas. Estava deitado numa cama dentro de um pequeno quarto na casa de alguém e sentia-se esgotado.

"Em que pensa a sua mente pouco antes do seu coração parar de bater?"

"Eu sinto como se a minha luz se apagasse... assim como a vela que vejo nesse quarto. Toda a minha energia vital é consumida. Nada ficou em mim. Não tenho ressentimentos e não há necessidade de me manter vivo... "

O processo de morte foi sem intercorrências. Pairou sobre o corpo morto por um tempo, depois a energia da alma deixou-o prontamente. Ao entrar no reino espiritual, encorajei-o a conhecer outras almas daquela vida. Alguns *insights* interessantes emergiram.

Conheceu as almas dos ladrões. Eles revelaram que foi escolha sua viverem uma vida errante. A sua lição de vida foi, de facto, a experiência da covardia! Em seguida, ele encontrou as vítimas dos ladrões. Foi-lhe dito que era sua escolha não fazer qualquer contrato de alma com as vítimas e que ele não tinha obrigação de interferir no seu futuro. A primeira lição era para ele experimentar o que isso significava e sentir o que foi ser covarde naquela vida.

Como estávamos a integrar todas estas experiências, dois dos traços de carácter de Laura nesta vida chamaram a sua atenção. Em primeiro lugar, ela lembrou-se da sua forte aversão a outras pessoas que apresentaram o menor indício de serem covardes. Através desta experiência de vida passada, verificou-se a um nível superior de consciência, que esta reação natural tinha uma base. Em segundo lugar, ela acreditava firmemente que, na sua vida atual, ela não era capaz de ter sucesso por si mesma. Em contraste, na vida passada com a sua autogestão sobreviveu de forma independente, e suficientemente bem. Ele era um excelente ouvinte e analista das coisas que tinha escutado em silêncio, cada vez que ele tinha entrado numa nova cidade ou aldeia para procurar um emprego. Ele foi capaz de se misturar socialmente com outras pessoas, sem interferir com as suas vidas. Ele era auto-suficiente e capaz de deixar outras pessoas sozinhas, que era algo com que Laura tinha problemas na sua vida atual.

Além disso, na sua vida atual, Laura lutou sempre com a solidão e o sentimento de não pertença. Ela agora entendia que todos estes sentimentos eram o resultado de energias trazidas da vida anterior.

"Eu posso ver agora que esses sentimentos de ser indigno e um covarde levam a que as pessoas se sintam em baixo e se sacrifiquem e isto não me pertence na vida atual", disse Laura. "O meu guia diz-me que eu tenho que aprender a amar-me, apreciar as coisas como elas são e aproveitar a vida ao descobrir o que significa ser feliz e relaxado."

Terminámos a sessão com um exercício de fundamentação, como descrito por Helen Wambach. * Era um roteiro de visualização que descrevia uma rosa em botão a crescer no plexo solar e a receber luz branca e energia de cura de um lugar sagrado, à medida que abria lentamente as suas pétalas no processo. De uma maneira maravilhosa, Laura descreveu a sua rosa como uma rosa brava, com um belo centro amarelo como recetáculo para a energia.

Regressão 2: Vida passada - Homem bem-aventurado

Uma semana depois, Laura escreveu-me para dizer que tinha encontrado uma sensação de calma e confiança, apesar do seu dia-a-dia se manter duro. Sentiu-se aliviada, porque ela tinha conseguido desligar-se dos sentimentos de covardia, não pertença e solidão.

Mais algumas semanas se passaram e Laura veio para a sua segunda sessão de cura. Desta vez, ela regrediu para uma bela vida em que se visualizou como um homem de meia-idade que estava calmo, centrado e saudável. Era membro de um grupo de nativos que viviam numa floresta tropical e estavam bem adaptados ao ambiente natural. A cena surgiu com ele a remar numa canoa, num rio. Após a cena da viagem no rio, surgiu uma vista de um belo lago com uma queda de água no fundo. Em seguida foi outra cena calma, onde ele estava sentado à volta de uma fogueira com outros membros de sua tribo, sentindo-se muito ligado, pacífico e calmo, com um forte sentimento de pertença.

Era uma vida de amor e perfeição, com experiências de paz e de pertença. Não houve crises na história, ou pontos baixos e sem catarse durante a regressão. A vida era desprovida de medo, raiva, preocupações e stress.

O ponto de morte nesta vida foi novamente relacionado com o tema da água. Ele estava a nadar com os golfinhos e experimentou um sentimento intuitivo de que tinha chegado a sua hora. Nesse momento, ele entregou-se calmamente ao fim da sua vida. Não houve maus sentimentos; só tranquilidade e paz prevaleceram. Tinha sido uma vida perfeitamente bela, em que ele experimentou um corpo forte e capaz de desfrutar de igualdade social com os membros do seu grupo. Sentiu-se como sendo parte da natureza, saudável e realizado. Tudo o que ele fazia parecia fácil e ele era muito grato por uma vida que estava em perfeita ordem.

Depois de as suas energias deixarem o corpo, ele viu-se a ir para um lugar bonito, onde havia um grande prado com um nicho redondo e um banco de pedra redonda integrada, com vista para um verde e bonito vale subjacente. Sentou-se ali em paz. Próximo dele estava o seu guia espiritual, que também estava a olhar para o vale e disse: "Vês, eu disse que era fácil, não foi?" Naquele momento, ambos riram enquanto olhavam juntos para o vale. Ele chorou porque era tão bonito estar em casa, tão cheio de amor.

Quando Laura integrou a experiência desta sessão, pensou que a lição dessa vida passada tinha sido a experiência de viver num corpo sem dores e sofrimentos físicos ou pressões sociais.

"Era uma vida sem esforço que estava livre de medo ou raiva. Eu aprecio muito isso porque me deu paz e tranquilidade. Agora eu sei que ainda há uma parte de mim que é capaz de ser ainda, pacífica e saudável."

Era um estilo diferente de existência e um contraste com o que Laura estava a experimentar na sua vida atual. Ela adorou a experiência de pureza e amor incondicional e respondeu positivamente à sessão de terapia. Ela sentiu como se uma luz lá no fundo dela se tivesse ligado e tudo estivesse no seu devido lugar e interligado.

Quando, depois de algum tempo, Laura e eu nos encontramos novamente, ela estava a passar por um período stressante e necessitava de ajuda urgente.

Regressão 3: Vida passada - Mulher e Tempo de Guerra

O marido de Laura tinha adoecido com um linfoma e necessitava de quimioterapia e radioterapia. Os pais também lhe tinham proporcionado tempos difíceis. Ela precisava de passar mais tempo com o marido e não podia estar com os pais tão frequentemente como era habitual. Sentia-se triste e o seu desempenho no trabalho caiu. Ao mesmo tempo, sentia-se muito tensa e cansada e tinha problemas com o sono. Ela estava ciente de que estava a sentir muito medo e raiva.

No decorrer da nossa conversa, percebi o que ela queria compreender com esta sessão de terapia, porque sempre sentiu medo e insegurança com a eventual perda de seus entes queridos.

Depois de a relaxar no sofá, Laura regrediu a uma vida passada como uma camponesa, durante a Guerra dos Trinta Anos (1618-1648), na Europa. Foi uma guerra motivada por conflitos religiosos dentro do Sacro Império Romano e consistiu numa série de guerras travadas principalmente na Europa Central. Sendo longa, a devastação de regiões pelos exércitos foragidos foi agravada pela fome e pela doença. À medida que os anos passaram, toda a comunidade onde Laura e o marido estavam hospedados perdeu quase tudo. Foram assaltados várias vezes por hordas de soldados que roubaram todos os seus alimentos e bens.

Ela entrou naquela vida passada num inverno particularmente difícil, quando quase toda a gente tinha saído da aldeia que estava completamente destruída. Muitas crianças e idosos foram abandonados e deixados para trás, mas ela e o marido ficaram para cuidar deles. Foram deixados sozinhos no local, lutando desesperadamente para sobreviver. Muitas pessoas ficaram doentes e alguns morreram de pobreza e fome. Eles chegaram a um ponto em que não tinham comida ou segurança suficientes para uma existência digna. Laura era muito amarga, porque as pessoas que tinham sido próximas a haviam deixado. Ela tornou-se retraída e tímida e nunca se sentiu segura.

Na hora da morte, ela viu-se como uma mulher velha, frágil, com cabelos grisalhos. Sentia-se solitária. Via-se encostada à sua vaca, único ser remanescente no estábulo, e descreveu o quão perto os seus sentimentos estavam do animal. Sentindo-se muito cansada, inclinou-se contra a vaca para se apoiar. Depois sentou-se, enrolou-se e morreu sem dor ou luta. O seu último pensamento foi que tinha sido uma vida dura e que estava a abandonar aqueles que ainda estavam com ela e precisavam da sua ajuda, incluindo o seu marido. À medida que as suas energias estavam a deixar o corpo, ela observou-o enrugado velho, magro e desgastado.

No reino espiritual, conheceu o seu guia e viu-se novamente num belo prado. Desta vez visualizou uma macieira frondosa que oferecia uma sombra confortável. Apercebeu-se que o prado tinha uma cerca rústica e o seu guia espiritual, sorridente, brincou comparando a cerca com a necessidade de ela se sentir segura!

Laura e o guia falaram sobre o significado da vivência da sua vida passada, como resultado do cuidado e do amor que ela tinha dado aos jovens e idosos deixados para trás na aldeia durante a guerra. Ela tinha sido resiliente e sincera e tinha trabalhado duro para ajudar os outros a sobreviverem. No entanto, tinha-se tornado amarga, porque muitas pessoas que ela mantinha no seu coração a tinham abandonado. Só no reino espiritual ela conseguiu entender que aqueles que a deixaram o fizeram para sobreviverem dando oportunidade aos que ficaram para trás a possibilidade de sobreviverem também. Percebeu então, que esta era uma lição que optou por aprender naquela vida, e de novo na sua vida atual.

Em seguida, ela encontrou os soldados que tinham roubado a vila. Mais uma vez, aquilo fazia parte do seu plano de vida. Depois do que aprendeu não tinha ressentimentos. No reino espiritual, conheceu o marido da sua vida passada que era o seu marido na vida atual. Eles concordaram em trabalhar juntos as questões da vida passada antes vivenciadas em conjunto. Questões de confiança e verdade.

Relembrando a primeira regressão a vidas passadas e as experiências fugitivas de solidão, de repente ela desenvolveu um novo *insight*. Agora ela compreendeu os sentimentos e pensamentos dessas pessoas que tal como ela fugiram da vila na vida passada. Admitiu que eles não tinham outra opção a não ser partirem, ou então todos eles teriam morrido de fome. Foi um grande alívio, ter sido capaz de ver os factos nessa perspetiva. Esta nova visão ajudou-a a superar o seu rancor em relação a eles. Foi realmente importante perdoar. A lição colhida naquela vida, foi aprender a deixar ir, confiar nas pessoas, perdoar e saborear o que a vida lhe proporciona.

"Uma das coisas mais úteis para mim foi ter percebido que ainda tenho um monte de opções. Ficar para trás para ajudar os outros foi a minha escolha," disse Laura quando estava a integrar a sua experiência.

"Eu também estou muito grata por saber que, para além das pessoas que eu tenho na minha vida, vou encontrar outras almas no futuro. Elas vão ajudar-me e juntas vamos cumprir as metas que estabelecemos para nós mesmas."

Com essa nova visão, Laura sentiu que estava agora mais preparada e confiante para antecipar e enfrentar a perda de seus entes queridos.

Regressão 4: Regressão na Vida Atual
No novo encontro com Laura, ela expressou vontade de explorar a origem dos seus profundos sentimentos de baixa autoestima e de inutilidade. Essas questões intrigaram-na durante muito tempo. Depois de alguma discussão, decidimos que iríamos fazer contacto com a sua criança interior.

Após a indução, Laura passou rapidamente para um evento infantil que estava na raiz do seu sentimento de inutilidade. Ela tinha cerca de seis anos. Viu a mãe vestida com o seu casaco, sentada na cama no seu quarto, olhando abstraída e distante. Ela e a irmã imploravam para que não as abandonasse. Laura disse que ela podia sentir a infelicidade da mãe como se fosse algo que ela pudesse tocar. O rosto da sua mãe era duro e frio. Ela disse-lhes: "Foi por causa de vocês as duas que eu tive que desistir das minhas oportunidades de vida. Vocês são a causa da minha infelicidade. Eu não posso e não quero ficar. Eu estou de partida."

Fig. 3: Regressão à Vida Atual de Laura

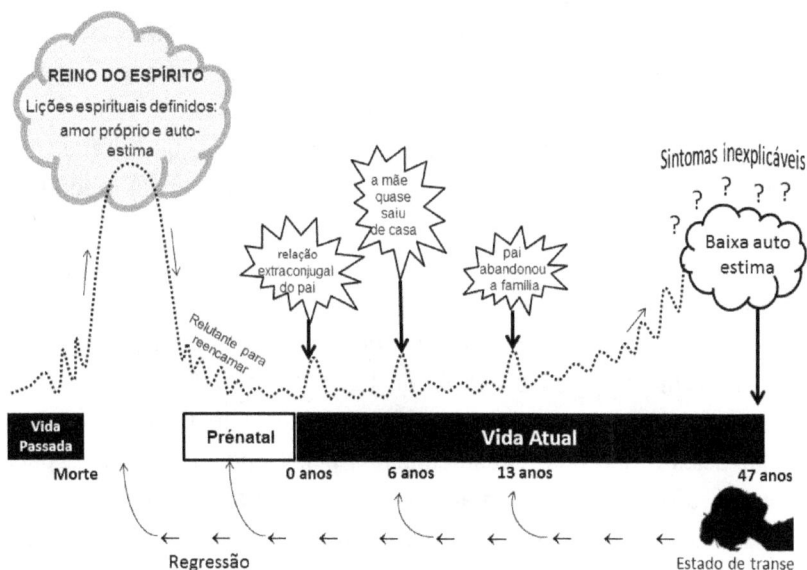

Nesta altura, Laura disse que se sentia como se o chão sob seus os pés estivesse a balançar e a ruir. Sentiu dormência e dificuldade em respirar. Sensações que não tinha experimentado antes.

Ela e a irmã continuaram a pedir à mãe para ficar. Sentiu como se o estômago se torcesse e como se o mundo desabasse, peça por peça, em torno dela. Finalmente, a mãe cedeu, mas com muita relutância. As duas meninas voltaram aos seus quartos onde se mantiveram e se confortaram misericordiosamente.

133

No seguinte acontecimento significativo, Laura tinha doze anos e deparou-se com uma situação desagradável. Atravessava a puberdade e estava muito consciente da sua aparência física. Ela tinha sido menosprezada por alguns dos seus colegas de escola que a envergonharam. Triste, procurou consolo junto da sua mãe. Para sua deceção e horror, a mãe disse: "Não me culpes pela tua feiura. Não tenho culpa disso! "

Laura não conseguia entender a reação da sua mãe. Era como se o cérebro estivesse em curto-circuito e precisasse de ser reiniciado. Ela apertou as palmas das mãos contra os olhos e não via nada, apenas lampejos!

O próximo incidente, inesquecível, ocorreu durante umas férias em família quando ela tinha 13 anos de idade. De repente, o pai mudou os seus planos e deixou as crianças sozinhas em casa com a mãe e foi viajar sozinho. Enquanto o pai esteve fora, sentiu-se abandonada e enraivecida.

Mais tarde veio à tona a história de que o pai tinha tido um caso com outra mulher, pouco depois de Laura ter nascido. A mãe tinha colocado a culpa nos filhos, porque ela tinha que ficar em casa a cuidar deles e não podia acompanhar o pai. Depois do caso, os pais viveram separados quase um ano. A mãe mudou-se para a casa de um tio com as crianças, deixando o pai sozinho para decidir sobre o que queria do casamento. A emoção negativa associada ao acontecimento foi, mais tarde, descrito por Laura como sendo semelhante a uma versão intensificada do desamparo e desesperança que ela experimentou aos seis anos de idade, quando a mãe quase a abandonou.

Para completar a experiência de regressão, trouxe Laura de volta ao ventre da mãe. Enquanto no útero, recebeu várias impressões de que a sua vida pós-natal não ia ser fácil. Ocorreu-lhe que o propósito da sua vida atual era encontrar a verdade e levantar-se para os desafios situacionais, especialmente aqueles relacionados com a desarmonia dos seus pais. Ela teve que trabalhar sobre as questões emocionais de abandono, o amor-próprio, autoestima, independência e culpa. Também percebeu que tinha sido muito relutante em encarnar nesta vida, mas sabia que era uma oportunidade para aprender e crescer.

A seguir, ela interessou-se pelo reino espiritual onde ela poderia falar com as almas envolvidas na sua vida espiritual. Concentrou-se num dos encontros em que a vida atual tinha sido discutida, e aconteceu como que uma representação teatral. Todos os principais intervenientes estavam lá e estavam discutindo a lição que deveria aprender na sua vida atual. Aparentemente, as lições para ela, seus pais, sua irmã e seu marido estavam interligadas. Os pais tinham escolhido viver uma vida em que tiveram que tolerar a raiva, doença e falta de amor.

De seguida, ela visualizou a imagem de si mesma numa encruzilhada numa sala enorme, abrindo-se para passagens em túnel, cada uma levando a uma diferente encarnação. Estava envolvida numa discussão séria com as almas da sua atual irmã e marido em relação à escolha do corpo físico para a futura reencarnação. Depois, visualizou-os na sua jornada de reencarnação e sentiu-se um pouco desesperada quando os viu partir. Finalmente, ela voltou-se para o seu guia espiritual, que a encorajou a dar o seu próprio salto. Ela, então, visualizou-se a entrar num dos túneis. A porta fechou-se e a passagem desmoronou-se atrás dela. O sentimento era pesado e ela sabia que estava comprometida com uma viagem sem retorno.

Laura disse-me que todo o seu grupo de almas[10] tinha trabalhado junto em alguns dos seus problemas de vidas anteriores. Ela tinha escolhido reencarnar num corpo fraco e não podia desta vez dar-se ao luxo de se distrair e não aprender com estas lições. Ela queria

---

[10] Um grupo de almas é um grupo de seres espirituais que ajuda o indivíduo a aprender lições de vida. Muitos fizeram acórdãos com o indivíduo para se encontrarem em determinados momentos nesta vida, estiveram com o indivíduo em vidas passadas e permaneceram muito tempo juntos nessas vidas.

trabalhar sobre as questões de amor-próprio, autoaceitação e do sentimento de desamparo e abandono, porque estes eram os seus pontos fracos.

Ainda no reino espiritual, aproveitei a oportunidade para realizar a cura da criança interior. Ela retirou-se para um lugar favorito onde o seu eu adulto se poderia encontrar com Laura aos treze anos de idade. Eles tiveram uma conversa longa e maravilhosa sobre autoaceitação e o seu senso de lealdade, que era a sua força de vida atual. Elas desenvolveram qualidades adicionais que gostariam de fortalecer juntas. Isto incluiu a capacidade de dizer não, para ficar poderosa, ser independente, confiar na sua própria intuição, apreciar a vida, amar a si mesma e de perdoar. Uma vez que ambas, a Laura criança e a Laura adulta, gostavam de gelado, sugeri que elas representassem essas qualidades emdiferentes categorias de gelado italiano, cada um com uma cor e sabor diferentes para cada qualidade que elas quisessem representar. Partilharam os gelados juntas, e depois reafirmaram o seu amor uma pelo outra. Também afirmaram a justeza da sua decisão de reencarnar na vida atual. Finalmente, guiei-as para visualizarem a união gradual das suas energias separadas em um todo e único ser de luz.

Quando Laura saiu do transe, ela não sentiu apenas uma sensação de calma, mas também de melancolia ao revisitar todos os eventos pertinentes da infância. Num pensamento profundo, ela assumiu que precisava de tempo para digerir e integrar toda a experiência de regressão na sua situação atual.

Laura voltou para um *follow-up* alguns dias mais tarde. Ela tinha melhorado significativamente e informou que foi capaz de relaxar e dormir melhor depois da última sessão. Além disso, também foi capaz de resistir à tentação por coisas doces.

Regressão 5: Vida passada como rapaz Africano
Na sessão seguinte, Laura pediu para trabalhar nas suas dores no corpo, acreditava que esses sintomas tinham origem não-física. Depois

de alguma reflexão, decidi usar uma ponte somática, direccionando-a para se concentrar nos músculos das costas, onde o seu desconforto era mais perturbador. Nesta altura, ela estava bastante acostumada ao processo de regressão e podia entrar num estado de transe sem problemas. Ao concentrar-se na sua dor de costas, surgiu prontamente um pensamento.

"Eu não sou boa, eu desiludo toda a gente", disse ela. Consegui que ela se focasse neste pensamento e facilmente se conectasse com uma vida passada.

Viu-se como uma criança de oito anos de idade, menino, de pele negra, com cabelos encaracolados, a nadar num oceano. Pertencia a uma tribo africana. Ele deveria cuidar das cabras que estavam fechadas por trás de uma parede de pedra. Infelizmente, esqueceu-se de fechar as portas de forma segura antes de se ir embora. As cabras escaparam, foram apanhadas por animais selvagens e muitas morreram. Desesperado, não podia acreditar que isso tivesse acontecido, mas admitiu o seu erro ao não garantir a segurança do portão. A tribo decidiu expulsá-lo da comunidade como um aviso para todos os outros meninos da tribo. Um simpático homem velho da comunidade implorou por ele, mas não adiantou. Ele teve que sair.

Após vaguear como um fugitivo, o menino estabeleceu-se numa vala rasa e entregou-se ao destino. Estava exausto e foi à procura de comida. Sentiu-se profundamente envergonhado e ficou arrasado. Mentalmente reviu situações em que o velho o tinha aconselhado a ser mais cauteloso, mas, como era muito divertido e facilmente distraído, teve que aprender as coisas da maneira mais difícil. Por fim, ele morreu de fome e com dores por todo o corpo. No momento da morte, o seu último pensamento foi: "Eu desiludi toda a gente. Eu não sou bom."

Quando o coração parou de bater, ele disse para si mesmo: "Tudo isso foi terrivelmente errado! Eu cometi o mesmo erro novamente. Eu não prestei atenção e não fiz bom uso da minha oportunidade."

Depois das energias deixarem o corpo, voltou ao reino espiritual para encontrar o seu guia espiritual, que apareceu numa linda forma feminina. O guia ajudou-o a entender que o tema principal da lição de vida foi sobre a responsabilidade e a forma de superar a sua atitude de "cabeça-no-ar", ou seja, irresponsável.

Na vida atual, Laura era uma alma muito doce e gostava de ajudar, mas não gostou do ónus de assumir a responsabilidade por outras pessoas. Esta experiência de vida passada ajudou-a a compreender que precisava de contextualizar os seus sentimentos e obrigações para com os seus pais. Os pais escolheram uma vida sem amor e sem capacidade de se amararem como cônjuges. Era agora claro que ela não era a fonte de infelicidade dos seus descendentes. Ela tinha cumprido os seus deveres de filha. Os pais, por sua parte, na vida atual, tinham escolhido aprender a lição no conflito conjugal. Independentemente da sua presença, os pais não teriam sido felizes, enquanto não fossem capazes de se amar. Não era seu dever encontrar-lhes soluções.

O menino reuniu-se com as almas dos outros membros da tribo que decidiram expulsá-lo. Ele aprendeu que não tinham a intenção de ser cruéis, mas tiveram que defender as regras de comportamento para todos sobreviverem na tribo. Eles também sofreram as consequências da perda das cabras. Eles desculparam-se, mas acreditavam que tinham tomado essa decisão pelo interesse de toda a tribo. Todos eles tinham lições importantes a aprender e estas incluíram lidar com a tristeza, lealdade, verdade e segurança.

Através desta sessão de terapia, Laura descobriu que a dor no corpo foi carregada de uma vida passada. Depois de reformular o evento, ela poderia integrar lições importantes e abordar as questões de ser imprudente, despreocupada e irresponsável. Ela tinha trabalhado extensivamente sobre estas questões noutras vidas, e parecia que este padrão repetitivo poderia ser finalmente resolvido através de um equilíbrio delicado na vida atual.

A sessão terminou com um pouco de ritmo futuro e tudo funcionou bem. Viu-se como uma mulher responsável, amável e pensativa que não iria assumir a culpa quando não fosse apropriado. Perdoou a si mesma e aos outros, se as coisas não funcionaram bem, e iria apenas ficar focada em trabalhar o equilíbrio certo. Sentia-se muito bem com a experiência.

Quinze dias depois Laura escreveu-me:

"Caro Doutor,
Passaram 14 dias desde a última sessão. As mudanças por que estou a passar são positivas e, às vezes, surpreendentes. Descobri que, com o passar do tempo, a minha autodepreciação automática diminuiu e eu sou capaz de aceitar e desfrutar a sensação de que eu sou uma centelha amada e valorizo o amor ilimitado e infinito, tal como somos. Até agora eu não tenho, exceto por algumas ocasiões difíceis, sentido a necessidade de colocar um amortecedor sobre esse sentimento magnífico e libertador. Durante estas poucas ocasiões, eu fui capaz de sair dessa negatividade num curto período de tempo. Como você pode ver, as coisas parecem muito promissoras. A interação com os meus pais tornou-se mais fácil, porque não me sinto tão culpada como outrora. Percebo agora que essa culpa tem sido sentida por eles e que os irritou. Mantendo os dedos cruzados, parece que estamos sendo capazes de relaxar na presença uns dos outros. Obrigada por passar por esta jornada comigo."

Desde então, ouvi falar de Laura mais algumas vezes. Ela pareceu-me alguém que tinha despertado e que passou por uma poderosa transformação.

Conclusões

139

Dana e Laura foram exemplos de pacientes que sofreram abuso ou negligência na infância e que apresentavam, mais tarde, falta de amor-próprio e comportamento auto-destrutivo. Muitas vezes, estes pacientes tiveram pais que não os amaram. Às vezes, eles cresceram sem pais ou cuidadores que lhes proporcionassem um lar ou sentimento de pertença. Muitos deles foram abandonados e cresceram na solidão e falta de felicidade ou afeto. Frequentemente, culpam-se pelo que são, porque foram condicionados a acreditar que mereciam ser responsabilizados. No entanto, o verdadeiro problema originou-se na falta de fiabilidade e de comportamento volátil das próprias pessoas de que dependiam. Às vezes, podem até ter sido vítimas de abusos físicos.

Muitos destes pacientes não tiveram uma plataforma de confiança natural com que as crianças normais crescem. Pode demorar muito tempo o trabalho para compensar essa perda e tornarem-se na pessoa que desejam ser. Na ausência de uma base para o amor-próprio e autoaceitação, pode ser muito difícil perder hábitos pouco saudáveis. Ocasionalmente, podem surgir comportamentos de dependência de qualquer tipo. É preciso ter muita coragem para enfrentar o desafio de suportar dificuldades emocionais no início da vida; a agonia que se gera pode destruir a sua saúde antes de começarem a procurar ajuda. De uma forma ou outra, eles precisavam de superar a sua frustração, auto-ódio e comportamento auto-destrutivo. Alguns deles sentiram-se mal tratados por anos ou mesmo décadas. Eles sentiram-se pequenos, cedendo aos outros e até mesmo inconscientemente ficam honrados pela forma como são mal tratados pelos outros. Alguns deles tornam-se negativos e assumem o mesmo tipo de comportamento abusivo e desrespeitoso para com os outros. É preciso coragem para começar a olhar para a fonte dos seus problemas e fazer mudanças significativas nas suas vidas.

Há muitas e diferentes maneiras de iniciar a mudança. Alguns pacientes fazem isso por conta própria, enquanto outros recebem ajuda de conselheiros ou psicoterapeutas. Terapia de regressão é uma opção e tem a vantagem de ser capaz de ajudar o indivíduo a conectar-se com a origem do problema. Às vezes é preciso ir além da vida atual para procurar conexões cármicas e retirar ensinamentos a partir de uma vida passada. Sendo um desafio ir ao núcleo das questões, o resultado pode ser uma experiência muito gratificante e transformacional.

Alguns pré-requisitos são necessários. O indivíduo deve aceitar a hipnose, confiar no terapeuta e ter bom relacionamento com ele. É preciso ter paciência, pois, por vezes, só com a repetição e a prática se consegue entrar num estado de transe. O doente deve deixar de se considerar como uma vítima indefesa e estar preparado para desvendar a verdade que está na génese do seu sofrimento.

A cura no seu conjunto permite ao paciente equilibrar os seus pontos de vista e apreciar as coisas boas da vida. Ele pode gostar de mudar as coisas que são mutáveis e fazer a paz com as coisas que não estão ao alcance da sua influência. Pode também achar que é mais fácil deixar ir. Quando o doente percebe a origem dos seus problemas e aprecia as complexas inter-relações das pessoas da sua vida, é capaz de mudar a maneira como pensa sobre o que acontece com ele na sua vida. A iluminação pode ser libertadora num grau além das expectativas.

Um colega meu, Herve Mignot, que trabalha em Cuidados Paliativos, em França, disse-me uma vez: "Nunca devemos, enquanto estamos vivos, limitarmo-nos, a nós ou aos outros, ao estado atual ou às crenças que vivemos no momento. Nós podemos sempre ultrapassá-las, se quisermos, e quando nos sentirmos preparados para tal."

CAPÍTULO 5

Lutando por Amor

Dr. Sérgio Werner Baumel

"Embora ninguém possa voltar atrás e fazer um novo começo,
qualquer um pode começar agora e fazer um novo final."

Francisco Cândido Xavier

E
u cheguei à terapia de regressão através de um caminho incomum. Numa fase anterior da minha vida, eu queria ser um pesquisador porque estava interessado em investigar a função do cérebro. No entanto, fui aconselhado a estudar Medicina como um primeiro passo para alcançar esse objetivo. Aceitei o conselho, mas depois de me formar em Medicina, mudei de ideias e especializei-me em Neurologia Clínica.

Vários anos depois, na minha prática como neurologista, observei que muitos dos meus pacientes tinham problemas psicológicos e não neurológicos. Para além disso, muitos dos meus pacientes perguntavam-me se eu poderia ser o seu terapeuta, o que me levou a perceber que gostavam da maneira como eu conversava com eles.

Enquanto eu estava a pensar na ideia de me tornar psicoterapeuta, aprendi um pouco sobre o princípio da reencarnação através do meu contato e interação com alguns grupos espiritualistas. A ideia parecia plausível para mim, embora eu continuasse cético por algum tempo. Quando li os livros do Dr. Brian Weiss sobre terapia de vidas passadas, *Muitas Vidas, Muitos Mestres* e *Só o Amor é Real*, a minha perspetiva mudou. Dr. Weiss é um médico de renome que eu respeitava. Ele nunca tinha ouvido falar sobre o Espiritismo[11] nem quaisquer religiões afro-brasileiras [12] e, ainda assim, encontrou evidências clínicas que iam ao encontro do princípio da reencarnação, muito próximas do que era ensinado nessas religiões.

Meu Caminho como Terapeuta
A minha experiência inicial com técnicas de regressão foi positiva. Fiquei agradavelmente surpreendido com a facilidade com que as pessoas poderiam ser levadas a um estado hipnótico e, posteriormente, guiadas a uma experiência do passado. Fiquei igualmente surpreendido com o bom resultado terapêutico obtido com esta abordagem. Passei a estudar cada vez mais psicologia e hipnose e a desenvolver as minhas competências em terapia de regressão.

Na minha experiência, a terapia de regressão acabou por se mostrar uma forma muito eficaz e eficiente da terapia. Continuei a obter bons resultados com os meus pacientes, numa variedade de problemas clínicos. Em pouco tempo, comecei a discernir um padrão. Na minha prática de psicoterapia, as pessoas geralmente vêm pedir ajuda para sintomas como dores de cabeça, ansiedade, ataques de pânico, insónia, depressão, etc. Eles raramente relacionam esses sintomas aos seus relacionamentos ou às suas carências emocionais. No entanto, quando eu utilizo a abordagem da regressão para ir buscar a raiz dos seus sintomas, os problemas de relacionamento muitas vezes surgem como o principal problema.

É interessante notar que um número significativo das minhas pacientes casadas alegava que os seus maridos eram bons homens e

---

[11] Espiritismo é uma doutrina codificada por Allan Kardec em 1859. Defende o conceito de reencarnação como forma de aperfeiçoamento moral até atingir a imagem de Deus.

[12] As religiões Afro-Brasileiras são religiões sincréticas. O Brasil tem uma rica sociedade espiritual, formada a partir da confluência da Igreja Católica com as tradições dos indígenas africanos.

que elas eram felizes no casamento. No entanto, durante a terapia de regressão, elas mudavam essas declarações, admitindo que se estavam a enganar a si mesmas, não pensando na sua infelicidade em casa, ao se concentrarem em queixas sobre trabalho, família e filhos. Numa nota positiva, algumas delas redescobriram o amor pelos seus maridos, e começaram a transformar os seus casamentos tediosos em relacionamentos cheios de amor, carinho e cumplicidade.

Na seção seguinte, eu partilho a história de uma paciente que vinha lutando, durante anos, com os seus relacionamentos românticos e a sua relação mãe-filha e foi ajudada pela terapia de vidas passadas. Em contraste com outros casos neste livro, onde a duração da terapia foi breve e os resultados rápidos, a duração do tratamento, neste caso, foi bastante longa.

O CASO DE ALICE – INCAPACIDADE DE AMAR

Na sociedade contemporânea, o estabelecimento de relacionamentos conjugais com ligação emocional é considerado fundamental para a felicidade e para o bem-estar. No entanto, na presença de sentimento de culpa e de transtornos como ansiedade e depressão, a capacidade de amar outra pessoa pode ser gravemente prejudicada. No caso de Alice, o uso de terapia de regressão ajudou a desvendar a raiz do problema e conseguiu melhorar a sua situação de vida.

Alice era uma professora do ensino secundário, de vinte e nove anos de idade, com belos caracóis loiros a emoldurar o seu rosto. Quando ela chegou ao meu consultório, percebi que ela olhava sempre para baixo, com uma mistura de ansiedade e tristeza. Ela poderia ser muito bonita, se não tivesse a sua aparência tão distorcida pela tristeza e pela angústia. Ela disse-me que vinha a sofrer de depressão desde os catorze anos. Ela tinha passado por alguns episódios depressivos maiores e agora estava preocupada com seu humor distímico[13], associado a ansiedade generalizada. Durante as suas crises de ansiedade, ela sentia-se desesperada, sem saber o que fazer, cheia de angústia e de sensações somáticas desagradáveis, como falta de ar e palpitações. Ela já tinha tentado muitos medicamentos diferentes e algumas formas de psicoterapia, e estava a usar um antipsicótico e dois antidepressivos todos os dias, além da terapia psicanalítica que ela vinha a fazer há dois anos.

Nos primeiros meses de tratamento lidamos com a sua medicação e ela falou sobre seus problemas, enquanto continuava com a sua terapia psicanalítica. Ela explicou que a principal dificuldade eram os relacionamentos interpessoais, em primeiro lugar com sua mãe mas, mais ainda, com os homens em geral. De alguma forma, ela sentia-se incapaz de estabelecer qualquer tipo de relacionamento com homens adultos, nem mesmo amizades comuns ou relacionadas ao trabalho. O único homem com quem conseguia estabelecer e manter algum contato a longo prazo era um tio, que morava noutro estado no Brasil, a cerca de 1800 quilômetros de distância. No entanto, mesmo com esse tio, ela tinha desentendimentos, o que piorava a sua ansiedade.

Alice atribuía a sua dificuldade nos relacionamentos a dois eventos anteriores na sua vida: a má reação da sua mãe ao divorciar-se, quando Alice tinha quatro anos de idade e uma experiência frustrante com o seu primeiro namorado, que tinha disfunção erétil. Este último evento levou-a ao sentimento dela mesma ser "impotente", por ser incapaz de satisfazer um homem.

A mãe de Alice era uma mulher emocionalmente perturbada, que se tinha protegido dos seus próprios sentimentos de culpa em relação ao casamento fracassado, decidindo que nenhum homem poderia ser confiável. Ela acreditava que uma mulher inteligente deveria ficar

---

[13] Distimia – palavra de origem grega. É uma alteração de humor com os mesmos problemas físicos e cognitivos da depressão, mas com sintomas menos severos e menos duradouros.

longe dos homens. Ao mesmo tempo, exortava as suas duas filhas, Alice sendo a mais velha, a encontrarem cada uma um bom homem e a casarem-se, como uma espécie de "solução" ou mesmo "obrigação" para uma mulher. Após quatro meses deste tratamento inicial, Alice decidiu começar a terapia comigo, usando a hipnose e a regressão.

Sessão 1: Presenciando o Casamento dos Pais

Na sua primeira sessão, Alice entrou facilmente num estado de relaxamento e eu orientei-a a estabelecer um lugar seguro para si mesma. Para uma pessoa perturbada como ela, um sentimento de segurança e o processo de construção de um plano seguro para a sua terapia foram de suma importância. Ela precisava de um ambiente seguro para desenvolver o autoconhecimento e a autoestima necessários para encontrar o sentido das suas experiências. Este ambiente seguro estabelecido pela nossa relação terapêutica tornou-se o espaço psíquico em que a cura poderia ter lugar.

Depois disso, estabelecemos uma "figura de proteção", que, na verdade, era uma personalidade simbólica cujo papel era mantê-la em segurança e orientá-la, e a quem ela chamou de "amigo anjo".

Logo após entrar em estado de transe, Alice regressou à sua infância. Começou a sentir solidão e um sentimento de culpa pelo divórcio dos seus pais, além de se sentir responsável pela sua irmã mais nova. Pedi que fosse ainda mais longe no passado e ela passou a visualizar a cerimónia de casamento dos seus pais.

Alice viu-se como uma menina de quatro anos, testemunhando o casamento dos seus pais na igreja. Ela sentia-se angustiada pois ninguém na igreja a via ou ouvia e ela não conseguia atrair a atenção de ninguém. Quando a cerimónia terminou e seus pais estavam a sair da igreja, ficou a chorar, sentada nos degraus.

Logo a seguir, ela já estava no portão da sua casa e o carro que trazia os seus pais recém-casados estava a chegar. Eles saíram do carro, passaram por ela e novamente não a viram nem ouviram. Isso ampliou os seus sentimentos de solidão e de abandono.

Depois de ela sair do transe, ao integrarmos essa experiência de regressão, Alice ficou cética em relação às imagens vistas. Vindo de uma tradição religiosa Cristã Protestante[14], o que ela tinha visualizado era incompatível com seu sistema de crenças. Ela argumentou com a lógica de que, uma vez que ela só havia sido concebida depois do casamento dos seus pais, e só tinha nascido nove meses depois disso, seria impossível para ela estar presente na cerimónia do casamento. Mais tarde, quando ela confirmou com a sua mãe os factos e viu o álbum de fotografias do casamento, ela viu que algumas das fotografias correspondiam às cenas que ela tinha visualizado na regressão hipnótica. Assim, ela pôde aceitar a criptomnésia[15] como uma explicação plausível para o que ela tinha visto. Eu tentei ajudá-la, em transe, a reenquadrar os seus sentimentos de solidão e de culpa, mas o seu "amigo anjo" revelou que ainda era impossível ela livrar-se da sua culpa.

A seguir, discutimos, durante algum tempo, os seus relacionamentos atuais. Logo se tornou evidente que, sempre que Alice se interessava por um homem, ela precipitadamente entrava numa relação física, sexual. Em todas as vezes isso mostrava-se desastroso. O homem conseguia o sexo que queria e rapidamente a deixava novamente sozinha.

Sesão 2: Vida Passada como Leticia – Romance e Traição
A segunda regressão levou Alice à vida de uma mulher chamada Letícia, que vivia numa pequena cidade no sudeste brasileiro, no começo da segunda metade do século XX.

Ela visualizou-se como uma menina pré-adolescente, num baloiço de jardim, e reparou que um belo rapaz passava frequentemente pela rua. Um dia, o rapaz parou e falou com ela e Letícia ficou animada com o que ela pensou ser o início de um romance. A partir desse dia,

---

[14] As religiões predominantes no Brasil eram, e ainda são, as religiões cristãs.
[15] Criptomnésia é um viés da memória em que a pessoa experimenta uma memória esquecida como uma nova ideia, pensamento ou inspiração.

149

ela esperava por ele todos os dias, mas o rapaz nunca voltou. Desapontada, ela fechou-se para qualquer relacionamento romântico.

Naquela vida, Letícia vivia apenas com o seu avô, que morreu quando ela ainda era uma adolescente, deixando-a sozinha em casa. Já adulta, ela conseguiu um emprego como professora de jardim de infância e os seus dias passavam-se com a mesma rotina. Ela saía de casa com seus livros de manhã, olhando para baixo, e caminhava até o trabalho sem falar com ninguém. Na escola, ela trocava no máximo algumas palavras com o diretor e mais ninguém. Ela só cuidava das crianças e, mesmo com elas, ela quase não falava. À tarde, ela pegava nos seus livros, ia para casa novamente com a cabeça baixa e sem falar com ninguém.

Um dia, enquanto ia para casa com os olhos fixos no chão, ela "atropelou" um ciclista. Quando ela estendeu a mão para ajudar o rapaz que tinha derrubado, ela apaixonou-se imediatamente por ele. Naquele momento, Alice ainda não sabia quem era aquele homem, mas o mesmo indivíduo apareceu numa regressão subsequente (Sessão 4), e ela conseguiu depois (Sessão 6) identificar como sendo alguém presente na sua vida atual. Letícia iniciou um romance e mudou de perspetiva. Estava feliz por estar apaixonada por ele por algum tempo e, mais tarde, eles decidiram casar-se.

Na cena seguinte, ela visualizou-se numa cerimónia na igreja com um belo vestido de noiva. Infelizmente, o noivo não apareceu. Ela esperou bastante tempo, até que as pessoas que estavam na cerimónia começaram a sair. Sentindo-se solitária e desanimada, e sem ninguém para lhe dar o apoio emocional necessário, ela foi para casa, rasgou o seu vestido de casamento violentamente e começou a pisá-lo. Ela gritava: "eu nunca mais vou confiar em homem algum, nunca mais me vou casar". Então, ela jurou que nunca mais voltaria à igreja. Chorou amargamente, entrou no seu carro e saiu em alta velocidade, atirando-se para a frente de um camião e morrendo instantaneamente no acidente.

Quando saiu do transe, Alice ficou estarrecida com a experiência de regressão. Enquanto estávamos a integrar a experiência, ela exclamou: "Como pode tudo isso ser possível? Eu não acredito na reencarnação!".

"Pode ser uma espécie de fantasia que sua própria mente inconsciente produziu, como um símbolo de algumas questões mais profundas", expliquei.

"Eu não consigo acreditar que tenha sido uma fantasia, parecia real demais!", ela disse.

Sessão 3: Vida Passada como Lara – Baixa Autoestima

Apesar da sua descrença, Alice continuou com a terapia. Na sessão seguinte, ela regrediu para uma vida no Canadá como Lara, uma mulher que vivia com a sua mãe e a sua tia. Era uma vida stressante. A sua mãe e a sua tia deitavam-na abaixo e criticavam-na incessantemente por fazer as coisas de forma errada. Frustrada, ela decidiu sair de casa e mudou-se para outro lugar, com muito frio e muita neve.

Nesse novo lugar, Lara envolveu-se com um homem casado e ficou grávida. Depois de o seu filho nascer, ela ficou cada vez mais deprimida. Então levou o bebé para um lugar onde a sua mãe o iria encontrar. Depois disso, cometeu suicídio, tomando uma overdose de medicação.

Mais tarde, enquanto estávamos a integrar essa experiência, ela destacou que o lugar frio e a questão moral de ter um caso com um homem casado tinham ampliado os seus sentimentos de culpa e inutilidade, que foram um aspecto fundamental da depressão.

Continuando a sessão de regressão, Alice visualizou-se a conhecer o seu primeiro namorado na sua vida atual - aquele que tinha um

151

problema de ereção. Essa lembrança deixou-a muito triste e desesperada, e ela sentiu-se indigna de ser amada. Esse sentimento de não merecer ser amada não tinha explicação. Ela não podia relacioná-lo com qualquer coisa que ela sabia, seja em sua vida atual, seja nas suas regressões anteriores.

Na cena seguinte, ela viu-se de forma diferente, como uma mulher rica, elegante, porém ríspida e solitária. O nome que lhe veio à mente foi Maria Madalena. Esse nome foi associado com uma sensação de alguma culpa profundamente enraizada, da qual ela era incapaz de se livrar. Alice não sabia de que ela seria culpada, mas ela viu-se incapaz de perdoar a si mesma. Alice não foi capaz de ir mais longe naquela vida e encaminhamo-nos para o final da sessão. Posteriormente, quando ela teve novamente a oportunidade de explorar a sua vida como Maria Madalena (Sessão 5), ela obteve uma melhor compreensão de si mesma.

Sessão 4: Vida Passada como Karina – Infidelidade
Três semanas depois, Alice regrediu novamente para outra vida. Desta vez ela viu-se como Karina, uma jovem que vivia no Brasil colonial. Ela foi forçada pelo pai a casar com um homem muito mais velho, que era um fazendeiro rico. Estava infeliz, mas aceitou porque esse tipo de casamento arranjado era prática comum na época.

Após o casamento, Karina estabeleceu uma boa relação com os escravos negros e, depois de alguns anos, ela começou um caso amoroso com um deles. Ela descreveu este escravo particular como sendo "não tão escuro como os outros". Visualizou algumas cenas em que ela tinha encontros secretos com o seu amante, num lugar escondido, onde se encontravam um lago e uma linda cascata.

Um dia, o marido de Karina descobriu o seu caso com o escravo e enviou capatazes para os apanhar enquanto estavam juntos. Ao ver os homens que se aproximavam, o amante escravo prontamente pediu-lhe desculpas e disse que não podia dar-se ao luxo de ficar e esperar para ser capturado. Ele fugiu antes que os homens chegassem, enquanto ela ficou parada. Os capatazes trouxeram-na para o marido, que ficou furioso e a expulsou de casa. A partir desse momento, ela tornou-se muito amarga.

Posteriormente, Karina estabeleceu-se noutra cidade, começou a trabalhar e, finalmente, conseguiu enriquecer. Tornou-se ela mesma uma proprietária de terras e passou a maltratar os seus escravos. Morreu sozinha e infeliz com uma idade avançada. Ainda em estado de transe, Alice reconheceu o escravo com quem Karina teve um caso como sendo o mesmo homem que a havia abandonado no altar na regressão anterior (como Letícia, na Sessão 2). Ele era também o mesmo indivíduo que veio a ser seu namorado na vida atual (Sessão 6).

Essa sessão de terapia trouxe progressos acentuados. Alice pareceu significativamente melhor quando veio para a sua próxima sessão. Ela adotara uma melhor atitude em relação às outras pessoas, especialmente em relação aos seus amigos e familiares. As outras pessoas notaram uma mudança em Alice e as suas ações passaram a ser mais adequadas às situações que encontrava.

Duas semanas depois, ela relatou ter tido visões espontâneas do bebé que ela tinha dado à luz como Lara na sua vida passada. Intuitivamente, ela reconheceu o bebé como um dos seus primos da vida atual. Alice relatou que era como se ela o estivesse vendo do ponto de vista espiritual, como Lara. Assim, aproveitei a oportunidade para conduzi-la de novo à vida passada como Lara.

Enquanto revivia o período após a morte de Lara, ela viu a mãe de Lara maltratar o neto e a bater nele. Isso fez com que Lara se sentisse culpada e desesperada, porque ela não podia protegê-lo. Fizemos então uma técnica terapêutica para libertar a sua culpa e tristeza, através do reenquadramento da experiência, libertando espaço para as suas próprias boas ações na vida presente.

Nos dois meses seguintes, Alice continuou a melhorar. Durante esse período, ela conseguiu enfrentar e superar corajosamente algumas situações difíceis, tanto em casa quanto no trabalho.

Sessão 5: Vida Passada como Maria Madalena – Abuso Sexual

Nessa sessão, Alice voltou novamente à vida daquela mulher rica e ríspida chamada Maria Madalena.

Desta vez, ela visualizou o início da vida de Maria Madalena, como sendo uma menina doce até à sua adolescência. Ela reviveu uma conversa perturbadora com uma amiga naquela época. Ela defendia vigorosamente a sua visão da importância e da existência do amor, enquanto a sua amiga desdenhava do amor, dizendo que era uma farsa.

Logo depois, ainda adolescente, o seu pai adotivo começou a abusar dela sexualmente, e ela foi mantida por algum tempo como sua "amante". Sentindo-se suja e enojada, ela decidiu que o amor realmente não existia. A sua atitude mudou e ela casou-se posteriormente com um velho rico e nojento, buscando apenas a sua riqueza e o seu status social. Embora ela conseguisse ser bem-sucedida no aspecto material, ela tornou-se a mulher amarga e dura que Alice tinha visto anteriormente, no final da Sessão 3.

Nós integramos todas estas experiências e Alice teve alguns bons *insights* a partir das suas regressões. Trabalhei com ela no estado de transe no sentido de purificar os seus sentimentos de sujidade e desgosto. Com a ajuda de seu "amigo anjo" e de imagens de uma luz de cura, Alice foi conduzida no sentido de ser mais autoindulgente e a ir buscar um estado de espírito mais feliz.

Os próximos meses não trouxeram a melhora clínica esperada. Alice ficou até um pouco mais ansiosa e impaciente. Ela lembrou-se de algumas coisas sobre a sua infância e afirmou que não tinha absolutamente nenhuma boa lembrança dos seus primeiros anos de vida. Estava cansada, com excesso de trabalho, e queria ir mais devagar na sua terapia, porque estava a passar por um momento difícil em termos financeiros. Como estávamos em meados de dezembro, decidimos fazer uma pausa por um mês, o que coincidia com as suas férias.

Sessão 6: De Volta à Vida Passada como Karina

Descansar fez bem a Alice. Quando retomámos a terapia, após esse intervalo, ela estava a sentir-se muito melhor. Estava até mesmo a mostrar sinais de estar perto de começar a namorar um rapaz que ela não considerava bonito, mas que era sensível e compreensivo. No entanto, ainda havia um longo caminho a percorrer, pois apenas o pensamento da possibilidade de ter um relacionamento ainda fazia com que ela ficasse anoréxica.

Nesta sessão, ela entrou numa nova experiência de regressão, revendo a vida em que ela teve um caso com o escravo (como Karina, Sessão 4). Surpreendentemente, ela agora reconheceu aquele escravo como sendo o seu pretendente a namorado na sua vida atual. Alice lembrou-se de como ela se tinha tornado muito zangada com ele durante aquela vida, porque ela esperava que ele permanecesse ao seu lado quando o seu marido descobriu o seu romance. Em vez disso, o escravo, com medo de perder a vida, se fosse apanhado, fugiu e dececionou-a. A partir daí, ela tomou uma decisão consciente de nunca mais amar um homem e de nunca mais acreditar no amor. Isso reforçou as decisões similares que ela tinha feito noutras vidas e que eram difíceis de abrir mão.

A terapia de Alice continuou, alternando entre sessões em estado de transe e sessões de terapia cognitiva. Foi utilizada uma mistura de diferentes abordagens terapêuticas, desde uma abordagem mais direta, cognitivo-comportamental, até uma abordagem mais ampla, transpessoal. Ela conseguiu manter aquele namorado como um parceiro romântico por um curto período, cerca de três meses. Depois disso, ela continuou a progredir lentamente no seu bem-estar emocional, adquirindo progressivamente uma atitude mais madura e consciente de si mesma.

Recuperação

O caminho para a recuperação não foi suave. Alice continuou tendo crises de ansiedade, durante as quais ela se sentia desconfortável e, às vezes, com medo de não conseguir lidar com seu stresse. Ela até pensou em suicídio, mas, felizmente, cada vez que o pensamento surgiu, ela prontamente rejeitou a ideia.

Dois anos mais tarde, Alice testemunhou dois acidentes de carro numa mesma semana. Isso fê-la lembrar-se da experiência de regressão como Letícia (Sessão 2), durante o qual ela se matou deliberadamente num acidente de carro, e como Lara (Sessão 3), na vida em que ela cometeu suicídio após o parto. A memória do seu sofrimento associado aos suicídios naquelas vidas passadas ajudou Alice a tomar uma decisão robusta, consciente, de nunca mais tirar a sua própria vida.

Este foi um caso incomum, pela gravidade do problema, em que a paciente precisou de muito mais tempo para integrar as sessões de terapia na sua vida atual. Embora a maioria das terapias de regressão exija sessões ao longo de poucos meses, com Alice ela estendeu-se ao longo de um período de cerca de nove anos.

O intervalo entre as próximas sessões de Alice variou de alguns meses a mais de um ano. Durante esse tempo Alice ainda precisou de lidar com muitos aspectos da sua própria insegurança. Isto incluiu gerir o seu relacionamento com a sua mãe complicada e aprender a melhorar os seus relacionamentos com homens, principalmente através de tentativa e erro. Durante esta jornada, ela teve vários *flashbacks* das suas vidas passadas. Com os detalhes que recordou, ela conseguiu integrá-las melhor e até mesmo perceber por si mesma algumas questões e *insights*. Numa nova experiência de regressão, ela voltou para a sua infância na vida atual para trabalhar com os seus sentimentos de culpa sobre o divórcio dos seus pais.

Foi uma longa jornada. Ela tinha muitas questões com que lidar e muitas experiências e sentimentos a processar. O meu papel como terapeuta foi caminhar ao seu lado, apoiá-la emocionalmente e ajudá-la a entrar em contacto profundo consigo mesma e com a realidade de seu mundo interior.

Progresso

Os nossos esforços acabaram por ter frutos. Alice começou gradualmente a desenvolver relacionamentos diferentes com os seus amigos e com os seus parceiros românticos. Ela estava em processo de se tornar consciente de que os homens também eram humanos, com qualidades positivas e negativas e aprender a lidar com os defeitos de cada um. Quase oito anos após a primeira sessão, ela deu um grande passo à frente. Saiu de casa da sua mãe!

Além disso, ela já tinha o mesmo namorado há dois anos. Esse foi um grande avanço em relação ao estado em que se encontrava quando veio pela primeira vez até mim, lutando pelo amor. Ela estava feliz com o namorado, apesar de sentir que ele não era tão inteligente nem tão dedicado ao crescimento profissional quanto ela. Inicialmente, quando Alice ainda estava a morar com a mãe, eles pensaram em morar juntos mas ela decididamente rejeitou a ideia porque queria ter a experiência de viver sozinha e cuidar de si mesma. Pouco mais de um ano depois, eles casaram-se.

Isso foi um grande avanço!

Na cerimónia de casamento, enquanto eles estavam a trocar os votos conjugais, ela disse claramente ao seu noivo: "Obrigada por seres um homem tão amoroso e, acima de tudo, obrigada por me fazeres acreditar novamente que o amor existe!" Após essas palavras, Alice virou a cabeça para o lado, sorrindo, olhou diretamente para mim e acenou.

Foi um momento extremamente significativo e memorável. Por trás dessa conquista estava a história de um coração flamejante. Não fossem todos aqueles anos difíceis de luta na sua terapia, eu nunca teria sentido aquela imensa sensação de realização.

Considerações Finais

A história de Alice é complexa, como a maioria das histórias que encontramos em terapia, especialmente na presença de depressão e transtorno de pânico associados. Trata-se, afinal, de lidarmos com os relacionamentos que temos em várias encarnações, de enfrentarmos situações diversas, sempre enfrentando a difícil tarefa de conviver com pessoas que são, necessariamente, diferentes de nós. Precisamos de aprender a amar e ser amados.

Alice estava a repetir o mesmo padrão, vida após vida. O seu problema era que ela se sentia culpada por algo que tinha feito numa das suas vidas passadas e esse sentimento de culpa impediu-a de ser feliz nas vidas seguintes. Ela recusou-se a amar, depois tentou novamente, mas teve sempre a sua expectativa frustrada. Isto resultou em autodestruição e numa decisão renovada de nunca amar de novo.

Quando fomos um pouco mais atrás, ela localizou a fonte desse padrão como vindo da sua vida como Maria Madalena. A sua revolta contra ter sofrido abuso sexual pelo pai adotivo resultou numa atitude dura e sórdida ao longo daquela vida. Isso gerou um sentimento de culpa de longa duração.

Na vida atual, Alice tinha uma culpa inadequada sobre a sua experiência de infância quanto às relações pouco amorosas entre os seus pais e entre estes e as filhas. Como criança, Alice tomou a culpa imerecidamente sobre si mesma. Isso não é incomum porque, quando crianças, geralmente acreditamos que os nossos pais são perfeitos. Quando alguma coisa corre mal, em casa, temos a tendência de pôr a culpa em nós mesmos, pois sabemos intuitivamente que não somos perfeitos.

Alice ainda veio ao meu consultório por mais duas vezes, alguns meses depois do seu casamento, para lidar com alguns problemas menores relacionados com o seu trabalho. Quatro anos depois, confirmei a sua condição clínica. Ela tinha deixado toda a medicação psiquiátrica, o que realmente me agradou. Nesse momento, ela estava mais madura e independente, e não tinha tido qualquer outro episódio de ansiedade ou depressão.

Terceira Parte

Doenças Médicas

CAPÍTULO 6

Terapia Corporal para Asma Refratária

Dr. Moacir Oliveira

"No mesmo instante em que você pensa 'estou feliz', um mensageiro químico traduz a sua emoção, que não tem existência sólida no mundo material, num pedaço de matéria tão perfeitamente sintonizado com o seu desejo, que, literalmente, cada célula do seu corpo aprende sobre a sua felicidade e se junta a ela".

Dr.Deepak Chopra,
In: Cura Quântica, 1990.

O meu caminho para a terapia de regressão foi gradual. Conclui a minha graduação na faculdade de medicina da Universidade Federal da Bahia, em 1985, e especializei-me em fisiatria, em Salvador. No decorrer da minha prática médica, deparei-me com situações em que eu me sentia frustrado com a eficácia dos métodos convencionais de tratamento, incluindo os seus efeitos adversos. Na minha busca por terapias alternativas, encontrei modalidades que ofereciam mais autonomia pessoal e compatibilidade com as crenças e valores dos pacientes sobre a natureza e significado da saúde e da doença.

A minha história

Eu descobri a psicologia transpessoal[16] em 2003, em Salvador, num curso de especialização em Psicoterapia transpessoal, oferecido pela Escola Bahiana de Medicina e Saúde Pública e o Instituto Holon. Foi uma experiência estimulante e, durante este curso, eu conheci o trabalho de Roger Woolger (1944-2011). Ele era um psicanalista junguiano e tinha produzido alguns dos trabalhos mais influentes no campo da terapia de regressão. Veio para o Congresso Mundial de Psicologia transpessoal, realizado em Campinas, São Paulo, em 2005, para realizar um *workshop* sobre "A deusa interior". Naquela época, eu já estava familiarizado com alguns dos ensinamentos do budismo tibetano e do Espiritismo de Allan Kardec[17], incluindo o conceito de reencarnação. Daí eu não ter tido nenhum problema em alinhar o meu sistema de crenças com o uso de terapia de vidas passadas no tratamento dos sintomas físicos relacionados com eventos traumáticos em vidas anteriores do paciente. Alguns desses sintomas já tinham sido classificados como "doenças psicossomáticas" e eu descobri que o uso de terapia de regressão, em tais situações, pode levar a alívio substancial e rápida recuperação.

Eu treinei com Roger Woolger durante o período de 2005-2007, em Salvador, Bahia. Na sua formação, Roger introduziu a abordagem

---

[16] Psicologia Transpessoal lida com experiências em que a perceção se estende para além do indivíduo para incluir aspetos mais amplos da vida, a humanidade, a psique e o cosmos. Considera as questões de auto-desenvolvimento, experiências de pico, estados alterados de consciência e as experiências expandidas de vida.

[17] Allan Kardec (1804-1869) professor francês, criado como católico e conhecido pelo seu trabalho na sistematização do Espiritismo, acreditava na reencarnação e publicou o seu primeiro livro "O Livro dos Espíritos", em 1857.

de trabalhar com o corpo e com o conceito de que "o corpo conta a sua própria história." Isto foi atrativo para mim. Ele, combinou, também, o uso de psicoterapia corporal com o psicodrama para libertar as memórias traumáticas embutidas em partes específicas do corpo do paciente e eu achei isto fascinante.

Quando eu uso a técnica de regressão em pacientes com sintomas que eram não-responsivos à medicina convencional, encontro surpresas agradáveis. Os resultados foram claramente positivos e a resposta de cura foi rápida. Neste capítulo, partilho a minha experiência com uma paciente com asma refratária, cuja jornada, através da terapia de regressão, me trouxe mais admiração e inspiração ao trabalho com esta técnica.

O CASO MARIA - ASMA BRÔNQUICA

A asma brônquica é uma doença crónica caracterizada por inflamação das vias aéreas superiores. Quando um ataque ocorre, o revestimento das paredes dos brônquios ficam inchadas, enquanto os músculos ao redor entram em espasmo, e, como resultado, modifica a quantidade de ar inspirado e expirado. Muitas vezes, o ataque é prontamente reversível com broncodilatadores e tratamento com esteroides.

A asma é vista como um problema de saúde pública a nível mundial devido à sua prevalência e aos elevados custos socioeconómicos envolvidos no tratamento. A manutenção de um paciente livre de asma depende da ação de vários fatores externos, no meio ambiente, especialmente se o indivíduo é geneticamente predisposto. Do ponto de vista clínico, a asma é uma doença multifacetada que, variando nas suas manifestações clínicas e história natural, exige uma cuidadosa e abrangente ação interdisciplinar e multiprofissional.

Preocupante é um subgrupo de asmáticos graves que continuam a ser mal controlados, apesar das altas doses de corticosteróides inalatórios e orais e a minha paciente Maria era uma delas. Tais pacientes são geralmente conhecidos por ter uma maior morbidade e uma necessidade de maior apoio e cuidados de saúde.

Visita inicial

Maria era uma senhora de 58 anos, baixa estatura e com cabelos escuros. Ela apareceu no meu consultório em 10 de Junho de 2011 com o marido e estava à procura de ajuda para a sua condição asmática. Quando eu a vi, estava a respirar normalmente, falando suave e lentamente e parecia calma.

Maria relatou que sofria de asma brônquica desde 1994, ano em que o seu pai morreu. Depois de várias crises, ela procurou um médico especialista, que realizou uma avaliação clínica e uma bateria de investigações, incluindo radiografia de tórax, espirometria, teste de alergias, nasofaringoscopia e broncoscopia. Infelizmente, os resultados não ajudaram a esclarecer o problema. Na época, foram prescritos broncodilatadores e corticosteróides, enquanto ela se submeteu a fisioterapia respiratória. Tentou, também, hidroterapia para ajudar a limpar as vias aéreas e melhorar a drenagem brônquica. Realizou terapia cognitiva comportamental para aprender a reduzir a sua ansiedade e o pânico associado aos seus ataques de asma. No entanto, nenhuma destas medidas ajudaram.

O seu estado de saúde piorou e Maria estava a ter crises de asma diariamente. Ela sentia-se desesperada, porque nada parecia ajudar. Em duas ocasiões, ela apresentou paragem cardiorrespiratória, felizmente, reanimada a tempo. Desde então, ela continuou a procurar a ajuda de outros médicos.

"Eu continuei a visitar repetidamente vários médicos e hospitais e a comprar inaladores modernos, mas nenhum deles funcionou. Passei muitas madrugadas a respirar mal e sem dormir." Maria contou sobre o seu desânimo, temores e inquietações.

Enquanto a ouvia, sentia uma espécie de receio e inquietação, perguntando-me se o seu problema estava no âmbito da minha especialidade.

"Como uma última alternativa, eu tentei obter a ajuda de um médico especialista em Salvador-Bahia," ela lembrou. "Ele disse que eu tinha um estreitamento da passagem da laringe e traquéia. Que eram achatadas e que era por isto que eu tinha asma grave e precisaria de cirurgia!"

Maria disse ficar chocada com esta última avaliação. Ele deixou-a num estado de confusão sobre se ela deveria seguir o seu conselho acerca da cirurgia. Contudo, não perdeu a esperança.

"Um dia, a minha irmã trouxe a indicação de um médico que fazia terapia de regressão a vidas passadas. Ela sugeriu que eu viesse até si para me submeter a esta abordagem de tratamento. É por isso que estou aqui hoje."

Senti-me bem ao ouvir as considerações de Maria sobre a sua confiança em mim, mas hesitei em oferecer o tratamento devido a outras considerações. Claramente, a sua condição asmática era de natureza refratária. Enquanto eu senti um profundo desejo de ajudá-la, estava igualmente ciente das possíveis complicações que podem surgir durante o processo de terapia com um asmático grave como ela. O processamento de emoções durante a terapia de regressão poderia precipitar uma crise de broncoespasmo e levar a sérias consequências.

Depois de alguma reflexão, eu tranquilizei-a e disse-lhe que iria elaborar uma estratégia para o caso e fiz uma remarcação para oito dias. Durante este tempo, tomei providências para evitar surpresas e complicações desagradáveis. Consegui uma botija de oxigénio e máscara e um carrinho de reanimação, equipado com medicação de urgência necessária disponibilizado no meu consultório. Uma medida de precaução que eu não poderia ignorar.

Regressão 1: Vida passada como escrava.
Maria retornou em 16 de Junho de 2011 e pareceu ansiosa à sua chegada.

Lembrei-me de ser mais cauteloso na minha abordagem com ela. Depois de a colocar à vontade, passei algum tempo a acalmar os seus medos e a convencê-la a relaxar no sofá reclinável. Com seis anos de experiência em terapia de regressão, conseguir a sua confiança é como garantir-lhe que tudo estaria sob controlo durante a sessão. Após o nosso diálogo inicial, Maria pareceu-me mais calma. Eu pedi, então, que ela fechasse os olhos. No final do seu terceiro movimento respiratório, o seu nervosismo parecia ter voltado e começou a cansar-se. Havia sinais de inquietação e notei alguma dificuldade em respirar. Sem a alarmar, perguntei: "Qual é o seu sentimento agora?"

"Não consigo expandir o meu peito". Respondeu ela ansiosa. "Eu estou a encontrar dificuldades em respirar."

Avaliei a situação rapidamente e conclui que ela não estava prestes a iniciar uma crise asmática. Em vez disso, ela estava a conectar-se com uma memória de corpo congelada. O seu corpo estava a lutar para lhe contar uma história do seu passado que estava relacionada com a sua condição asmática. Eu apliquei uma técnica de indução hipnótica para levá-la rapidamente a um estado de transe. Uma vez em transe, eu dirigi a atenção de Maria para o peito.

"O que impede o seu peito de expandir?

"Algo está a apertar o meu corpo." O momento parecia ter chegado.

Era a oportunidade de experimentar uma psicoterapia corporal[18] para libertar a emoção reprimida. Aproveitei a oportunidade para lhe pedir que se concentrasse no seu corpo e descrevesse a sua aparência. Como esperado, esta manobra conectou-a imediatamente com uma vida passada.

"Diga-me quem é e o que está a ver", perguntei.

"Eu sou uma mulher negra, de aproximadamente 25 anos de idade." Parecia mesmo que Maria havia regredido a uma vida quando

---

[18] Psicoterapia corporal foi fundada por Wilheim Reich e tornou-se popular na década de 1960 e 1970, mas não foi considerado parte da terapia psicanalítica.

ela era uma escrava negra. "Estou deitada no chão com os braços amarrados com uma corda junto ao meu corpo."

Assim que a sua descrição se tornou mais viva, a sua dificuldade respiratória também aumentou. Esperei pacientemente que surgissem mais detalhes da história.

Depois de uma pausa, ela continuou: "Estou a morrer."

A sua falta de ar piorou quando ela começou a descrever a cena do momento da sua morte na vida passada. Preocupado que a sua falta de ar piorasse, intervim rapidamente para diminuir a progressão dos sintomas, sem a tirar do transe.

Eu disse a Maria que, ao estalar os dedos, o coração da escrava iria parar completamente.

"Um, dois e três. Agora..." Eu estalei os e ela parou por um momento.

"Diga-me o que aconteceu depois que deixou o seu corpo?"

Notei que a frequência respiratória de Maria tinha abrandado rapidamente.

"Eu estou bem, disse-me ela. O meu corpo agora está parado, não se move."

"Quais são os seus pensamentos agora?"

"Eu estou livre... Já não tenho que me submeter a esse trabalho entediante, dia após dia e que não parava. Estou muito cansada de mim mesma nessa situação."

Perguntei porque ela estava cansada. Ela disse-me que se sentia cansada e que se recusou a trabalhar. Por isso, foi castigada como resultado. Foi então amarrada e arrastada para os campos de cana-de-açúcar. Ficou claro neste momento que a vida passada de Maria como escrava negra tinha sido dura.

A escravidão no Brasil começou na primeira metade do século XVI, com o crescimento da indústria da cana-de-açúcar. Os colonizadores portugueses trouxeram escravos negros de suas colónias estabelecidas em África para usar como trabalho escravo nas plantações de açúcar. Muitos desses escravos foram sequestrados da sua terra natal no Norte de África, de regiões como Angola, Moçambique e República Democrática do Congo. A flagelação era um dos métodos de intimidação e de castigo físico mais comumente usados, porque garantia trabalho e obediência. A escravidão durou mais de 300 anos no Brasil, até que foi oficialmente abolida com a assinatura da Lei Áurea, em 1888.

À medida que o tratamento continuava, perguntei a Maria se havia algo que não tivesse sido resolvido naquela vida.

"As cordas do meu corpo permanecem apertadas. Elas estão a apertar o meu peito e a impedir-me de respirar normalmente", disse ela.

Na minha formação em terapia de regressão, Roger Woolger sempre incentivou os seus alunos a montar um *kit* para uso em psicodrama. Este *kit* seria composto de cordas, tecidos, aparas de madeira ou quaisquer objetos que pudessem a ajudar a simular a memória de diferentes tipos de trauma no corpo físico. Portanto, no caso de Maria, eu levei um pedaço de corda do meu *kit* e simulei a sua situação de vida passada, amarrando os seus braços e o seu peito na posição que ela descreveu.

Em seguida, sob transe, comecei gradualmente a afrouxar e desatar as cordas. Guiei-a para sentir o retorno da força do seu corpo, enquanto ela visualizava as imagens das cordas a ser retiradas. Isto permitiu-lhe experimentar a sensação da libertação repentina da tensão do seu peito. Esta é uma técnica eficaz que muitas vezes utilizo. Nesta forma de terapia, assumimos que o corpo do paciente revelou os ecos de incidentes traumáticos e abusos sofridos pelo corpo da vida passada e estes podem ser agora libertados, completando o movimento não realizado e permitindo a libertação da energia estagnada.

Eu repeti o procedimento até que Maria tomasse consciência de que, fosse o que fosse que ela tivesse mantido da vida passada, tinha ido embora. Ela agora sentia-se livre da restrição na sua vida presente.

Maria estava a respirar mais livre e mais facilmente após este procedimento.

"Existe algo que esteja inacabado?", perguntei.

"Não, não há. Eu entendo que eu não quisesse trabalhar. Era o seu direito insistir para que eu trabalhasse. Como escrava, eu não poderia desobedecer," disse ela.

Após estas palavras, ela relaxou num sono profundo. A sua respiração era normal agora e eu deixei-a sozinha para descansar. Vinte minutos depois, ela acordou sozinha e estava calma e tranquila.

"Como se está a sentir agora?", perguntei.

"Estou a sentir-me muito cansada, mas agora que o meu peito foi libertado, eu posso respirar e dormir bem."

Regressão 2: Vida passada como carrasco de escravos.

Houve uma melhoria significativa após a primeira sessão de terapia. Maria podia respirar muito melhor e dormir a noite toda sem medicação. Ela voltou no dia 1 de julho de 2011, sentindo-se feliz e ansiosa para uma segunda sessão de terapia de vidas passadas.

Deitada no sofá, com os olhos fechados, ela estava ansiosa pela terapia. No entanto, quando comecei a guiá-la para um estado de relaxamento, notei que ela começou a mostrar a mesma dificuldade em respirar como antes.

"O que é que está a sentir, Maria?"

Ela disse que sentia alguma coisa à volta do seu pescoço. Felizmente, Maria era uma paciente muito determinada e poderia ser facilmente levada a um estado de transe hipnótico.

"Doutor, há uma corda à volta do meu pescoço, eu estou a ser enforcada." Eu percebi que Maria tinha ido para uma outra vida passada após a minha indução.

"Enforcada?", perguntei.

"Sim, neste momento eu sou um homem branco e forte, cerca de 35 anos de idade. Eu estou a usar uma roupa de tecido grosso e botas.

"Maria continuou a tossir e começou a sentir-se mais ofegante." Eu pedi-lhe imediatamente para ir para o momento mais importante e crucial dessa história.

"Um, dois e três..." Estalei os meus dedos e disse para ela avançar no tempo.

O corpo de Maria estremeceu. Apresentou alguns espasmos, relaxando após alguns segundos. A sua respiração desacelerou e tornou-se mais regular.

"Como é que você se sente agora?", perguntei.

"Eu ainda sinto uma pressão na minha garganta. Dói e parece haver um objeto mesmo à frente do meu pescoço."

Neste momento, eu peguei numa corda, coloquei à volta do seu pescoço e fiz uma leve pressão. Em resposta a esse estímulo, ela começou a contorcer-se e sentir-se ofegante. Eu encorajei-a a entregar-se ao processo e sugeri que utilizasse as próprias mãos para remover a corda. Houve alguma resistência interna ao movimento. Depois de alguma hesitação e dificuldade, Maria conseguiu concluir a ação e deu um suspiro de alívio.

Depois de relaxar por alguns minutos, eu perguntei sobre o seu sentimento naquele momento.

"Estou tranquila. Há apenas um leve desconforto no meu pescoço agora."

De repente, Maria compreendeu por que razão estava naquela condição nessa vida. "Eu sou um feitor de escravos. Quando eles não me obedecem e não querem trabalhar, eu torturo-os. Eu colocava-os no tronco e usava o chicote para os punir. Eles aprendem rapidamente."

"Quais são os seus sentimentos quando castiga os escravos?"

"Nenhuns. Eu só estou a cumprir as ordens do meu patrão."

"E qual é a razão por que está a ser enforcado?"

"Há um tempo atrás, eu apaixonei-me por uma das escravas, e mantive esse relacionamento em segredo. O trabalho na fazenda é intenso. Um dia, ela ficou doente e não podia trabalhar. O meu patrão mandou-me puni-la porque ela não foi trabalhar, mas eu desobedeci. Ele estava com raiva, bateu-me e eu retaliei. Então, o meu senhor do engenho mandou os outros feitores enforcarem-me."

"O que você sente sobre o senhor de engenho?"

"Eu mereço o castigo. Eu desobedeci às suas ordens. Esta é a lei. Quem não obedecer paga com a vida... e eu paguei."

Neste momento, eu notei que os seus olhos estavam cheios de lágrimas. Então perguntei: "Existe alguma coisa pendente?"

"Sim, é ela. Eu sinto falta dela."

"Está a falar da escrava por quem se apaixonou?"

"Sim."

Então, eu levei Maria a completar a sua transição através da morte.

"O que está a acontecer com o seu corpo, agora?"

"Eles pegam no meu corpo e enterram-no no mato."

"O que acontece depois disso?"

"Eu vejo uma luz... uma luz branca, forte, está a aproximar-se de mim. Eu sinto o calor da luz. Eu sinto-me bem e em paz."

"Olhe para a luz e veja quem está a aparecer?"

Neste momento, Maria chorou emocionada.

"Ela está aqui... Ela abraça-me e diz que vai ficar comigo." Eu percebi que estava a referir-se à escrava pela qual se apaixonou. Então, usei uma técnica do psicodrama[19] para simular o encontro com a mulher escrava, oferecendo a Maria um rolo pequeno para segurar, como se fosse a escrava.

Poucos minutos depois, Maria acalmou-se e eu trouxe-a para fora do transe. "Como se sente agora?"

"Eu sinto-me calma e tranquila. Eu posso respirar livremente agora."

"Fez um bom trabalho nessa história." Eu elogiei-a pela sua cooperação.

Ofereci-lhe um copo de água e ajudei-a a sentar-se. Ela estava no seu caminho para a recuperação, mas lembrei-lhe que ela iria precisar

---

4 O psicodrama é uma maneira de investigar a alma humana através da ação criado por Jacob Levy Moreno. É um método de intervenção nas relações interpessoais e facilita a busca de alternativas para a resolução do que é revelado.

de mais sessões de tratamento. "Embora esteja agora sem medicação, isso não significa que o seu tratamento com a terapia de regressão esteja completo. Ainda precisa de mais sessões de terapia para limpar a sua tensão residual."

Eu marquei uma nova sessão para daí a duas semanas.

Regressão 3 – Vida passada como mulher judia

Maria ficou bem e tinha vindo a respirar normalmente. Ela continuou a dormir bem durante a noite e tinha ido à praia para se bronzear. Na verdade, ela estava livre de ataques de asma desde então.

Ela voltou a 15 de julho. Pedi-lhe que fechasse os olhos depois de se deitar no sofá. Como nas vezes anteriores, guiei-a a fazer três respirações profundas. Desta vez, no final do seu terceiro movimento, começou a tossir como na sua segunda sessão. Além disso, ela também experimentou uma sensação de asfixia.

De repente, ela gritou em voz alta: "Estou a morrer."

Eu estava espantado, mas como ela parecia estar em transe, deduzi que estivesse prestes a conectar-se com uma outra vida passada.

"Diga-me mais".

"Eu estou a sufocar com o fumo.", disse ela.

Arfando, ela disse que era uma mulher de 25 anos, de pele branca e cabelos pretos. O que eu não esperava era que ela tivesse ido para os tempos bíblicos.

Maria disse estar a ser sufocada dentro de uma casa que foi incendiada pelos soldados de Herodes[20]. Ela estava a tentar salvar o seu filho de dois anos. Como depois se percebeu, ela estava a referir-se ao Massacre dos Inocentes, um ato de infanticídio ordenado pelo Rei Herodes da Judeia. Este incidente foi descrito no Evangelho Segundo S. Mateus. Herodes tinha ordenado a execução de todos os

---

[20] Herodes da Judeia ordenou a execução de todos os meninos até dois anos, da cidade de Belém, para evitar perder o trono para o recém-nascido "Rei dos Judeus", cujo nascimento havia sido revelado.

rapazes na cidade de Belém para evitar perder o trono para o recém-nascido "Rei dos Judeus", cujo nascimento lhe tinha sido revelado pelos Três Reis Magos.

"Filho... a casa está a arder", gritou ela emocionada. Eu passei-lhe imediatamente um travesseiro e ela abraçou-o como se estivesse a segurar o seu filho. No entanto, a sua respiração ficou cada vez mais rápida e curta.

Eu pedi que ela se adiantasse no tempo para o ponto em que o massacre termina. Ela relaxou e voltou gradualmente a respirar normalmente. No entanto, permaneceu abraçada, firmemente, com o rolo. Esperei por alguns minutos para que ela se recompusesse. Então ela devolveu-me o travesseiro e disse: "Nós morremos juntos."

"O que aconteceu então?"

"Quando morri, eu vi uma luz brilhante a aproximar-se de nós. Ela chegou mais perto e parecia que uma névoa branca nos tinha envolvido. Senti muita paz, então... Estou bem agora."

Depois de sair do transe, Maria estava visivelmente emocionada. Eu imaginei que isso estava relacionado com a *luz branca* e a energia suave. Maria não quis falar sobre isso. Ela precisava de conforto neste momento.

Nós concordamos em agendar outro momento para fazermos o encerramento de forma mais confortável e integrarmos esta experiência de vida passada, quando ela se sentisse pronta. Ela despediu-se e saiu em silêncio.

Integração do "EU" da Vida Passada
Maria voltou oito dias depois, em 23 de Julho de 2011, para me informar sobre o seu progresso. Ao entrar no consultório, ela desculpou-se e explicou porque saiu no fim da sessão anterior rapidamente.

"Eu estava muito emocionada com a presença da luz brilhante e o aparecimento de uma névoa branca. Eu senti uma maior consciência de mim mesma, uma sensação de paz e uma sensação de bem-estar geral dentro de mim. E, naquele momento, eu senti que estava na presença do próprio Deus. Estava muito animada e deslumbrada e queria manter o meu silêncio até que eu tivesse interiorizado a minha experiência de cura."

Ouvi atentamente e não fiz nenhum comentário. Perguntei se ela teve falta de ar. "Eu não tive mais crises de asma desde que comecei a terapia".

Foi gratificante, mas eu sentia que era necessário algum tipo de integração das experiências da sua sessão anterior. Neste momento, sugeri-lhe que me permitisse ter contacto com as suas personagens de vidas passadas, usando uma técnica Gestalt[21]. Ela assentiu com a cabeça.

Primeiro, eu coloquei quatro cadeiras num círculo. Depois, pedi a Maria para se sentar numa delas. Então, pedi-lhe para fechar os olhos

---

[21] Gestalt-terapia é uma terapia fenomenológico-existencial fundada por Frederick e Laura Perls na década de 1940. Ela ensina o método de consciência de como se envolver num diálogo com o objetivo de mudar, aceitar e valorizar a si mesmos.

e relaxar. "Agora imagine que estão sentadas, nas três cadeiras restantes, as personagens das suas vidas passadas."

"Visualize a presença delas... e quando estiver pronta, eu quero que me descreva cada uma delas."

Quando as imagens dos seus "eus" de vidas passadas surgiram, Maria começou a falar. "Na primeira cadeira está sentada a escrava. Ela está a sorrir, com um olhar curioso e feliz. O cabelo está solto e está a usar um vestido branco."

Parecia que Maria já estava num estado de transe.

"Na outra cadeira está sentado um homem forte de 35 anos. Ele é branco e está a sorrir. Na terceira cadeira há uma jovem, de 25 anos, de idade com um menino de dois anos ao colo."

"Muito bem, Maria. Agora, eu quero que fale com eles e explique o que houve, que eles são personagens de uma outra vida e de outra época, e, depois, ouça o que cada um deles tem a dizer-lhe."

Depois de alguns momentos de troca de diálogo com os seus "eus" de vidas passadas, Maria fez um comentário surpreendente.

"Agora percebo como a minha doença faz sentido na minha vida. Eu entendo porque tenho sofrido ao longo de quase 18 anos e porque sofro de dificuldades respiratórias".

Falando aos seus três eus de vidas passadas, ela disse:

"Eu entendo que a vida de cada um de vós existiu noutro tempo e noutro lugar. No entanto, o meu corpo não sabia como distinguir entre tempo e espaço e manteve na memória o momento da morte de cada um dos três."

Esta foi uma visão profunda. Eu permaneci em silêncio e deixei-a continuar.

"Depois de algumas sessões com terapia de regressão a vidas passadas, eu tenho conseguido reprogramar o meu corpo que agora sabe que vocês viveram no passado e noutros corpos.

"Eu sinto-me bem agora. Eu sei que não terei mais crises de asma de agora em diante. Nós somos todos livres."

Havia um ar de fim. Neste momento, Maria descrevia, de forma fascinante, como as suas personagens de vidas passadas se levantavam das suas cadeiras e desapareciam no ar. Eu terminei a sessão tranquilizando-a, dizendo que tudo ficaria bem. Ofereci-me para revê-la dentro de seis meses, mas ela recusou educadamente. Ela residia noutra cidade e vir para revisões regulares era inconveniente para ela. Em vez disso, concordou em ficar em contato através do e-mail.

Considerações Finais
Seis meses depois, Maria mandou-me uma mensagem encantadora:

"Caro Doutor,
    Agora estou bem e as minhas crises de asma desapareceram. O meu pneumologista suspendeu a medicação. Lembro-me da minha primeira visita à sua clínica em 10/06/11 e já se passaram seis meses. Estou feliz em dizer que recuperei a minha vida novamente.
Peço ao Senhor para divulgar a minha história a todos os médicos sobre esta forma de tratamento, disponível para casos em que a medicina convencional não dá os resultados desejados. Eu não tive uma boa noite de sono nos últimos 18 anos por causa desta doença. No entanto, com apenas cinco visitas à sua clínica, incluindo três sessões de terapia de vidas passadas, eu entendi agora a raiz do meu problema. Sou muito grata pela sua ajuda."

Enquanto eu refletia sobre este caso, notei que a reatividade pulmonar de Maria à sua asma piorou após a morte de seu pai. Ela começou a ter broncoespasmos frequentes, porque a memória do corpo das suas próprias mortes de vidas passadas foram despertas. O uso da terapia de vidas passadas trouxe à luz as experiências embutidas no seu corpo.

Na verdade, um dos aspetos notáveis desta terapia é manter o foco sobre o corpo para descongelar as suas memórias armazenadas. O corpo é o lugar onde a violência física do passado do indivíduo e as emoções associadas são sentidas mais vividamente e registadas. O nosso corpo carrega um histórico, não só da nossa história de vida presente, mas também o trauma das nossas histórias de vidas passadas. O sintoma de dificuldade respiratória que Maria trouxe com ela para a terapia acabou por ser a chave para desbloquear a energia congelada no corpo. Simplesmente incentivando-a a viver as suas histórias de vidas passadas e criativamente explorando o uso de técnicas de terapia corporal, ela foi capaz de libertar as suas emoções fisicamente de forma completa. Os resultados neste caso foram dramáticos e gratificantes.

CAPÍTULO 7

Origem da Dor Crónica em Vidas Passadas

Dr. Moacir Oliveira

"Muitas pessoas dizem que querem sair da dor e tenho certeza que isso é verdade, mas elas não estão dispostas a fazerem a cura profunda. Elas não estão dispostas a olharem para dentro para ver a fonte da sua dor a fim de lidar com ela."

Lindsay Wagner,
Terapeuta Holística

A síndrome da dor crónica é um grande desafio da prática médica por causa de sua etiologia pouco conhecida, sua complexa fisiopatologia e uma má resposta às terapias. Uma das formas mais comuns de dor músculo-esquelética difusa é chamada de fibromialgia.

O termo fibromialgia refere-se a uma condição crónica dolorosa, que predominantemente afeta as mulheres e é caracterizada por dor generalizada, fadiga, mal-estar, distúrbio do sono, alterações do humor e diminuição da atividade física e laboral. Esta condição é considerada uma desordem devido à forma como os sinais de dor são processados no sistema nervoso central e varia a intensidade dos sintomas em função da sensibilidade do indivíduo a um estímulo doloroso, que

179

pode prejudicar a sua qualidade de vida e o desempenho no trabalho. Vários fatores, isolados ou combinados, podem favorecer as manifestações da fibromialgia, incluindo alterações hormonais, trauma físico ou emocional e doença grave.

Com sucesso, conseguimos localizar numa paciente a raiz da dor da fibromialgia, que estava numa vida anterior, usando a terapia de regressão. Isso ocorreu com a Ana, uma senhora de meia-idade que me ligou um dia para o telemóvel, durante a minha pausa de almoço, a pedir uma consulta.

O CASO DE ANA

Ana foi uma paciente recomendada por um dos meus colegas e apresentava, há vários meses, um quadro de dor generalizada, que causava muito desconforto e dificuldade com o sono. Ela tinha realizado vários tratamentos convencionais para o seu problema, mas não apresentou nenhuma melhoria. Na época, ela procurou o tratamento de um profissional que trabalhava com microfisioterapia[22], que recomendou a terapia de vidas passadas para tentar resolver o seu problema, já que ela tinha esgotado as opções de tratamento convencional.

Ana veio até ao meu consultório na manhã de 20 de janeiro de 2013. Uma senhora de quarenta e três anos de idade, cerca de 1,60 metros de altura, com cabelos castanhos. Ela conseguia transmitir os seus pensamentos e sentimentos de forma clara, e conseguia abrir-se para partilhar o seu problema e falar sobre as suas questões em profundidade. Relatou-me que tinha sido gravemente afetada pela dor, em várias partes do corpo, durante mais de oito meses. Disse que tinha piorado e que não conseguira resposta ao tratamento.

---

[22] Microfisioterapia é uma terapia holística que é baseada na teoria da presença de ligações de energia entre diferentes estruturas do corpo pertencentes à mesma camada embriológica, criada pelos franceses Daniel Grosjean e Patrice Bénini.

Ela trabalhava como enfermeira no hospital da cidade e já tinha deixado um bom trabalho e um salário atraente por causa da intensidade dos seus sintomas. Gostava da sua profissão, mas não conseguia acompanhar as exigências do seu setor ao lidar com a dor severa e as noites sem dormir. Ela consumia grandes quantidades de medicação e, como resultado, apresentava sonolência e raciocínio lento durante o dia.

Ana casou-se há apenas quatro anos e não tinha filhos. Tinham-lhe sido diagnosticados ovários policísticos. Há três anos, tinha perdido o seu pai e, há dez meses, a mãe. Atualmente, a dor dela parecia ter dominado a sua vida e carreira profissional e atrapalhava a sua tentativa de viver os compromissos da vida familiar. Nos últimos meses, ela passou por vários tratamentos alternativos, incluindo as essências florais de Bach[23], cromoterapia[24] e Reiki[25], mas os efeitos destas terapias foram de curta duração. No ano anterior, quando a dor se tornou muito intensa, ela perdeu o desejo de viver e pensou em acabar com a sua vida.

Ela tinha tomado antidepressivos e estabilizadores de humor, prescritos pelo seu médico, mas estes não funcionaram.

Sessão 1: Vida de escravo

---

[23] Essências florais de Bach é um sistema de terapia que utiliza 38 tipos de flores, criada pelo Dr. Edward Bach, em 1936, e que consistem em diluições extremas de material floral. O ingrediente ativo num remédio de flor é a energia da planta e não uma substância física, e ela funciona ao corrigir o desequilíbrio emocional.

[24] A cromoterapia é um método de tratamento que usa as cores da parte visível do espetro eletromagnético para tratar doenças.

[25] O método Reiki é um sistema natural de harmonização e reposição energética que mantém ou recupera a saúde. É um método de redução de stresse. É um sistema próprio para despertar o poder que habita dentro de nós, captando, modificando e potencializando energia, descoberto por Mikao Usui.

181

Era meio-dia quando terminei a entrevista inicial com Ana. Avaliando a história que ela me tinha contado, senti que estava em posição para a ajudar.

Posicionei Ana confortavelmente no sofá, submetendo-a a um exercício de respiração, seguido de um processo de relaxamento muscular progressivo que a induziu a um estado de transe. Em seguida, chamei a sua atenção de volta para a respiração por alguns momentos e guiei a sua imaginação para se estabelecer num lugar seguro.

Estabelecer um local seguro em terapia é um primeiro passo muito importante, pois nele o paciente precise de se sentir apoiado, quando expressa os sentimentos e pensamentos perturbadores. É um espaço psíquico privado que pode ser facilmente criado através de visualização, enquanto o paciente está a entrar no estado de transe.

Um lugar onde ela se sentisse protegida. Depois de ela me dizer que se via sentada confortavelmente numa praia arenosa, eu disse:

"... quero que volte para a primeira vez em que sentiu muita dor." Permaneci em pausa por um momento, para a sua imagem mental evoluir e continuei: "Diga-me agora a emoção que surge."

"Raiva".

Uma emoção que surge espontaneamente desta forma, presta-se normalmente a ser usada com uma ponte. Esta técnica de abrir caminho envolve a mudança exponencial da consciência do paciente do presente para um acontecimento passado, a partir de uma emoção comum nos dois acontecimentos. Com a ajuda de um terapeuta, a emoção atual pode ser estimulada enquanto ao paciente é pedido para recuar a uma experiência anterior em que a emoção foi sentida.

"Foque-se na raiva. Eu vou ajudá-la a amplificá-la através da contagem de um a cinco e, em cada contagem, você vai dobrar o seu nível de dor. Um, dois, três, quatro... e cinco... e agora, encontra-se num estado de máxima intensidade de raiva. Agora, vou contar regressivamente de cinco até um e irá recuar no tempo para um acontecimento em que sentiu a mesma raiva e dor física".

Ao atingir a contagem de um, Ana voltou para uma vida em que ela era uma escrava negra e que trabalhava para um senhor do engenho.

"Os meus braços estão a ser amarrados, e isso dói!", ela começou. A cena tinha lugar no Brasil e, por isso, a história da vida passada não foi uma surpresa. Os brancos que colonizaram a terra dependiam fortemente do trabalho indígena para manterem a economia. O açúcar foi a exportação principal/basilar durante o século dezasseis e o trabalho escravo era a força motriz por trás do crescimento da economia do açúcar. Muitos escravos foram importados de África.

"Há um homem branco que está a carregar um chicote na mão", ela continuou. "Eu reconheço-o como o meu senhor".

"O que aconteceu?"

"Ele bate-me nas minhas costas com o chicote. É doloroso e as minhas costas estão a sangrar muito." Ela estremeceu e os músculos do seu tronco ficaram tensos.

"Quais são seus pensamentos?"

"Eu quero saber ... porque isto está a acontecer comigo?"

"Que emoções estão associadas a este pensamento?"

"Raiva", disse ela sem hesitação.

"Como se sente agora?"

"Irritada. Eu sei que vou morrer pelo motivo errado. As coisas poderiam ter sido diferentes se eu desse o que ele quer." Os olhos dela estavam a tremer.

"O que é que ele quer?"

"Eu ponho-me a pensar... Eu não vou deixar que ele faça isso comigo. O meu corpo está tenso. Eu sinto medo... por causa da ameaça potencial que ele representa para a minha família."

"Qual é o pensamento associado ao seu medo?"

"Eu pergunto-me o que vai acontecer a seguir. Gostaria, também, de saber se posso lidar com isso." A voz de Ana tremia e ela parecia

183

estar no limiar da tolerância. Instintivamente, eu sabia que tinha de avançar para moderar a situação.

"Sim, pode." Eu garanti e fiz uma pergunta.

"O que aconteceu a seguir? Qual é a razão por trás do que está a acontecer consigo"?

"Estou a ser usada como um exemplo e uma advertência para as outras mulheres escravas que pudessem fazer o que eu fiz... Eu magoei-o."

"Diga-me como fez isso."

Houve uma pausa enquanto ela encontrava palavras para descrever a cena e a situação.

"Eu vejo um quarto de paredes brancas com uma mesa no interior. Ao lado dela há uma cama. Ele atirou-me para a cama e rasgou as minhas roupas. De seguida, ele forçou as minhas pernas e coxas. Eu podia ver que ele estava totalmente nu e queria violar-me. Eu não permiti que isso acontecesse e, então, dou-lhe um murro no rosto e arranho-o com as minhas unhas. O seu rosto estava a sangrar. Cheio de raiva, ele chamou o capataz e deu-lhe ordem de me amarrar ao tronco e chicotear-me."

"Fiquei amarrada no tronco[26] por algum tempo. Ele voltou várias vezes durante o dia e bateu-me na frente dos outros escravos. Toda a gente estava a assistir à tortura. Com o lenço manchado de sangue ele limpou o seu rosto e gritou com raiva:

"Estou a bater-lhe, escrava podre e imunda, para nunca mais me desobedecer."

"Eu estou cansada. Sinto a dor do chicote e o calor forte do sol. A minha visão está progressivamente turva. Sinto-me impotente, incapaz de fazer qualquer coisa."

---

[26] Tronco foi o nome dado a um instrumento de tortura e humilhação, com função semelhante à do pelourinho, na Bahia. Em termos gerais, era constituído por uma estrutura de madeira com buracos e quase sempre correntes, onde os membros dos escravos eram presos.

Nesse ponto da regressão, observei que vários grupos musculares foram entrando em espasmo no corpo da Ana, contando-me o porquê da dor. Uma história de sofrimento com maustratos no corpo. Lembrei-me que tinha aprendido na minha formação que tensão muscular refletia emoções reprimidas.[27] Este ensinamento foi baseado no conceito de que os seres humanos desenvolvem posturas fixas e rígidas e padrões de relato como forma de se protegerem a eles próprios da dor emocional. Pedi-lhe para aprofundar o seu estado de transe e incentivei-a a concentrar-se no corpo.

"Foque-se nas sensações do seu próprio corpo e diga-me como se está a sentir sobre isso".

"Parece que o meu corpo está muito rígido. Não consigo respirar mais."

"Observe o seu corpo agora e diga-me o que lhe está a acontecer. Imagine que está fora do seu corpo físico agora e que está a olhar para ele. Agora descreva-me o que vê..."

"Vejo o corpo de uma mulher negra. Ela está muito ferida nas costa, ombros e braços. Ela está a sangrar muito. Parece que tem um corpo muito endurecido... muito mesmo."

Eu perguntei-lhe se o corpo dela podia respirar naquele momento. Ela fez uma pausa.

"Eu estou morta." E desatou a chorar.

Ana lutou fisicamente por momentos e depois pontapeou e deu murros à toa de raiva. Depois começou a relaxar. Minutos depois, começou a acalmar.

"Observe o seu corpo agora e diga-me o que lhe está a acontecer", continuei.

"Eu morri. Os meus irmãos estão a levar o meu corpo com eles. Limpam-no todo e vestem-me a minha saia preferida. A minha mãe penteia-me os cabelos e os outros choram e cantam. Colocaram o meu

---

[27] A ideia de que tensão muscular reflete emoções reprimidas é dominante na psicoterapia corporal e largamente associada a Wilhelm Reich.

corpo num pano grosso que se parece com uma lona e levaram-me para uma espécie de cemitério."

"O que fazem agora?", perguntei.

O que Ana descreveu a seguir pareceu consistente com o persistente sentimento de raiva assim que a sua consciência deixou o corpo.

"Estou muito zangada. Saio como louca em busca do meu agressor. Estou a tentar magoá-lo fisicamente, mas de alguma forma eu não consigo. Parece inatingível. Então, eu decidi assediá-lo mentalmente e fazê-lo ficar louco."

A sua descrição era consistente com uma *forma-pensamento*, cuja natureza foi explicada no capítulo anterior. Na sua essência é uma entidade não física que foi criada no plano mental e astral do indivíduo.

"Estou a ir junto de todos os que me torturaram, até que eles sintam o tormento da dor que eu senti por todas as chicotadas."

Estas afirmações soaram-me a pesadas. Numa era em que a escravatura era excessiva e o cumprimento da lei fraco, a vingança era uma forma de manter a ordem. Ainda assim, vinha com um preço. Em vez de ajudar alguém a seguir em frente, mantinha o indivíduo na situação. Decidi levá-la mais à frente na sua vida passada.

"Como o faz enlouquecer?"

"Dia e noite, mantenho-me nos seus pensamentos. Eu sou como uma sombra para ele. Vai lembrar-se da minha figura sangrenta e ouvir as minhas lamentações repetidamente. Vou torturá-lo até ele sentir o meu tormento... até ele pegar numa arma, a colocar na boca e disparar, caindo ensanguentado no chão."

"O homem branco, alto, de cerca de 60 anos, e senhor do engenho, está a ficar louco com as imagens do meu corpo ensanguentado na sua mente."

Ao fim de algum tempo, ele já não aguenta mais. Finalmente, pega numa arma, aponta-a à cabeça... e dispara! A bala fatal vai de um lado ao outro, atravessando o seu crânio. Eu vejo-o cair no chão, a tremer."

Neste momento, Ana sorriu de satisfação. Ela parecia contente com o resultado da sua perseguição.

"Eu posso finalmente descansar," disse ela.

"O que está a ver agora?"

"Escuridão... Este lugar onde estou agora parece ser parte de um reino espiritual. É muito escuro e cheio de cadáveres. Estou a sentir muita dor."

"Quanto tempo fica nesse lugar?"

"Muito tempo... Estou vagueando aqui e não encontro a saída."

Pedi-lhe que avançasse no tempo até ao momento em que alguém viesse resgatá-la de lá.

"Vejo uma luz ao longe a aproximar-se de mim. É um homem velho, alto e branco, que se dirige calmamente para mim. Ele leva-me nos seus braços. Estou muito cansada e estou inconsciente. Ele leva-me embora".

"Avance no tempo e diga-me o que acontece depois."

"Ele diz-me que quando eu acordar vou estar noutro lugar... vejo uma claridade, camas. Estou deitada numa cama e à minha volta existem pessoas que estão a cuidar de mim."

Ana estava muito cansada. Relaxou e dormiu durante aproximadamente trinta minutos no sofá. Mais tarde, quando acordou, tinha muitas perguntas sobre tudo. Todas as imagens mentais eram novas e estranhas para ela e perguntou se todas aquelas cenas poderiam ser um produto da sua imaginação fértil.

Expliquei-lhe que o conteúdo da experiência de regressão veio da memória da sua vida passada que foi armazenada na sua consciência. O seu corpo estava a reviver a história como se ela estivesse dentro do corpo da escrava que estava a ser açoitada naquela vida. Acrescentei que a sua história estava inacabada e que ela precisava de mais regressões para acessar às suas memórias de novo e, finalmente, dessensibilizar o seu corpo dos sentimentos causados pelo evento da vida passada. Isso seria feito para libertar toda a tensão residual presa da sua vida passada.

A minha explicação pareceu ter um efeito calmante e satisfez a sua curiosidade. Ela estava a sentir-se melhor depois da sessão, embora um pouco confusa e exausta. Marcamos uma nova sessão para 15 dias depois.

Pedi a Ana que descansasse.

Sessão 2: Vida de Feitor
Ana retornou ao meu consultório em 4 de fevereiro de 2013. A sua dor tinha quase desaparecido e tudo parecia ser positivo. Após um curto diálogo, pedi a Ana que se deitasse no sofá e entrasse no seu inconsciente através da porta da sua imaginação para recuperar a imagem da mulher negra na sua regressão anterior. A tarefa acabou por ser muito fácil para ela.

"Ela está aqui," Ana começou, "..., mas ela está mais calma do que antes e recuperou."

"Quais das emoções desta vida passada estão impressas no seu corpo atual?", perguntei.

"Raiva e dor física."

Então, pedi a Ana para estabelecer um diálogo com a sua personagem da vida passada. O objetivo era conseguir que o seu corpo resignificasse a dor como fazendo parte do corpo da vida passada e não desta vida e resolver a questão através do psicodrama[28] e libertação somática.

"É a dor física do chicote no meu corpo e a raiva contra o meu administrador", respondeu prontamente.

"Pergunte à mulher escrava se há ainda alguma questão pendente..."

"Ela disse que não entende porque há tanta dor e sofrimento na sua vida."

Quando ouvi a sua resposta, decidi que Ana estava pronta para fazer outra regressão a vidas passadas. Com Ana ainda deitada no

---

[28] Jacob L. Moreno definiu o Psicodrama como "a ciência que explora a verdade por métodos dramáticos".

sofá, eu guiei-a para passar por um exercício de respiração enquanto se concentrava. Em seguida, pedi-lhe para voltar a sua atenção para a parte de trás do seu corpo.

"Está a doer muito."

"Concentre-se na dor. Eu vou contar de dez a um e, quando eu terminar, vai voltar no tempo para uma vida que está associada com essa dor. Dez, nove, oito, ... Comecei a contar devagar. Quando cheguei a um, perguntei: "Onde está, agora?"

Ana regrediu para outra vida passada. "Eu estou numa fazenda", disse ela. Eu não estou sozinho... Eu sou um homem nesta vida, um homem alto, branco, nos meus quarenta anos, com cabelos grisalhos."

"Descreva o que está a vestir."

"Eu tenho uma camisa branca com as mangas arregaçadas até ao cotovelo e um par de botas de couro de cano alto, com calças escuras dentro das botas. Tenho um chicote fino na minha mão direita ..."

"Descreva o ambiente em que está."

"Não tenho certeza se é de manhã ou início da noite. Há um rio nas proximidades e eu ouço o som de cavalos e gritos..."

"Como se sente agora?"

"Animado e ansioso."

"Quais são os pensamentos que vêm com a sua ansiedade?"

"Eles encontraram-no, finalmente."

"Quem encontraram?"

"Eu corro em direção ao rio e sigo a direção tomada pelos outros homens. Estou a ir para o campo de cana-de-açúcar e paro em frente a um jovem com cerca de 1,8 metros de altura. Ele é um escravo. É forte... e está sem fôlego. Eu levo o meu chicote e atinjo-o no rosto. O seu sangue espirra para as minhas roupas. Eu digo aos meus homens para o trazerem diretamente para o tronco."

Percebi logo que Ana estava num papel inverso. Estas ocorrências são frequentes em terapia de vidas passadas e, geralmente, fornecem boas bases para a terapia. Na perspetiva de terapeuta, a dor crónica de Ana representava o seu conflito intrapsíquico. Assim que saiu do seu papel de vítima, para o ponto de vista do agressor, ela podia agora observar os seus pensamentos e comportamento no seu novo papel como executor e deixar de ficar presa nas suas próprias defesas de vítima.

"O que aconteceu?"

"Vejo-o a ser amarrado". De seguida, ordeno aos meus homens que tragam os outros escravos, mas..."

Ela hesitou. Houve uma pausa e a narrativa foi interrompida. Então, de repente, ela irrompeu em lágrimas, chorou e gritou em voz alta.

"Meu Deus, o que é que eu fiz?"

Compreendi a razão por que ela tinha experimentado toda a dor no seu corpo. Ela continuou a chorar convulsivamente.

"O que aconteceu?", perguntei.

Com a voz trémula, Ana respondeu-me que, naquela vida passada, ela própria tinha espancado o jovem escravo até à morte por desobedecer às suas ordens. Eu pedi que ela refletisse sobre qual a razão para exercer tanta violência contra aquele escravo.

"O que ele fez para merecer tudo isso?"

"Só porque ele desobedeceu às minhas ordens…"

"Quais são os sentimentos que tem agora?", perguntei diretamente ao homem branco da vida passada de Ana, quando ela parou de chorar.

"Eu estava animado e até mesmo irritado... Como se isso não fosse o suficiente. Eu fui para a varanda da casa para acender e fumar um cigarro."

"Ele não era nada. Não era gente. Um animal que tinha que obedecer, escravo podre e imundo", respondeu-me ela.

"O que é que o escravo fez para que reagisse com tanta violência?"

A energia emocional de Ana parecia ter explodido. A mudança na sua voz soava como se ela fosse um animal selvagem. De repente, ela começou a chorar novamente.

190

"Eu não esperava conseguir fazer uma coisa dessas", ela continuou a chorar alto. Houve uma indicação de remorso e eu reconheci isto como um momento oportuno para libertar a sua tensão através da reconciliação.

"Mova o seu corpo e fique de joelhos, como se a pessoa que feriu tão profundamente estivesse à sua frente."

Ela moveu-se para a posição de joelhos e disse: "Perdoe-me", e repetiu o pedido de desculpas várias vezes. A energia emocional continuou a permanecer forte por um longo tempo.

Eu dei um travesseiro a Ana. Ela abraçou o travesseiro durante muito tempo. Então, perguntei-lhe quem ela abraçou.

"O jovem quem eu feri; ele está aqui."

Esperei por um momento e depois pedi para libertar o travesseiro que lhe tinha dado e perguntei:

"O que aconteceu a seguir?"

"Estou de volta ao lado dessa estaca de tortura. Estamos sentados e a olhar um para o outro..."

Ana tinha saído da cena agora e parecia relaxada. Perguntei-lhe como era entrar em contacto com o seu eu interior novamente.

"Eu tenho-me reconectado com o meu passado. Esse acontecimento explica porque tenho sofrido essa dor por tanto tempo. Estou surpresa de me encontrar no papel do carrasco. O que eu experimentei aqui vai continuar a guiar-me no meu caminho espiritual e nunca vou cometer este erro novamente. Eu entendo que a raiva e o ódio não ajuda em nada."

Foi uma declaração profunda e eu calei-me.

"Esta é a maior lição da minha vida... para não maltratar o meu corpo físico." A sua voz estava suave.

"Como se sente agora?", perguntei.

"Em paz".

"Bom. Fique com essa experiência e deixe que a paz esteja na sua mente. Ficar em paz e ter tranquilidade é a cura para a sua dor."

Em seguida, pedi a Ana para visualizar a imagem de um jardim de cura e entrar lá para tirar partido do adorável lugar para meditar sobre a vida, para ganhar conhecimento e maior consciência de si mesma. Então, deixei-a em estado meditativo durante alguns minutos antes de falar com ela novamente.

"Como se sente agora?"

"Bem... tranquila e sem dor".

Ana saiu do seu estado de transe com um sorriso. Pedi que ela retornasse dentro de 30 dias. Anotei na agenda e ela saiu com um sorriso no seu rosto, entre olhos marejados de lágrimas.

Uma profunda cura tinha começado dentro de si.

Sessão 3: Tratamento da raiva residual
Ana voltou pontualmente no dia indicado e na hora da sessão. Para minha surpresa, ela manteve o mesmo sorriso no rosto desde a última vez em que ela tinha deixado o meu escritório. Houve uma melhoria muito significativa dos sintomas físicos.

Tinha reduzido a dosagem da sua medicação, retirado os estabilizadores de humor e analgésicos. Estava em processo de desmame dos antidepressivos. Perguntei se a dor tinha voltado. Ela respondeu que sim, mas com uma menor intensidade.

Isto intrigou-me. Porque ela não tinha ficado totalmente sem dor durante esse intervalo de tempo?

Eu coloquei-a em estado de relaxamento no sofá e disse: "Respire e deixe a sua mente inconsciente abrir-se. Sinta os sentimentos dentro de si e torne-os mais fortes. Agora localize esses sentimentos no seu corpo... Onde estão eles? "

"Nas costas e ombros."

A presença de um local físico associado facilita o processamento de uma emoção. Eu decidi usar a oportunidade para dar emoção a alguns atributos físicos de forma a facilitar o processo.

"Descreva como se sente."

"Sinto uma energia crescente que está a mover-se incessantemente. É a raiva."

"Pode dar-lhe uma cor?"

"Sim, cinza escuro."

"Dê uma forma."

"É como uma rocha."

Com estes atributos, formulei um imaginado argumento guiado.

"Concentre-se sobre a forma e a cor da sua raiva. Sinta a emoção da energia a mover-se através do seu peito para o ombro esquerdo, abaixo do braço, passando pelo cotovelo e antebraço e todo o caminho até ao punho e à mão. Sinta a textura, cor e movimentos desta emoção. É tão má que você só quer livrar-se dela. A próxima coisa que irá fazer é abrir os dedos e fazê-la explodir na sua mão e libertá-la. Não tem lugar para este sentimento mau. Pode imaginar-se a gritar. Deixe-a ir. Imagine que o grito vai dissipar-se e desintegrar a raiva e começará a si sentir aliviada."

Fiz uma pausa e prossegui."Agora, está a sentir-se calma e feliz por se livrar dessa sensação desagradável. Há alguns momentos, tinha toda a emoção dentro si e agora ela desapareceu. O que resta é uma maravilhosa sensação de calma e paz dentro de si. Com tudo isto, vem a paz de espírito e clareza de pensamento e visão. De futuro, quando experimentar emoções como raiva, será capaz de libertá-la rapidamente. Está a aprender a ser uma pessoa mais relaxada. Um... dois... três... Abra os olhos e mexa o seu corpo como se estivesse a despertar de um sono bem gostoso".

Ana estava a sair do seu estado hipnótico, parecia renovada e rejuvenescida. Várias coisas vieram à tona no decurso desta sessão. Ela entendeu o motivo de toda a dor e sofrimento. Notei uma melhoria significativa nela, logo depois de ter completado a sua terapia. Estava muito feliz, porque agora ela podia parar de reagir aos seus sentimentos de raiva e parar de os guardar no corpo.

Quando ela estava a sair, eu tranquilizei-a dizendo que tudo ficaria bem de agora em diante. Como faço com todos os meus pacientes, eu sugeri uma nova sessão, seis meses depois.

Seguimento

Ana voltou para um controlo a 22 de outubro de 2013. Foi um momento de alegria para mim quando confirmei que ela estava completamente livre da dor! Pensar no passado deu início à sua jornada de cura e eu tinha conseguido descobrir o suficiente do seu passado para que ela pudesse encontrar explicações para a dor que sentia. Eu, também, tinha conseguido ensinar-lhe a não reprimir a raiva que sentia e a não a depositar no corpo. Ela parou de ter antigas respostas corporais para a raiva, mudando o que ela experimentaria de agora em diante em algumas das situações da sua vida. Isto pode acontecer porque o seu corpo atual tornou-se ciente de que aquela vida tinha acabado, depois de reviver e re-experimentar a experiência de morte e dar um novo significado às suas reações emcionais.

Em geral, a tentativa de fazer os pacientes recordarem eventos do seu passado, leva-os a resolverem as suas memórias de experiências traumáticas, mesmo que o problema tenha existido noutro corpo, tendo vivido numa cultura diferente, noutra época. Sintomas físicos e características psicológicas são transmitidos e vivem nos seus *"eus"* atuais, apesar de terem deixado os seus corpos físicos nas vidas passadas.

A ideia por trás desta abordagem de tratamento é que os eventos traumáticos do passado terão impacto sobre a psique e o corpo físico atual, porque geraram registos de memória. Esses registos permanecem após a morte do corpo e continuam a causar impressões que moldam a personalidade de outra vida. Isso pode gerar vários tipos de doenças. Levando o paciente a reviver essas situações, os fardos emocionais e físicos podem ser libertados, ao mesmo tempo que lhe são dados novos significados.

Como terapeutas, o nosso objetivo é levar os nossos pacientes a integrar as memórias do passado na totalidade da sua consciência pessoal. Os fragmentos da psique dissociados não integrados, levam a repercussões na personalidade atual.

Muito esforço foi empregue na limpeza da raiva de Ana, bem como no ruído psicológico que a impedia de se harmonizar na vida atual. Aprender a lidar com a raiva ajudou-a a encontrar uma maneira de entender a verdadeira causa da sua doença e permitir a cicatrização das suas feridas. Com a compreensão do significado da doença, Ana foi capaz de realizar o seu processo de cura para um nível transformacional. Esta abordagem promove uma transformação profunda da memória traumática, proporcionando o autoconhecimento e mudanças de comportamento.

CAPÍTULO 8

Metáforas para Distúrbios Autoimunes

Dr. Natwar Sharma

"A força natural de cura, no interior de cada um de nós, é a força máxima para a obtenção do bem-estar."

Hipócrates

A Terapia de Regressão prendeu a minha atenção pela primeira vez há cerca de cinco anos. Depois de me formar na Faculdade de Medicina, especializei-me em Pediatria e, posteriormente, fui treinado como médico intensivista pediátrico. E fui mais longe na minha carreira, para completar o processo de me tornar um membro do Real Colégio de Pediatria e Saúde da Criança, em Londres, no Reino Unido, após o que eu me sentia contente, como se houvesse pouco mais a ser feito na vida.

Inicialmente, quando avaliei diversas práticas complementares de cura, o meu julgamento estava nebuloso com a dúvida e a descrença. Com o tempo, o meu preconceito deu lugar a um espírito de investigação e eu devo essa mudança de atitude ao meu guru espiritual, que me ensinou meditação. Em vez de rejeitar os tratamentos não-convencionais cegamente, eu tornei-me cada vez mais aberto a considerar as ideias e as múltiplas possibilidades oferecidas por essas modalidades alternativas de cura. Comecei a ampliar a minha perspetiva sobre as terapêuticas, pesquisando sobre várias terapias alternativas e, nesse processo, aprendi Terapia de Regressão.

Minha Jornada como Terapeuta

O meu primeiro paciente em Terapia de Regressão acabou por ser um colega médico, da Pediatria. Ele era um amigo próximo, que apresentava um problema de depressão crónica e síndrome de fadiga crónica[29]. Embora ele, inicialmente, tivesse duvidado da eficácia do tratamento, uma parte dele estava curiosa para entender como a modalidade terapêutica funcionava. Ele sofria de depressão crónica e sentia-se prisioneiro na sua vida. Durante anos, ele tinha consumido vários medicamentos antidepressivos, com quase nenhum benefício perceptível. Depois de passar pela terapia comigo, ele experimentou uma dramática resposta positiva e nós os dois estávamos espantados. Duas sessões de Terapia de Regressão foi tudo o que tinha sido necessário para ele se livrar do seu sofrimento psicológico. Ele tinha parado de tomar toda a medicação e agora estava a desfrutar de uma acentuada melhoria na sua qualidade de vida.

Logo depois, uma outra experiência única mudou a minha visão do mundo. Tratava-se de uma paciente, uma senhora que apresentava Anemia Aplástica. Embora o processo de Terapia de Regressão parecesse bem simples no seu caso, as percepções derivadas da sua história de vida passada mudaram toda a minha perspetiva. Este incidente também foi um ponto de mudança na minha carreira.

Durante a sessão de terapia, a paciente regrediu a uma vida passada em que ela cresceu de maneira feliz numa família rica e em que era casada com um rico proprietário de terras na Índia. A sua vida permaneceu feliz depois de dar à luz um filho, que ela esperava que fosse o seu herdeiro. Infelizmente, o seu filho, depois de crescer,

---

[29] Síndrome da fadiga crónica é um grupo de doenças debilitantes caracterizadas por fadiga persistente que não está relacionado com o esforço, não é aliviada pelo repouso e não é causada por outras condições médicas.

acabou por ser uma deceção absoluta. Ele era viciado em álcool e jogo e, além disso, tratava mal a sua mãe. À medida que a história se desenrolava, ela finalmente ficou viúva e, com setenta anos, quando ela deveria estar à espera que o seu filho fosse uma fonte de apoio, proteção e segurança, aconteceu um desastre. O seu filho agrediu-a quando ela se recusou a transferir a sua propriedade para o nome dele. Ele bateu-lhe na cabeça com um vaso de flores e matou-a.

Revendo essa vida passada à luz do seu problema de uma Anemia Aplástica autoimune, de repente despontou no entendimento de ambos, paciente e eu, que a história oferecia uma narrativa metafórica que se estava a desenrolar como uma temática paralela à sua condição médica.

A Anemia Aplástica é uma doença rara do sangue, na qual as células-tronco, ou células-mãe, que se localizam na medula óssea, estão danificadas. Como resultado, essas células-mãe falham na produção dos três tipos de células filhas: as células vermelhas do sangue (hemácias ou eritrócitos), as células brancas do sangue (leucócitos) e as plaquetas, que estão presentes na circulação sanguínea. Os danos para as células-tronco podem ser causados pela exposição a uma variedade de agentes, incluindo produtos químicos, medicamentos, radiação, infeção e hereditariedade. Nessa variedade de doença autoimune, é sabido que os glóbulos brancos do paciente atacam as suas próprias células-tronco e produzem falhas na função normal da medula óssea.

Nessa paciente, a imagem metafórica do ataque fatal do filho sobre a mãe forneceram não somente um paralelo físico, mas também uma base para o significado metafísico de sua Anemia Aplástica. Ao mesmo tempo, a interpretação simbólica forneceu-lhe a motivação necessária para a autocura. Do ponto de vista metafórico, o filho foi representado pelos glóbulos brancos, que normalmente fazem parte do sistema imunológico do organismo, o qual deveria desempenhar um papel protetor. As células-tronco, por outro lado, representaram a mãe. No desenvolvimento de uma doença autoimune, o sistema imunitário do paciente torna-se agressivo contra as suas próprias células e tecidos do corpo. Nesse caso, os glóbulos brancos do paciente tinham atacado de forma fatal as suas próprias células-tronco, dando origem à Anemia Aplástica.

As histórias são bem conhecidas pelo seu poder de enriquecer as nossas vidas e moldar a nossa forma de ver e interagir com o mundo. Histórias de vidas passadas, em particular, revelam as maravilhas do espírito humano e desempenham um papel criativo que ajuda os pacientes a desenvolver as suas habilidades inatas para lidar com situações difíceis da vida. Relatos metafóricos, sendo formas de realização da experiência, desempenham um papel importante no processo de cura, especialmente quando este processo tem lugar através da comunicação com o uso de uma metáfora gerada pelo paciente. A organização simbólica que representa o sistema corpomente, que produziu a metáfora, revela informações significativas para o paciente para que a cura ocorra. Como consequência da aquisição desse *insight*, as necessidades do doente para transfusões de sangue foram drasticamente reduzidas. O seu nível de hemoglobina também ficou estabilizado. A minha perceção do processo de cura nunca mais foi a mesma desde então.

As doenças autoimunes são frequentemente encontradas na minha prática clínica. Na secção seguinte, eu vou partilhar detalhadamente o resultado da Terapia de Regressão de outra paciente com uma doença autoimune. Ela tinha o Lúpus Eritematoso Sistémico (LES), uma doença autoimune que pode afetar os tecidos conjuntivos de qualquer parte do corpo. Assim como noutras doenças autoimunes, o sistema imunitário ataca as células e os tecidos do paciente, resultando em inflamação crónica e danos nos tecidos. Neste caso, o paciente foi beneficiado por uma intervenção metafórica semelhante durante o processo de regressão.

O CASO DE AISHWARYA – LÚPUS ERITEMATOSO SISTÉMICO

Aishwarya era uma mulher trabalhadora, de classe média, com 38 anos de idade e que tinha sido vítima de Lúpus Eritematoso Sistémico durante o ano anterior. Os seus médicos tinham levado muito tempo a diagnosticar a sua doença e ela estava descontente com o alívio, apenas de curto prazo, que obteve com a medicação que eles tinham prescrito.

A causa do Lúpus Eritematoso Sistémico é desconhecida. Como em todas as desordens autoimunes, o sistema imunológico do paciente começa a atacar os próprios tecidos saudáveis do corpo. Como regra, os tecidos mais comumente envolvidos são a pele, as articulações, o coração, os pulmões, os vasos sanguíneos, o fígado, os rins e o sistema nervoso. O curso da doença é imprevisível e caracteriza-se por surtos e remissões. A doença apresenta-se com uma variedade de sintomas, sendo o mais comum uma erupção da pele na face, febre, mal-estar, dores articulares, dores musculares, fadiga e perda temporária de habilidades cognitivas.

No caso de Aishwarya, o sintoma predominante da doença foi dor nas articulações. Tinha-lhe sido dito que não havia atualmente nenhuma cura para o Lúpus Eritematoso Sistémico e que a abordagem usual de tratamento médico era através do uso de medicação para suprimir a imunidade de seu próprio corpo.

Assim que Aishwarya entrou na minha sala de consulta, ela impressionou-me, como sendo uma mulher indiana tradicional, tímida e reservada. Vestida com uma roupa simples, ela mostrou um semblante triste e deprimido. As suas atividades e movimentos eram notavelmente lentos para a sua idade e a sua voz era suave. Ela tinha-se separado do seu marido há dois anos e, desde então, ela cuidava das suas duas filhas adolescentes sozinha. Era funcionária do governo e as suas funções tinham sido adversamente afetadas desde o início da sua doença.

À medida que eu aprofundei a sua história clínica, ela revelou que ultimamente tinha tido dores generalizadas no corpo, persistentes e dores nas articulações durante todo o dia. As dores estavam a afetar os seus ombros, cotovelos, joelhos e tornozelos. Tal quadro estava associado a cansaço e letargia graves, que limitavam a sua capacidade de trabalho. Ela também tinha experimentado dor no peito, com dificuldade em respirar, durante os últimos seis meses, em associação com formigamento e dormência por todo o corpo, sempre que ela permanecia imóvel. Como resultado, a sua capacidade para se concentrar tinha diminuído. Ela também acrescentou que sempre que as pessoas ao seu redor falavam em voz alta, isso assustava-a e causava-lhe palpitações. Noites sem dormir tinham-se tornado comuns desde o início da sua doença. Ela sentia-se triste e impotente e refletia muito acerca do motivo pelo qual ela sofria com a doença.

Após três meses a saltar de médico em médico e extensas investigações laboratoriais, foi-lhe finalmente diagnosticado Lúpus Eritematoso Sistémico. O resultado dos seus exames de laboratório revelou níveis elevados de marcadores inflamatórios e anticorpos antinucleares. Ela estava atualmente sob os cuidados de um reumatologista. Considerando que a sua condição era complicada, eu estava relutante em assumir o seu caso, mas percebi que ela tinha vindo com grandes esperanças. Um dos seus colegas tinha experimentado um resultado positivo na sua doença com a terapia de regressão e tinha recomendado fortemente o tratamento. Depois de alguma hesitação, concordei em tratá-la, mas somente com a condição de que ela continuasse com os seus medicamentos habituais prescritos pelo seu reumatologista, com o que ela concordou!

Depois eu perguntei sobre a sua vida social, conjugal, familiar e emocional. O seu marido era psicótico e tinha delírios de infidelidade. Ele tinha abusado dela física e verbalmente e então ela tinha-se separado dele. Ela continuava a sentir imenso ódio por ele e passava muito tempo a refletir sobre o seu infortúnio passado. Ela sentia-se muito insegura e estava preocupada com o futuro das suas filhas.

"O que é que acha que mais precisa neste momento?", perguntei, elucidando a sua história clínica.

"Amor", respondeu sem hesitar.

Eu fiquei impressionado! Aishwarya tinha cuidado bem do seu marido e fez tudo o que podia por ele. No entanto, ele nunca se tinha preocupado em fazê-la feliz. Ela sentia-se muito bem por ele não estar por perto fisicamente para a perturbar, mas continuava a refletir sobre a razão pela qual tinha tido que sofrer por causa dele.

Vida Passada como Chameli

Aishwarya apareceu para a sua primeira sessão de terapia formal a 4 de dezembro de 2012. Descontraída, num sofá, ela passou suavemente a fase de indução hipnótica. Assim que ela estava a entrar em estado de transe, um pensamento surgiu espontaneamente:

"As dores no meu corpo fazem-me sentir triste e impotente", disse ela.

Esta declaração surpreendeu-me, por estar carregada de emoção. Eu decidi imediatamente influenciar e instruí-a a repetir esta afirmação várias vezes, lentamente, para vivificar o seu sentimento associado a isso. Em seguida, eu disse-lhe para se concentrar na palavra "impotência", como uma referência para o sentimento. Usando essa relação, lentamente guiei a sua mente subconsciente a regredir ao primeiro ponto no tempo em que esse sentimento foi sentido. Esta manobra, que é comumente conhecida por terapeutas como a técnica da "ponte emocional", imediatamente conectou Aishwarya a uma situação de vida passada na qual a sua mente subconsciente já tinha experimentado a ansiedade de ser impotente.

"Eu sou uma jovem menina chamada Chameli", começou. "Estou a crescer numa família de classe média, com pais amorosos, um irmão e uma irmã. Sinto muita alegria e felicidade nesta família simples".

A história foi ganhando força e eu permiti-lhe falar livremente.

"É de dia, numa área montanhosa. Eu sou uma rapariga de dezanove anos de idade e passeio sobre o reboque de um trator. Estou a sentir-me feliz na companhia da minha amiga e outros jovens adolescentes estão à minha volta."

"Em que país está?"

"Norte da Índia, num lugar chamado Kullu."

Kulu é a capital do Distrito de Kullu, situado no estado indiano de Himachal Pradesh. Kullu é um amplo vale aberto, formado pelo rio Beas e é famoso pela sua beleza e pelas suas majestosas montanhas cobertas por florestas de pinheiros e cedros dos Himalaias.

"Descreva-me a sua roupa e calçado."

"Eu visto um churidar[30] e calço chinelos de borracha."

"Diga-me o que está a acontecer."

"Há dez de nós num reboque. Nós terminámos a colheita do campo de arroz e estamos no nosso caminho para casa, sentados em cima dos sacos de arroz, no reboque."

De repente, houve uma expressão de choque no rosto de Aishwarya. Ela ficou paralisada por momentos. Então, eu notei uma ruga na testa e que o seu corpo estava tenso.

"O que aconteceu?", perguntei.

"Enquanto estava a fazer uma curva numa estrada Ghat[31], o reboque virou, porque uma das suas rodas passou por cima de uma pedra. Isso fez a minha amiga cair do carro e acidentalmente rolar para o vale profundo."

---

[30] Churidar é uma vestimenta tradicional indiana que consiste em calças apertadas que são cortadas amplamente na parte superior e estreitas no tornozelo. Eles são, por vezes, também referidas como um traje de Punjabi.

[31] Estrada Ghat é o nome das vias de acesso às cadeias de montanhas do subcontinente indiano e são construídas para se conectar às Estações de Montanha. A maioria delas contém uma série de curvas muito fechadas.

Lágrimas escorriam pelo seu rosto enquanto descrevia a cena. Ela já não conseguia controlar-se e um soluço escapou da sua garganta. Em seguida, chorou amargamente.

"Eu estou paralisada de medo. A visão é tão comovente e chocante. Eu estou a sentir-me muito triste. A minha amiga está gravemente ferida. O seu cabelo está cheio de sangue. Ela é uma menina linda e ninguém é capaz de a ajudar. Estou impotente e não posso fazer nada. Nós só podemos observar o desastre."

"O que está a impedi-la de a ajudar?"

"Não é possível descer o vale para a resgatar. Ele é muito profundo e não há acesso à estrada." Ela cobriu o rosto com as mãos e chorou. Estava em catarse completa.

"Ela tem apenas 20 anos de idade e é a minha melhor amiga. Ela estava justamente ao meu lado ainda há pouco, antes de cair, e agora eu não posso fazer nada para a salvar. Sinto-me muito culpada. Ninguém é capaz de a alcançar."

Após isso, Aishwarya parou de chorar e eu instruí-a a passar para o próximo acontecimento significativo dessa vida passada.

"Eu agora sou uma jovem de 21 anos de idade, loura e de boa aparência. Visto um sari vermelho e sou recém-casada com um homem de uma família de classe média. A casa na qual estamos a morar está localizada na mesma região montanhosa. Estou a sentir-me sufocada e infeliz."

"Qual é a razão para esse sentimento?"

"O meu marido é muito desconfiado. Ele não permite que eu saia de casa sozinha. Ele nem vai tolerar que qualquer homem fale comigo. Os seus pais (meus sogros) são igualmente desconfiados. Eu sinto-me triste e sozinha e sinto falta dos meus pais. Eu sou socialmente restrita, mas não tenho escolha a não ser obedecer, porque é contra a tradição cultural questionar o marido ou os sogros. Os meus pais pagaram um dote para eu me casar. Os meus sogros raramente falam de uma maneira educada. Em vez disso, estão sempre a gritar comigo. Eu passo as minhas noites a chorar, silenciosamente. Além de tudo isso, o meu marido não me apoia."

O que Aishwarya descreveu era uma típica tradição cultural indiana. Na maior parte da Índia, muitas mulheres têm de se conduzir com restrições comportamentais e sociais semelhantes. Elas têm que cobrir o rosto com um véu e restringir as suas atividades apenas ao trabalho doméstico. Elas não devem enfrentar os mais velhos, incluindo os seus sogros. Nas últimas décadas, no entanto, a situação melhorou e as mulheres, em geral, são mais independentes.

"Um jovem vizinho está a visitar-nos", continuou ela. "Ah, meu Deus ...!", exclamou de repente.

Houve uma pausa e eu senti medo no seu tom.

"Ele está a elogiar a minha beleza em frente a toda a minha família!" Com a voz trémula, ela continuou: "Ele diz que eu sou uma das mulheres mais bonitas que ele já viu e que iria pedir a Deus para ter uma mulher como eu."

Senti a aproximação de problemas na história.

"À medida que ele fala, eu sinto-me com muito medo, porque estou a antecipar algumas consequências adversas", disse ela com um suspiro. "É verdade. Depois de o jovem sair, o meu marido e os seus pais começam a gritar comigo."

Houve um semblante triste no rosto de Aishwarya. Eu também notei que ela estava a começar a cerrar os punhos.

"Estou a sentir-me tonta e as dores no corpo estão a piorar." Houve uma mudança de tom. Eu notei que ela se tinha tornado inquieta e estava a contorcer-se na cadeira da terapia.

Após uma breve pausa, perguntei: "O que acontece a seguir?"

"Naquela mesma noite, o meu marido e sogros encurralaram-me e trancaram-me no meu quarto. Eu senti-me como um cervo indefeso, cercado pelos três. Sinto-me em pânico e o meu coração está a martelar. O meu marido está a amarrar um pano sobre a minha boca. Ele está a pegar num pedaço de pau e está a bater-me até o meu corpo ficar pisado. Estou a cobrir o meu rosto por dor e medo." Quando ela me disse isso, arqueou o seu corpo, baixando-se, e cobriu o rosto com as duas mãos.

"Os meus sogros estão a amarrar as minhas mãos atrás de mim. Eles estão a acusar-me de ter um caso com o rapaz vizinho. Eles estão a dar-me pontapés. Eu sou incapaz de cobrir o meu rosto, agora que estou de mãos atadas e o meu rosto está a ser pontapeado."

Lágrimas caíam enquanto ela soluçava, progredindo para um grito abafado.

"Eu não posso mover o meu corpo agora e cada parte dói. Sinto-me paralisada com dores e sinto-me como se estivesse a cair num estado de inconsciência."

Aishwarya parecia estar emperrada com a sua história e senti a necessidade de a estimular a avançar.

"O que lhe provoca esse sentimento?", perguntei suavemente.

"O meu marido e os meus sogros estão a tirar-me todas as minhas joias. Eles estão a sair de casa agora e fazer com que tudo pareça um assalto. Eu comecei a ficar mais consciente gradualmente e, quando eu reunir mais forças, quero levantar-me, por causa da sede e fome. Infelizmente, cada pequeno movimento dá-me uma dor terrível. Estou com medo de me mexer."

Aishwarya entrou em catarse. Em seguida, ela continuou a descrever a agonia pela qual ela passou.

"Leva alguns dias até eu morrer. O meu corpo está cheio de dores. Estou a sentir tanta fome e sede."

"Quais são seus pensamentos neste momento?"

"Eu estou completamente farta. Qual é o propósito da minha existência nesta vida? O meu próprio marido e sogros, que deveriam estar a proteger-me, em vez disso, estão a bater-me até a morte. Estou a ser punida por algo que não é um erro meu! Isso não faz sentido."

Foi um momento de "Aha!". Era como se as nuvens ao meu redor se abrissem e a solução para o problema apareceu bem na minha frente. A confusão em torno da origem metafísica do LES de repente dissolveu-se e a questão foi esclarecida.

O sistema imunológico do nosso organismo tem normalmente o objetivo de nos proteger e age como um mecanismo de defesa contra muitas agressões. No caso de Aishwarya, o seu próprio mecanismo de amparo, simbolizado por seu marido e sogros, tinha-se tornado agressivo e causou trauma em vez de dar proteção. O seu mecanismo de defesa imunológico estava a atacar os seus próprios tecidos, especialmente as suas articulações e músculos, para produzir anticorpos contra os seus próprios sistemas corporais. Esta memória celular, que estava profundamente gravada na consciência da sua alma, de uma vida passada, estava agora a manifestar-se, na vida atual, como Lúpus Eritematoso Sistémico.

"A morte é um alívio. Estou feliz por a vida ter acabado", continuou Aishwarya.

"O que você conclui sobre o seu marido e sogros?", perguntei.

"Eu nunca lhes vou perdoar pelo que eles me fizeram", disse ela com um soluço.

Aishwarya ainda estava em transe profundo. No entanto, o objetivo de sua encarnação nesta vida de sofrimentos ainda era incerto. Depois de um breve pensamento, decidi investigar para obter mais pistas.

Vida passada como uma Rainha Europeia

"Permita-se ir para outra vida passada que esteja ligada ao seu problema atual, na contagem de três. Um, dois e ... três."

Aishwarya prontamente foi para outra vida passada.

"Eu sou uma mulher de meia-idade que veste roupas aparatosas, num grande palácio. Eu sou a rainha."

"Em que país você está?"

"Parece que em algum lugar na Europa."

"O que está a acontecer agora?"

"Eu estou sempre desconfiada do meu marido e a duvidar do seu caráter. Estou a suspeitar que três das minhas servas estão a ter um caso com ele, o rei."

"Como é que isso a faz sentir?"

"Estou furiosa e decidi puni-las com rigor. Eu coloquei-as numa prisão escura, sem luz, para garantir que eles morram de fome."

"Elas estão mortas agora?"

"Sim."

"Quais são os seus sentimentos agora?"

"É um alívio, mas, à medida que o tempo passa, eu compreendo a verdade claramente. Eu percebo que eles são inocentes e eu estou a sentir-me culpada pelo que fiz. Eu sou responsável pela morte de três vidas inocentes e é difícil para mim superar isso."

Houve uma pausa, após a qual ela começou a chorar. Intrigado, eu perguntei: "Diga-me, o que está a acontecer?"

"Eu acabei de perceber que estas três servas, que estavam tão perto de mim e que morreram por causa da minha suspeita, são as mesmas três pessoas: o meu marido e os meus sogros, que me mataram na minha vida passada como Chameli."

Esta foi uma compreensão significativa. Eu refleti sobre isso por um momento e decidi investigar mais.

"Quais são os seus sentimentos agora que você percebeu a identidade deles?"

"Faz sentido para mim agora! É como uma inversão de papéis."

"Há um evento identificável na sua vida atual que tem o mesmo padrão da sua vida passada como Chameli?"

"Há um incidente há cerca de três anos...", lembrou. "Eu estou em casa. É de noite. O meu marido está muito zangado comigo. Ele está a questionar a minha fidelidade. Estou a sentir-me muito triste e chateada com a sua acusação. Eu discuti com ele e ele respondeu batendo-me. Ele é muito desprezível e chama-me de prostituta."

Aishwarya estava a tornar-se mais emocional.

"A dor física que ele me provocou não me faz tão mal quanto o insulto. Eu quero acabar com a minha vida... mas não posso. Eu tenho que ficar viva por causa das minhas duas filhas. Eu tenho tentado ignorar e esquecer o incidente desde então, mas é difícil."

Houve uma breve pausa. Eu vi o padrão repetitivo nas suas histórias de vidas passadas e da vida atual. As suas lembranças dos acontecimentos traumáticos tinham persistido como ideias não assimiladas e fixas, que estavam a agir como focos de estados alterados de consciência nas suas várias vidas. Parecia que elas estavam sempre a voltar novamente como reencenações dos mesmos comportamentos. Eu senti que era a hora na qual Aishwarya precisava de perceber esse padrão por si mesma.

"Agora, pare um momento e concentre-se naqueles acontecimentos de vidas passadas que têm um paralelo na sua vida atual", disse eu.

Após uma breve pausa, eu continuei: "Ponha os acontecimentos significativos das suas vidas passadas e da atual juntos e olhe para a imagem completa que construiu."

Ela franziu a testa por um momento e depois os músculos do seu rosto relaxaram. Com um pouco de compreensão, ela disse: "Faz todo o sentido agora." Parecia que uma nuvem negra tinha acabado de se dissipar de todo o seu rosto.

"Eu sei quais as emoções que o meu corpo tem armazenado do passado, com toda a dor e trauma associados. Eu preciso de os deixar ir."

Após isso, Aishwarya emergiu do seu estado de transe. Ela parecia um pouco atordoada. Em breve, ela recompôs-se e deu um sorriso. "Parece que eu estou a acordar de um sonho mau e doloroso... mas agora sinto-me revigorada e revitalizada."

Foi uma sessão de terapia muito gratificante. Aishwarya deixou a minha clínica como uma pessoa transformada.

Pensamentos Conclusivos

A minha primeira consulta de acompanhamento com Aishwarya aconteceu quatro semanas mais tarde. Ela disse que as suas dores de corpo tinham reduzido cerca de 80 por cento. Os sintomas de fraqueza, dormência, formigueiro, dores nas articulações e dor no peito com dificuldade em respirar tinham desaparecido completamente.

Eu voltei a vê-la uma segunda vez, dois meses depois. Nesta ocasião, as suas dores no corpo tinham desaparecido completamente. Ela parecia muito animada, alegre e com um semblante agradável. Estava a olhar para a frente, para uma vida livre de tristeza. De uma maneira fascinante, ela contou que tinha começado a desfrutar de um sono melhor e que estava livre da irritação quando as pessoas à sua volta falavam em voz alta. Ficou também totalmente libertada do ódio que ela costumava sentir em relação ao marido. Estava consciente de si mesma como sendo mais generosa e com maior capacidade de perdão. Quando o marido voltou para casa duas semanas antes, ela manteve-se calma e tolerante. Tendo em conta a diminuição dos sintomas, sugeri que ela procurasse o seu reumatologista, de forma a ajustar as doses dos seus medicamentos.

Quando revi Aishwarya pela última vez, cerca de seis meses depois, ela veio com as suas filhas. Ela estava, então, parecendo feliz, eufórica e radiante. Expressou-me a sua profunda gratidão, durante essa visita. Tendo recentemente repetido os seus exames de sangue, ela trouxe os resultados do laboratório para me mostrar que os valores se tinham tornado normais. Os seus anticorpos específicos para doenças autoimunes (FAN e Anti-Ro) foram confirmados como negativos. De um ponto de vista médico, isso significava que o seu sistema imunológico tinha parado de atacar os tecidos do seu próprio corpo.

Foi um momento de alegria, porque eu não esperava uma sequência tão dramática de acontecimentos.

O reumatologista de Aishwarya também lhe disse que ela agora estava em remissão e ela tinha parado de tomar toda a medicação nos últimos dois meses. Eram notícias muito agradáveis.

Eu não consegui acompanhar Aishwarya por um período mais longo. Caso contrário, teria sido interessante ver se a remissão de sua doença se tinha tornado permanente. Afinal, havia relatos de LES

211

reativando-se, mesmo depois de uma década de ausência dos sintomas.

Enquanto eu refletia sobre este caso, dei-me conta de que as metáforas tinham desempenhado um papel terapêutico significativo. No caso dela, a lógica básica da transformação de uma doença ao bem-estar tinha sido determinada por ações culturais marcantes e metafóricas. A narrativa metafórica, derivada das histórias de vidas passadas de Aishwarya, ofereceu um tema dramático que corria em paralelo com o seu problema médico relativo à autoimunidade. A emoção que foi associada à acusação de infidelidade levou os seus parentes próximos a infligir graves danos sobre ela. Este tema tinha capturado tanto a sua percepção consciente quanto a inconsciente e funcionou como uma "metáfora de correspondência"[32], para fornecer o simbolismo necessário para a cura.

No processo de cura, espera-se que a atenção de uma paciente alterne entre dois domínios: a sua emoção, pois ela afeta-a, e a terapia, como um espaço para ela articular a emoção. A cura de Aishwarya começou com um processo simbólico, que envolveu o mapeamento do seu problema numa história. Ao longo do caminho, a história impregnou a sua doença com um significado específico. A capacidade da metáfora dentro da narrativa para ligar os aspectos sensoriais, afetivos e conceituais da sua experiência permitiu-lhe construir um modelo de transformação de cura, que mudou o significado do sofrimento. As conotações metafóricas produziram novas formas de pensar e experimentar a doença. Em última análise, Aishwarya foi capaz de explicar as suas experiências corporais de dor e apreciar os significados emocionalmente carregados que conferiram ao sofrimento o seu poder de ferir. A libertação final e completa da memória celular do trauma traduziu-se na cura a nível fisiológico.

---

[32] Um nome introduzido por Lankton e Lankton em 1983 para uma metáfora na posição primária, que oferece um tema dramático, paralelo ao problema apresentado. A metáfora de correspondência é a história de abertura, o fim da qual só é contado integralmente ao término do processo ou é figurado pela própria compreensão do paciente.

Agradecimentos

Eu devo a minha mudança de atitude em relação a terapias alternativas, complementares e holísticas ao meu guru espiritual, Shri Parthasarathi Rajagopalachari, que me ensinou a meditação Raja Yoga.

CAPÍTULO 9

Auxiliando a Reprodução

Dr. Sérgio Werner Baumel

"Ser mãe é andar chorando num sorriso!
Ser mãe é ter um mundo e não ter nada!
Ser mãe é padecer num paraíso!"

Coelho Neto

P ara a maioria dos casais em tratamento de fertilidade, a experiência é uma montanha russa emocional. Estima-se que de 3 a 7% dos casais, no mundo, tenham algum problema de infertilidade. Aproximadamente um em cada seis casais nos EUA e um em cada sete no Reino Unido estão a lutar contra a infertilidade no presente momento. Muitos desses casais que estiveram em tratamento relatam como as suas vidas giraram em torno dos ciclos mensais de esperança e desapontamento, limitadas pelas datas de ovulação e menstruação. Entretanto, se o ciclo de esperança e perdas é visto como uma crise de vida, existe uma oportunidade para a psicoterapia ajudar esses casais no seu pesar, nas suas perdas, nas suas preocupações e na sua ansiedade.

Cada vez mais, os profissionais de saúde estão interessados no impacto psicológico da fertilidade e da exposição prolongada aos tratamentos para infertilidade no humor e no bem-estar. A terapia regressiva é uma forma de terapia. Devido à sua abordagem holística, movendo-se entre o corpo e a mente, ela pode ser utilizada para facilitar a recuperação de um sentido de integridade, segurança e receptividade, por parte das pacientes, que é frequentemente perdido nos ciclos recorrentes de tratamento médico para conseguir a gravidez. Muitas mulheres sentem-se mal consigo mesmas quando não conseguem conceber. A tensão de não satisfazer o desejo por uma criança é muitas vezes associada a ansiedade, depressão e mesmo raiva. Este capítulo mostra dois casos em que a terapia regressiva parece ter sido útil, de uma maneira subtil, para a gravidez das pacientes.

O CASO DE CASSIE NIGHTINGALE – ENDOMETRIOSE

Cassie Nightingale veio ao meu consultório com um objetivo incomum. Ela queria fazer terapia regressiva, mas não mostrava qualquer sinal de sofrimento. Uma mulher bonita de pouco mais de trinta anos de idade, mostrava-se educada, tendo um sorriso espontâneo e sincero. Para mim, ela estava genuinamente feliz, e dava-me a impressão de que não havia qualquer problema clínico. Portanto, o seu pedido de terapia deixou-me perplexo.

Cassie era uma advogada bem sucedida, feliz no seu casamento, e tinha bons relacionamentos com a sua família, amigos e colegas. Ela adorava cantar e sair com o seu marido e os seus amigos. Os seus recursos financeiros eram suficientes para que ela vivesse uma vida que parecia quase perfeita. Além disso, o seu estilo de vida incluía tempo suficiente pra relaxar e eliminar o stresse.

O que acontecia era que ela e o seu marido tinham decidido que haviam atingido uma fase nas suas vidas em que queriam ter filhos. Infelizmente, depois de vários meses a tentar engravidar, Cassie descobriu que tinha endometriose.

"Endometriose" deriva da palavra "endométrio", que é o tecido que reveste a cavidade do útero. Quando há tecido que se parece e se comporta como o endométrio fora da cavidade uterina, fica caracterizada a doença chamada de endometriose. Esse tecido de endométrio localizado fora do útero também responde ao ciclo menstrual, de um modo parecido com o tecido da cavidade uterina.

Assim, ao final de cada ciclo, quando as mudanças nas hormonas levam o útero a descamar o seu revestimento interno, o tecido endometrial fora do útero também se rompe e sangra. No entanto, diferentemente do fluxo menstrual, que é lançado para fora do corpo, o sangue desse tecido ectópico[33] não tem para onde ir. Como resultado, os tecidos de áreas adjacentes à endometriose tornam-se inchados e inflamados e, com o tempo, formam cicatrizes. Essas cicatrizes infelizmente diminuem a possibilidade de engravidar.

Enquanto Cassie estava a realizar tratamentos com medicações e cirurgia laparoscópica[34], o seu ginecologista disse que a causa da endometriose era desconhecida e que tinha uma componente psicossomática importante.

Tendo uma disposição feliz e alegre, Cassie não conseguia identificar qualquer problema psicológico aparente na sua vida atual. Assim, ela chegou à conclusão de que qualquer raiz psicológica só poderia estar em vidas passadas e, por isso, procurou-me.

Apesar de acentuar que não poderia prometer resultados, concordei em fazermos a terapia regressiva, como uma tentativa válida. O nosso acordo foi fazermos uma terapia breve, semanalmente, com a condição de que Cassie continuasse com o seu tratamento ginecológico.

Sessão 1: Uma Bruxa Boa numa Vida Passada

Na sua primeira sessão de terapia, Cassie atingiu facilmente um transe profundo, depois de uma indução inicial. Ela entrou rapidamente numa experiência de regressão, vendo-se como uma mulher de pouco mais de 40 anos, trancada numa espécie de masmorra, sem conseguir

---

[33] Fora do lugar correto.

[34] Procedimento em que um aparelho é introduzido na cavidade abdominal, possibilitando a cirurgia sem que seja necessária uma abertura ampla do abdómen.

217

perceber mais detalhes. Decidi não a pressionar a seguir naquela cena, sugerindo que fosse ainda mais longe no tempo, no passado.

Cassie então viu-se a viver numa cabana na floresta. Ela estava a conversar com uma moça jovem, loura, que estava a pedir ajuda. A jovem queria fazer um aborto, mas Cassie não o queria fazer. A jovem loura, no entanto, estava desesperada. Aparentemente ela era filha de um homem importante na aldeia e não deveria ter engravidado. Como ela não podia revelar o seu estado aos seus pais ou aos outros moradores, ela precisava de muito a interromper. Por fim, Cassie concordou em ajudar.

Na cena seguinte, Cassie viu-se na floresta, a procurar e a recolher as ervas de que necessitava, escolhendo cuidadosamente as plantas certas e retornando depois para a sua cabana. Depois ela lavou as ervas e fez uma poção, que parecia uma espécie de sopa.

Cassie deu um pouco dessa poção à jovem loura e disse para ela descansar. A poção causou contrações no útero, mas infelizmente algo saiu muito errado. A moça começou a ter hemorragias tão abundantes, que Cassie precisou de chamar alguns moradores da vila para ajudar. Alguns homens vieram e levaram a jovem para a vila.

Pouco depois, outros homens vieram e levaram Cassie presa, sendo aprisionada nas masmorras. Nesse momento, ela reconheceu as masmorras como sendo as mesmas em que se vira presa na primeira cena.

Seguindo-se a isso, Cassie foi acusada de ser uma bruxa. Depois de algum tempo, ela foi levada para ser executada publicamente. Depois de ter passado tantos dias na masmorra, praticamente sem comida, ela estava muito fraca. Não conseguia reagir, enquanto as pessoas a pontapeavam e a chamavam de bruxa. Foi então levada ao cadafalso, para ser enforcada. Entretanto, ela estava tão fraca que não conseguia manter-se de pé. Então, foi decidido que ela seria executada de uma forma diferente. Foi amarrada e atada a um cavalo, que foi incitado a correr, arrastando-a pelo chão até morrer.

Embora essa história de uma vida passada envolvesse uma gestação, a lição espiritual para Cassie não ficou clara de imediato. Eu sugeri que observasse a história de uma perspetiva superior. Inicialmente, ela pensou que a lição a aprender seria exercer com mais sabedoria a escolha quanto a quem ela deveria ajudar. Logo depois ela reconheceu que a lição mais adequada era que ela não deveria escolher, mas ajudar quem quer que estivesse dentro de suas possibilidades ajudar. Além disso, que ela não se deveria culpar pelos erros dos outros. Logo depois, ela recebeu uma mensagem de sua Sabedoria Interior que dizia: "Espero que agora tenhas aprendido".

Durante a semana seguinte, Cassie procurou na Internet a respeito de ervas medicinais. Entre as ervas que ela se tinha visto a colher, ela descobriu duas que são contraindicadas para mulheres grávidas: a sálvia (*Salvia officinalis*), que pode causar contrações uterinas, e a mil-folhas (*Achillea millefolium*), que pode causar sangramento uterino.

Sessão 2: Vida Passada como Clara – Abuso e Tristeza

Cassie voltou na semana seguinte e o tema da história da segunda sessão de regressão também se relacionou com a gestação, mostrando-se também uma história trágica. Cassie viu-se como uma jovem freira chamada Clara. Clara sofre abuso sexual por parte de um padre, que Cassie reconheceu como sendo o seu próprio pai, na vida atual. Clara fica grávida e a madre superior fica a saber do ocorrido. Para encobrir a situação, a madre superior tenta pressionar Clara a fazer um aborto, mas Clara consegue escapar do convento, fugindo para uma pequena aldeia.

Na aldeia, Clara dá à luz um menino, mas uma das parteiras leva a criança para longe. Desiludida, Clara volta ao convento, onde permanece para o resto da sua vida, sempre a sentir-se culpada por ter permitido que o seu filho fosse levado embora.

219

Enquanto integrávamos essa experiência, Cassie deu-se conta de que a lição que ela retirou dessa história foi a de que ela não deveria desistir de seus objetivos. Em vez disso, ela deveria manter-se a lutar pelo que ela acredita. Para Cassie, era importante manter-se firme e defender os seus ideais, ousando viver a vida que ela queria.

Sessão 3: Vida Passada como José Manuel – Rejeição e Raiva

Surpreendentemente, o tema da regressão tomou um rumo bem diferente na terceira sessão.

Cassie viu-se como um menino em Portugal, no século XVIII ou XIX. O nome do menino era José Manuel Alcântara da Silva, filho de Pedro Luiz Alcântara da Silva. Ele é criado numa família muito rica, porém recebe muito pouca atenção da sua mãe. José Manuel ressente-se da indiferença da mãe e, com o tempo, desenvolve um temperamento agressivo e raivoso. Num de seus acessos de raiva, ele acidentalmente cai da janela do seu quarto, no segundo andar da casa, e fica paraplégico.

Algum tempo depois, a sua mãe dá à luz outro menino. José Manuel sente muitos ciúmes do irmão e tenta matá-lo, sufocando-o com um travesseiro. Felizmente ele é impedido a tempo e a vida do bebé é salva. A vida de José Manuel, entretanto, toma um novo rumo.

Depois deste incidente, José Manuel foi para um seminário católico, onde estudou com outros rapazes da mesma idade. Ele foi discriminado e rejeitado pelos outros meninos por causa da sua deficiência física. A sua raiva foi crescendo e ele foi tendo surtos de agressividade, sendo punido por isso e estigmatizado como sendo possuído pelo demónio.

Essa situação continuou até não ser mais tolerável. Certo dia, ele tentou matar-se, cortando os pulsos. Perdeu muito sangue e ficou muito fraco, mas não morreu imediatamente. Permaneceu muito fraco, contraindo pneumonia e morrendo dessa infeção.

Depois de passar pela experiência da morte, José Manuel continuou próximo da casa dos seus pais, como um espírito desencarnado. Testemunhou o nascimento de uma irmã mais nova, que Cassie reconheceu como sendo a sua mãe na encarnação atual.

Após ficar alguns anos nessa situação, José Manuel foi encaminhado por um guia espiritual através de um "túnel de luz" para o "outro lado". Curiosamente, ele percebeu que esse guia tinha sido seu avô. Quando Cassie saiu do transe hipnótico, ambos concordamos que essa história continha pouca relação com o problema de infertilidade. No entanto, Cassie recebeu da sua Mente Superior uma mensagem que dizia que "cada um de nós expressa o amor à sua maneira" e que "nós não devemos manter os nossos sentimentos para nós mesmos, mas sim dizer uns aos outros o que sentimos".

Como a mensagem continuava a não ter ligação clara com o seu problema de infertilidade, decidimos fazer mais uma sessão de regressão.

Sessão 4: Aborto

Na sua quarta regressão, Cassie viu-se como uma jovem espanhola, cujo pai era proprietário de terras e criava ovelhas. Ela apaixonou-se por um jovem pastor de ovelhas chamado Marcos.

O seu pai não aprovou o relacionamento com o pastor e proibiu-os de continuarem a encontrar-se. No início, ela conseguiu conter-se e manter-se afastada, mas, depois de algum tempo, ela mudou de ideia e decidiram fugir juntos. Infelizmente, eles não conseguiram ir longe. O irmão dela foi atrás deles e trouxe-a de volta, deixando Marcos escapar.

Como castigo, ela foi trancada na casa dos pais. Depois, foi forçada pela sua família a namorar um homem mais velho, descrito por ela como "nojento". A história que se seguiu foi trágica. O homem violou-a, mas ela conseguiu escapar e fugiu novamente. Ela encontrou Marcos e foi acolhida pelos pais dele. Logo a seguir, ela descobriu que estava grávida do velho nojento.

A mãe de Marcos ajudou-a a fazer um aborto, mas depois disso ela não conseguiu mais engravidar. Apesar de tudo, ela casou-se com

221

Marcos e, depois de alguns anos, eles adotaram um bebé chamado Júlio. A partir daí ela viveu feliz por alguns anos, até falecer por causa de uma doença no abdómen.

Esta regressão mostrou-se frutífera. Cassie reconheceu Marcos como sendo o seu marido atual. Ela também reconheceu o bebé adotado como sendo a mesma alma do bebé que tinha sido abortado. Surpreendentemente, essa mesma alma estava programada para vir como seu filho na presente vida, no tempo certo. Ela recebeu uma mensagem divina que essa criança estava destinada a chegar em breve. Em resposta a essa mensagem, Cassie sentiu mudanças emocionais profundas. Depois que integramos as suas experiências, estávamos animados e concordamos em interromper a terapia, esperando pelos resultados do seu tratamento médico para a infertilidade.

Depois do final das sessões de terapia, Cassie engravidou, embora não imediatamente. A sua endometriose diminuiu por um tempo, mas voltou a aumentar. Além disso, o seu ginecologista revelou que a motilidade do esperma do seu marido era "lenta", o que iria diminuir muito as possibilidades de uma fertilização bem sucedida. O ginecologista ofereceu a opção de utilizar tecnologia de reprodução artificial. Tendo em mente o que tinha aprendido numa das lições de vidas passadas sobre "não deixar as suas metas incompletas", ela aceitou a fertilização *in-vitro*. Essa foi uma decisão da qual ela não se arrependeu. O procedimento foi bem sucedido e ela conseguiu levar a gravidez a termo.

Hoje Cassie tem um filho saudável de sete anos de idade, que ela descreve como sendo "um menino fantástico, muito inteligente e muito expressivo".

O CASO DE HANNA THERESA
– A PACIENTE ACIDENTAL

Hanna é uma colega de profissão, uma excelente médica com interesse em terapia de regressão. Ela aceita com facilidade o conceito de reencarnação, que é compatível com sua crença religiosa no Espiritismo. Ela estava a participar de um grupo de estudos sobre terapia de regressão por alguns meses e nesse grupo houve um acontecimento interessante.

Hanna é uma mulher amorosa, sempre atenciosa no seu comportamento em relação às pessoas, esforçando-se ao máximo em ser correta e prestativa, sem ferir outras pessoas. Ela estava com pouco mais de trinta anos e estava casada há uns dois anos. Numa certa etapa do nosso grupo de estudos, ela estava pensando seriamente em engravidar.

Ela já tinha mostrado dúvidas a respeito da sua capacidade de criar uma criança e de ser uma boa mãe. Isso era estranho, pois ela lidava com crianças diariamente no seu trabalho e todos percebiam que ela era muito boa e amorosa no seu modo de lidar com elas. O relacionamento dela com os seus pais também era muito bom, de modo que eu não acreditava que esse relacionamento pudesse contribuir para o seu medo da maternidade.

Tendo finalmente decidido que queria um filho, ela interrompeu as medidas contraceptivas e, pouco tempo depois, engravidou, ficando muito feliz com a gestação. Infelizmente, em menos de dois meses, ela começou a ter hemorragias, colocando em risco a gestação. Uma ecografia mostrou logo que não havia embrião viável e a gestação foi interrompida naturalmente.

Hanna sentiu-se muito triste com esse aborto espontâneo. Começou novamente a imaginar que isso tinha acontecido porque ela não seria uma boa mãe. Estranhamente, ela culpava-se por algo que parecia irreal para todos nós que a conhecíamos. Ela parecia desconectada de quem ela realmente era e isso era evidente para todos, exceto para ela mesma. Ela não procurou terapia, nem acreditava que seria necessária qualquer mudança pessoal.

Ao mesmo tempo, ela continuava a participar no nosso grupo de estudos. Estávamos a estudar diferentes métodos de indução na terapia de regressão. Em cada encontro, discutíamos um método específico e fazíamos uma prática, com um de nós sendo o "paciente" e outro o "terapeuta". Isso servia para testar o método e, indiretamente, para que partilhássemos experiências úteis da terapia de regressão.

Num dos encontros, cerca de três meses depois do aborto espontâneo de Hanna, ela voluntariou-se para ser a "paciente" e eu fiquei com o papel do "terapeuta".

Durante a sessão prática, ela entrou facilmente em transe e em regressão. Ao regressar no tempo, viu-se como uma mulher pobre, nos estágios finais da gestação. Ela não pôde identificar o período histórico ou o país em que essa vida se passava, apenas teve uma impressão de ser na Europa, na Idade Média ou no período do Renascimento. Ela vivenciou um trabalho de parto normal e sem incidentes, dando à luz um menino. No entanto, no período pós-parto ela teve a experiência de uma cena perturbadora.

"Estou a andar pelo meu quarto," disse ela. "O bebé está a chorar. Ele não para de chorar... Eu não aguento mais. Por que é que ele não para de chorar?" Os seus sentimentos eram de uma tristeza profunda e ela estava à beira do desespero.

A tristeza piorou enquanto a cena se desenrolava. Finalmente, Hanna viu-se a si mesma a pegar num travesseiro e a cobrir o rosto do bebé para abafar o barulho, ao mesmo tempo que o sufocava, até ele morrer. Hanna viu-se a ficar ainda mais desesperada, até se suicidar.

Após atravessar a experiência da morte, ela continuava a experimentar os sentimentos de tristeza e depressão. Então, eu sugeri que ela fosse a um lugar seguro e tranquilo, de onde ela poderia ver toda essa experiência com uma perspetiva mais elevada. Da perspetiva daquele lugar especial, ela pôde analisar os acontecimentos que tinha experimentado sem o sentimento depressivo, triste e angustiado, e pôde ver que aquele fora um estado patológico de depressão pós-parto.

Quando retornou do estado de transe ela estava impressionada pelas imagens vívidas e pelos sentimentos profundos que tinha experimentado. No início, ela não fez qualquer ligação com a sua vida atual e nós terminámos essa reunião como de costume, falando sobre o que tinha aprendido com ela.

Cerca de um mês depois, Hanna ficou grávida novamente. Desta vez tudo correu bem e nove meses depois ela deu à luz um menino saudável. O seu filho tem agora 12 anos de idade e ela tem sido uma mãe carinhosa e amorosa, como todos que a conhecemos esperávamos.

Reflexões Finais

O papel da terapia de regressão no auxílio à reprodução permanece incerto e não se propõe um papel direto de causa e efeito nesses dois casos. No entanto, o seu uso nessas situações evidenciou os múltiplos aspectos psicológicos de uma experiência humana complexa a que chamamos de "problemas de infertilidade".

Os dois casos descritos aqui diferiram nas suas questões reprodutivas. Sabe-se que métodos artificiais de reprodução facilitam uma divisão entre corpo e mente, pois o corpo feminino torna-se objeto do exame médico minucioso, enquanto a mente da mulher e as suas emoções se tornam muitas vezes negligenciadas e isoladas na sua ansiedade. Presumivelmente, essa é uma área em que a terapia de regressão pode ter um papel importante para restaurar parte do equilíbrio corpo-mente.

No caso de Cassie, o seu marido tinha motilidade do esperma reduzida e sua endometriose diminuía ainda mais a hipótese de conceber. Embora o uso da fertilização *in vitro* retirasse das suas preocupações a incerteza da fertilização, ela ainda precisava do bem estar mental e emocional para permitir um ambiente acolhedor para o embrião artificialmente transferido poder implantar-se no seu útero e alcançar o termo saudavelmente.

No caso de Hanna, o seu medo psicológico da maternidade era o obstáculo para a gravidez. Não sabemos as causas do seu aborto espontâneo, mas sabemos que a preparação de uma nova identidade durante a gestação é uma tarefa complexa. À medida que o corpo se prepara para acomodar a formação de um feto, a mente empreende a formação da mãe que elase pode tornar. Os desejos, medos e fantasias da gestante giram à volta de questões como: Quem é este bebé? Como serei como mãe? Como é que as minhas perceções sobre mim mesma mudarão com a gravidez? O que acontecerá com os meus relacionamentos com outras pessoas depois de uma gestação? As gestantes raramente pensam sistematicamente sobre tais assuntos. Na maioria das vezes essas questões são trabalhadas por elas de modo subliminar, entrando e saindo dos seus sonhos e sentimentos incipientes.

No caso de Hanna, o aborto espontâneo trouxe a sua mente inconsciente a uma zona nebulosa entre o nascimento e a morte. Tratava-se dela se conciliar com uma vida que terminou logo depois de se iniciar. Foi um sonho, uma alegria, que foi arrancada, deixando no seu lugar um vazio sem sentido. Curiosamente, este tema de "nascimento e morte" apareceu na cena da sua regressão.

Nos dois casos parece ter havido algum sentimento de culpa das experiências de vidas passadas. No caso de Hanna, ela pode ter nutrido a crença de que sua ambivalência quanto à maternidade tenha causado o aborto. Ela pode ter-se sentido culpada por não querer ou não merecer o bebé. Talvez tanto Cassie quanto Hanna precisassem de se perdoar a si mesmas para continuarem as suas jornadas de maternidade, com o auxílio da regressão.

APÊNDICE

Visão geral da Terapia Regressiva

Dr. Peter Mack

"Primum non nocere, 'Em primeiro lugar, não piorar as coisas,' era um princípio essencial da medicina de Hipócrates. Hoje em dia, infelizmente, parece ter sido esquecido. A medicina moderna convencional visa livrar os pacientes dos sintomas. Pouca, se alguma, consideração é dada ao facto de que alguns destes sintomas podem efetivamente ser utilizados pelo corpo na tentativa de corrigir perturbações mais profundas. Quando este é o caso, suprimir o sintoma não ajuda necessariamente o paciente. "

Samuel Sagan
Em: Regressão - Terapia de Vidas Passadas para
Liberdade Aqui e Agora, 1999

O que é Regressão?

A regressão é um processo de trabalhar com a mente subconsciente do paciente para encontrar a raiz do seu problema psicológico incomodativo e reviver experiências anteriores que causaram a condição atual. O processo envolve a evocação de memória, ou uma série de memórias, de acontecimentos do passado, enquanto sob transe ou num "estado alterado de consciência". [35] Estas experiências esquecidas contêm muitas vezes feridas emocionais que permaneceram não cicatrizadas e persistiram para desencadear pensamentos inexplicáveis, sentimentos e convicções semi-conscientes que são sintomáticos da condição atual. Ao trazer memórias profundamente enterradas à superfície, a regressão tem como objetivo revelar essas feridas e obter pistas para a resolução da questão do paciente, enquanto proporciona um ambiente de cura seguro.

Ao trabalhar para trás no tempo, as memórias reprimidas da primeira infância ou infância são recuperadas mentalmente para processamento. O facilitar a recuperação da memória nestes casos é frequentemente denominado "regressão de idade" por hipnoterapeutas. Para além dos eventos carregados de emoção na vida actual do paciente, a causa subjacente do seu problema também pode ser encontrada nas memórias de experiências traumáticas que ocorreram noutras vidas. Nestas situações, o processo de recuperação de memória é designado por "regressão de vidas passadas".

Regressão como Terapia

Terapia de regressão é geralmente conduzida sob hipnose ou sob um estado alterado de consciência. Após uma entrevista inicial e um esclarecimento dos sintomas apresentados, o paciente descansa confortavelmente num sofá reclinável e é suavemente guiado através de um exercício de respiração e relaxamento. À medida que o transe se aprofunda, a imaginação guiada e frases temáticas são utilizadas para conduzir o paciente para o cenário de um evento passado.

Além da imaginação guiada, muitas técnicas são utilizadas para conectar a mente a um acontecimento anterior ou de uma vida passada. Uma abordagem é fazer com que o paciente se foque numa

---

[35] Um "estado alterado de consciência" é uma expressão usada por Arnold M. Ludwig em 1966 na revista Archives of General Psychiatry 15 (3): 225. É trazido para uso comum por Charles Tart desde 1969.

memória recente e encorajá-lo a dizer o que vem à mente, como se a situação estivesse a ser confrontada novamente. Frequentemente, um sentimento que é representado por um pensamento surge naturalmente. Este pensamento é então utilizado como uma pista importante para identificar a "ponte" que se conecta com um evento passado relevante.

Outra abordagem é guiar o paciente a focar-se numa sensação perturbadora numa parte específica do corpo, e permitir que as imagens e emoções associadas surjam a partir dessa zona. Assim que os pensamentos, imagens ou emoções do paciente se intensificam com o estímulo do terapeuta, estes são levados para uma história que surge numa vida passada ou num passado recente da vida atual. O ponto de ligação com o passado é geralmente o momento em que o paciente vivenciou a emoção durante esse acontecimento passado, do mesmo modo que no presente. Isto permite a entrada para uma memória de vida passada, que é frequentemente um evento aflitivo na nossa vida atual que desperta uma memória mais antiga.

Uma vez incorporado numa vida passada, o paciente experiencia uma figura identificável, em que o mesmo se sente como uma outra versão de si, numa jornada semelhante a um mito noutra vida. Esta figura identificável pode ser experienciada numa de duas formas:
(i) Ele sente a figura como outra parte da sua personalidade e não como a si mesmo;
(ii) Ele sente-se inexplicavelmente atraído pelas contendas e estado emocional desta figura, como se ele estivesse a viver naquele corpo.
Em qualquer um destes casos, a personalidade da vida passada vai ter uma história de vida própria, à espera de ser desvendada pelo processo de regressão.

O reviver de uma experiência da vida passada de alguém é semelhante à visualização em avanço rápido de uma vídeo-gravação da sua história nessa vida. À medida que a história se desenrola, o significado metafórico e as imagens arquetípicas dos acontecimentos dessa vida são desvendadas pelo funcionamento da mente subconsciente. Isto traz discernimento (*insight*) de como os seus sintomas atuais poderão ter a sua origem nessa vida. Assim que o paciente é trazido de volta ao conhecimento consciente da sua experiência esquecida, o sintoma frequentemente desaparece. Isto acontece porque o reconhecimento do seu sentimento perturbador como pertencente a uma era anterior dissolve a projeção sintomática. Ele agora aprende a colocar a sua emoção de volta na sequência de tempo adequada e a cura acontece.

Fig. 4: Cura com Terapia de Regressão

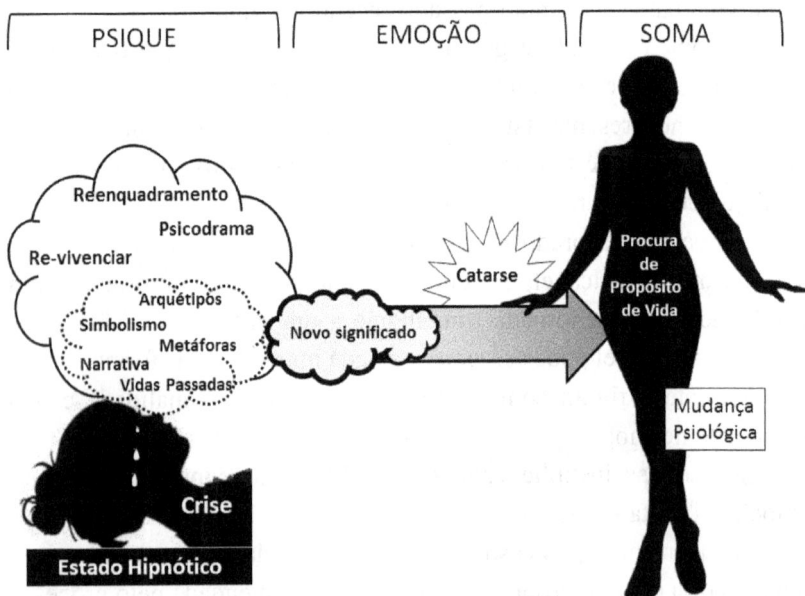

Para o crente na reencarnação, o ponto de vista deste sobre a alma é que esta tem vivido muitas vidas em muitos outros corpos anteriormente, e está agora na sua jornada de aprendizagem no seu corpo na vida atual. Para o indivíduo cuja escola de pensamento é "apenas-uma-vida", ele pode visualizar o fenómeno da vida passada através do conceito Junguiano do "inconsciente colectivo" em que mergulhou, para aceder à grande memória colectiva da humanidade.

Enquanto o paciente está a reviver a experiência da vida passada, o terapeuta pode precisar de o ajudar a re-encenar o roteiro da vida passada a fim de desbloquear e limpar as emoções bloqueadas embutidas nesses eventos perturbadores. Sendo ao mesmo tempo um participante e testemunha desses eventos, o paciente assume uma nova perspetiva, à medida que um novo significado emerge. Por exemplo, se o paciente olha para o seu sofrimento nessa vida a partir da perspetiva da história da evolução da sociedade humana, em vez de no contexto da sua questão pessoal, é mais fácil para ele superar a dor do seu sofrimento pessoal. Este processo de apreender a verdadeira natureza da situação é conhecida como "reenquadramento". Com cada novo discernimento (*insight*), a sua atitude para com os acontecimentos passados muda, e isto cria uma mudança na consciência. Esta mudança pode até levar a alterações nalguns traços do seu carácter à medida que ele compreende onde é que as suas emoções estão enraizadas, e porque é que ele se tem vindo a agarrar a elas. Isto, resumidamente, é a base da cura transformacional.

À medida que o paciente experiencia mais vidas passadas, ele reúne mais força e tem mais facilidade em ligar-se a um plano de vida mais valioso e a novos valores pessoais. Como ilustrado pelo caso de Cindy (Capítulo 1 e 2), as suas dificuldades pessoais parecem cada vez menos esmagadoras à medida que ela examina o seu atual plano de vida tanto da perspetiva de vida presente como a do passado. As suas lutas tornam-se mais significativas à medida que o seu propósito de vida se torna mais evidente. Esta fase do processo de terapia caracteriza-se por uma cura rápida.

Imagem Mental

Uma pergunta comum feita pelo paciente no final de uma sessão de terapia produtiva é: "Quanto da minha experiência de regressão é real e quanto é imaginada?". Enquanto não há uma resposta clara a esta pergunta, o problema na atribuição da base da imagem mental à imaginação é que levanta uma questão mais importante: "O que é a imaginação?"

O significado da palavra imaginação está longe de ser claro hoje em dia. É um conceito mais frequentemente invocado do que analisado e definido. Esta palavra tem um ar não-científico, o que muitas vezes se torna suspeito para as pessoas que se orgulham de ser racionais. Na faculdade de medicina, imaginação é muitas vezes discutida em contexto psiquiátrico e, portanto, o termo é por vezes associado a delírio, alucinação e fantasia. No entanto, estes últimos sintomas não são uma representação exata da imaginação.

O ingrediente básico da imaginação é o poder de formar imagens mentais e inclui duas funções: (i) a capacidade de experienciar imagens mentais e (ii) a capacidade de se envolver em pensamento criativo. Sempre que uma pessoa imagina algo, os seus pensamentos são retratos não enganados de um mundo que não é apenas irreal, mas também conhecido por o ser. Porque ele é o autor destes pensamentos, ele não pode criar a ilusão de verossimilhança. Assim que esse algo é imaginado, adquiriu um *status* ontológico autónomo. O mundo imaginário do indivíduo torna-se auto-suficiente e não requer o julgamento externo de outro observador. Noutras palavras, o conteúdo do mundo imaginado é verdadeiro porque, *por hipótese*, o seu autor considerou que ele seja verdadeiro.

O poder da imaginação encontra-se na própria raiz da criatividade humana e da espiritualidade. O vasto potencial da mente para criar, recriar, transformar e curar está apenas a começar a ser compreendido. A nível empírico, a imaginação é a capacidade interna da pessoa para filtrar, ampliar e modificar os dados visionados da experiência. A nível criativo, a imaginação representa a capacidade interna da pessoa para transformar o conteúdo bruto da experiência visionada numa obra de arte. A relação entre as imagens mentais e a imaginação permanece indistinta, mas pode ser concetualizada como a ponte entre a perceção e o pensamento.

"Trabalhar com imagens de vidas passadas e permitir que estas se desdobrem em cenários e histórias é essencialmente um processo meditativo. Este processo requer quietude, uma certa confiança nos poderes criativos da imaginação profunda, bem como a disponibilidade para encontrar não só imagens atrativas, mas, muitas vezes, imagens sombrias e perturbadoras. A evidência abundante retirada de milhares de sessões de regressão, publicações e pesquisas mostram, sem dúvida, que há um nível mais profundo para o que chamamos de nossos complexos, uma camada que tem um núcleo de uma vida passada enterrada."

Roger Woolger

Os mestres da imaginação que precederam os psicanalistas foram na verdade os primeiros poetas como Dante, Shakespeare, Blake e Goethe, que exploraram a vastidão da imaginação criativa e o seu potencial de cura. Freud e Jung seguiram as explorações deles através do estudo de sonhos e visões em vigília. Hoje, no entanto, parece que nos deparamos com dificuldades em compreender a própria natureza da imaginação. Provavelmente, o obstáculo encontra-se no preconceito da psicologia académica e na sua insistência de ser auto-conscientemente científica, no sentido rígido da palavra. Continuamos a ser relutantes em adotar a visão mundialmente aceite de que o lado direito do cérebro (mente criativa) tem uma maneira de saber o que é único em si mesmo e não precisa de ser controlado pelo lado esquerdo do cérebro (mente racional). De qualquer forma, como terapeutas de regressão, o nosso interesse está focado no poder de cura da regressão, mais do que no debate do real *versus* imaginário.

Cura em Regressão
Experiências dolorosas numa vida anterior produzem tensão emocional. Estas experiências acionam o medo, raiva, vergonha e falta

233

de auto-estima. Crianças imaturas não têm força para integrar estes sentimentos e levá-los para a resolução, porque estes sentimentos são muitas vezes demasiado assustadores para lidar. Como um mecanismo de proteção, a mente aprende a anestesiar a intensidade dos sentimentos, bloquear a experiência consciente plena e deixar para trás uma cicatriz de tensão emocional não processada. Esta tensão tende a estar profundamente enterrada na psique interior, mas sem a percepção consciente do indivíduo.

À medida que o indivíduo se desconecta da acumulação de sentimentos não resolvidos na sua psique, ele já não acredita que a dor resultante das emoções existe. No entanto, a pressão da sua tensão não resolvida pode manifestar-se de maneiras diferentes. A raiva profunda e mágoas distraem-no da paz interior e roubam-lhe a sua sensação de alegria e auto-estima. Estes sentimentos também enfraquecem a sua capacidade de amar e deturpam os seus valores. Esta tensão não resolvida pode levá-lo a satisfazer necessidades distorcidas como comer demais, fumar, beber álcool, trabalhar em excesso, ou usar relacionamentos co-dependentes para manter a anestesia para a sua dor. Não é raro acontecer que a tensão emocional reprimida possa transbordar e manifestar-se como uma dor de cabeça, insónia, úlcera péptica, síndrome do intestino irritável, síndrome da fadiga crónica ou outras doenças psicossomáticas.

A cura é um processo natural do ser humano que envolve a purificação do seu coração e a recuperação da plenitude. A terapia de regressão fornece o cenário necessário para que tal ocorra. Existe um imperativo fisiológico para que o nosso sistema humano liberte *stress* para restaurar o equilíbrio interior. Isto explica a situação de quando um paciente que está em terapia chega a um ponto em que não é capaz de continuar a manter a tensão emocional e começa a lacrimejar ou a chorar para libertar a tensão. Este fenómeno é normalmente conhecido como "catarse" ou, por vezes, conhecido como "ab-reação" por hipnoterapeutas. O estado de transe torna muito mais fácil para o paciente deixar ir e esta descarga emocional é necessária para a cura.

A maior parte de nós fomos condicionados na nossa infância a suprimir a libertação das nossas emoções como parte de uma norma social. Muitas vezes, temos medo de voltar a experienciar certos sentimentos dolorosos. Alguns dos nossos familiares ensinaram-nos que chorar ou mostrar medo ou raiva não é tolerado, porque expressar as nossas emoções é considerado um sinal de fraqueza humana. A realidade é que, quando as emoções internas são libertadas num ambiente seguro e carinhoso reforçado por uma afinidade paciente-terapeuta, é um mecanismo de cura positivo e poderoso. Esta cura limpa as feridas emocionais do indivíduo, liberta-o do efeito debilitante e purifica a sua consciência. Quando muito, as lágrimas de catarse são as mesmas lágrimas que o paciente precisava de libertar no momento do evento original e doloroso na infância, mas não podia porque nessa altura não havia um ambiente seguro. Terapia de regressão proporciona a estrutura em falta e permite que o processo se complete. Nisto reside a premissa para o uso de cura da criança interior em regressão. (Capítulo 3)

Regressão Pré-natal
Ocasionalmente, as experiências dentro do útero também podem levar a profundas influências na vida adulta do indivíduo. Regressão pré-natal pode ocorrer espontaneamente, ou pode ser realizado intencionalmente por um terapeuta. O feto está fisiologicamente ligado à mãe e psicologicamente cercado pela sua energia emocional. Em si próprio, o feto intra-uterino não tem defesas emocionais e é incapaz de escapar do impacto das correntes emocionais da mãe.

A nossa experiência com a regressão pré-natal indica que o feto pode descrever o seu ambiente amniótico e recordar eventos intra-uterinos numa fase muito inicial de concepção. O feto sente o que a mãe está a sentir e regista as experiências maternas como as suas próprias experiências. O feto pode detetar e reagir com o seu ambiente externo exatamente da mesma forma como os adultos o fazem. Como mostrado pelo caso de Dana no Capítulo 4, a maneira na qual o feto se adapta às emoções maternas irá definir o seu próprio padrão emocional e o desenvolvimento da sua personalidade na vida pósnatal. Por isso, uma regressão pré-natal é muitas vezes usada para ajudar um paciente a sentir um estado psicológico da mãe,[36] para libertar experiências negativas precoces e descobrir as raízes de certos sintomas inexplicáveis. Como o ego ainda não está formado, o feto não pode distinguir entre si mesmo e o ambiente uterino alargado. Por isso, o estado emocional da mãe é considerado indistinguível do estado emocional do feto.

Perspetivas Históricas

A ideia da reencarnação parece ter origem nas antigas filosofias especulativas da Índia, apesar da data precisa da sequência histórica dos acontecimentos ser difícil de definir. Na filosofia oriental é comum as pessoas tenderem a ver a vida como uma repetição de ciclos eternos e o mundo físico como uma ilusão e, portanto, as pessoas preocupam-se menos com a história. No entanto, os especialistas geralmente acreditam que o conceito de reencarnação chegou a um estado de aceitação comum por volta de 300 aC.[37]

Por outro lado, o conceito de hipnose existia já no século V aC quando os gregos antigos usavam templos de sono para curar as pessoas dos seus males. No entanto, o momento decisivo no desenvolvimento da sua história ocorreu em 1765 quando Franz Mesmer propôs, pela primeira vez, o magnetismo animal como base e método para a hipnose. Embora isto tenha sido desacreditado, Dr. Elliotson, o médico que apresentou o estetoscópio à Inglaterra, recuperou o conceito mais tarde. Em 1841, o Dr. James Braid

---

[36] "Fetos Humanos Prescientes Prosperam", Sandman, CA, Davis, EP, Glynn, LM *Psychol Sci*, 2012 Jan 1:23 (1) -93-100. Os resultados da investigação mostram que o feto pode sentir o estado psicológico da mãe e o ambiente uterino é importante para o desenvolvimento pós-natal.

[37] Swami Agehananda Bharati, um Austríaco de nascimento, um especialista ocidental lider no Hinduísmo e no Budismo, acredita que o conceito de reencarnação veio na época em que os Puranas foram compostas.

desenvolveu o método de fixação do olhar para induzir o relaxamento e chamou a este método "hipnose". Em 1845, Dr. James Esdaile, um cirurgião a trabalhar na Índia, realizou centenas de pequenos procedimentos cirúrgicos sob anestesia hipnótica.

Na Primeira Guerra Mundial, Ernst Simmel, um psicanalista alemão, usou a hipnose para o tratamento da neurose de guerra com resultados promissores; os soldados podiam voltar para as trincheiras quase imediatamente após o tratamento. Durante a Segunda Guerra Mundial, a hipnose desempenhou um papel de destaque no tratamento da Perturbação de Stresse Pós-traumático.[38] Após a Segunda Guerra Mundial, Milton Erickson teve um grande impacto na compreensão da hipnose e da mente. Em 1955, a Associação Médica Britânica reconheceu a hipnose como uma ferramenta médica valiosa e, em 1958, a Associação Médica Americana reconheceu a hipnose como uma modalidade científica viável.

A terapia de regressão começou realmente a desenvolver na década de 1950, quando um psiquiatra britânico, Alexander Cannon, regrediu mais de mil pacientes com sintomas que não eram curáveis por meios convencionais e observou melhorias significativas. O fundamento da terapia de regressão reside no conceito de tornar a mente inconsciente consciente e é sobre a restauração de escolhas e de cura. Ao retroceder cronologicamente em estado de transe, as memórias da primeira infância podem ser recuperadas. Rapidamente os terapeutas perceberam que poderiam regredir pacientes não somente de volta à primeira infância, mas também eram capazes de desvendar memórias do nascimento, pré-natal e vidas passadas. Assim, concluiu-se que existe na consciência humana um elemento capaz de gravar acontecimentos, mesmo na ausência de um corpo físico.

Denys Kelsey, outro psiquiatra britânico, foi um pioneiro na terapia de regressão a vidas passadas. Ele trabalhou com Joan Grant e

---

[38] John G. Watkins, "O Tratamento Psicodinâmico da Neurose de Combate (PPST) com Hipnose durante a Segunda Guerra Mundial", Int J of Clinical and Experimental Hypnosis, Vol 48, Issue 3, 2000.

publicaram o seu trabalho exploratório sobre o valor da terapia de vidas em *Muitas Vidas*, em 1967. Foi na década de 1970 que a terapia de regressão realmente arrancou. Peter Ramster começou o seu trabalho pioneiro na Austrália, enquanto Hans TenDam liderou o caminho na Europa. Em 1978, foram publicados mais quatro livros sobre regressão a vidas passadas: *Revivendo Vidas Passadas* de Helen Wambach; *Você Esteve Aqui Antes* por Edith Fiore; *Terapia de Vidas Passadas*, de Morris Netherton; e *Vozes de Outras Vidas*, de Thorwald Dethlefsen. Estes quatro livros tinham uma coisa em comum, na medida em que se debruçam na sintomatologia, em vez de o fazer nas implicações espirituais da doença.

Entretanto, uma quantidade significativa de evidências sobre a existência de vidas passadas estava a ser recolhida pelo Dr. Ian Stevenson (1918-2007), um dos mais proeminentes psiquiatras investigadores do século vinte. Dr. Ian Stevenson foi autor de aproximadamente três centenas de artigos e quatorze livros sobre reencarnação.[39] Em vez de depender da hipnose para verificar que um indivíduo tinha tido uma vida anterior, optou por recolher milhares de casos de crianças que se lembraram espontaneamente das suas vidas passadas. Documentou as afirmações da criança sobre uma vida passada e identificou a pessoa falecida que a criança se lembrou ser. De seguida, verificou os factos da vida da pessoa falecida que correspondiam à memória da criança. Ele até correspondeu as marcas de nascença e defeitos de nascimento nas crianças com as feridas e cicatrizes nas pessoas falecidas, conforme verificadas em registos médicos.

Durante a década seguinte, ocorreu uma mudança de foco e um impulso crescente entre os terapeutas para olhar para o significado existencial da vida. Com esta mudança de paradigma, a Associação

---

[39] Dr. Ian Stevenson, "Vinte casos sugestivos de reencarnação", em 1966, "Casos Europeus do tipo reencarnação", em 2003, Reencarnação e Biologia: Uma contribuição para a etiologia de marcas de nascença e defeitos de nascimento", em 1997.

para a Pesquisa e Terapias de Vidas Passadas foi fundada por cinquenta terapeutas em 1980. Esta organização sem fins lucrativos, estava dedicada à realização de oficinas de formação e estabeleceu critérios de quem deve praticar a terapia de regressão. A Associação publicou o primeiro *Jornal da Terapia de Regressão*, em 1986.

Ao longo da década de 1980, o foco da terapia de vidas passadas continuou a mudança em direcção ao conceito de viagem da alma. Tornava-se evidente que, onde a terapia de regressão se sobrepunha a outras terapias em termos de eficácia, era numa perspetiva mais profunda sobre o sentido da vida. Hoje, a grande preocupação sobre se realmente existe vida passada está a começar a decrescer e está a aumentar a ideia de que a reencarnação é mais uma filosofia de vida do que um sistema de crenças.

Na década de 1980, Roger Woolger (1944-2011), um psicoterapeuta junguiano de base, contribuiu com conceitos teóricos de longo alcance que ajudaram a comunidade de regressão a compreender a terapia de vidas passadas. Ele ensinou aos seus alunos o valor de trabalhar com a experiência do corpo. Foi também o pioneiro na técnica de combinar a psicoterapia corporal com o psicodrama para libertar as memórias traumáticas incorporadas em partes específicas do corpo.

O Primeiro Congresso Mundial de Terapia Regressiva foi realizado na Holanda, em 2003. No verão de 2006, a Associação EARTH de Terapia de Regressão (EARTh) - *Earth Association of Regression Therapy (EARTh)*, foi fundada em Frankfurt. Alguns anos mais tarde, Andy Tomlinson, que tem estado ativo como formador em técnicas de regressão, fundou a Associação da Terapia de Regressão Espiritual (SRTA) - *Spiritual Regression Therapy Association (SRTA)* e Norsk Förbund para Terapia de Regressão- Norsk Förbund para Regresjonsterapi, na Escandinávia.

Enquanto isso, na Índia, o crescimento da terapia de regressão assumiu vida própria. A Academia de Investigação da Vida foi fundada em Hyderabad, em 2000, sob a liderança do Dr. Newton e Dr.

Lakshmi, para promover a formação. Em 2010, o Dr. Newton lançou a Associação de Regressão e Investigação de Reencarnação (APRR), uma associação global para promover a investigação em regressão. À medida que a terapia de regressão ganhou força, foi sentida uma necessidade crescente para avançar a disciplina dentro do campo de Medicina. Isto levou a uma reunião informal de um grupo internacional de médicos e psicólogos clínicos em Portugal, em Abril de 2013. A Sociedade para o Desenvolvimento e Pesquisa Médica com Terapia Regressiva (SMAR-RT) - *Society for Medical Advance and Research with Regression Therapy (SMAR-RT)* foi então formada com o objetivo de promover a investigação em regressão.

Indicações para Terapia
Uma ampla variedade de perturbações médicas são tratáveis através da regressão. Um sintoma físico pode ser um ponto de entrada útil para uma vida passada e atua como uma ponte somática, especialmente se for associada com uma emoção forte como medo, raiva ou culpa. Os exemplos abundam. Por exemplo, as enxaquecas são frequentemente relacionadas com emoções negativas de infância. Algumas dores de cabeça estão relacionadas com desafios mentais intoleráveis enquanto outras estão relacionadas com ferimentos na cabeça em vidas passadas. Algumas dores de úlceras pépticas estão relacionadas com experiências de vidas passadas de fome ou de memórias de terror. Dores no pescoço podem estar relacionadas com mortes de vidas passadas através de enforcamento, estrangulamento ou decapitação. Até mesmo marcas de nascença correspondem frequentemente aos pontos de entrada de ferimentos penetrantes infligidos em vidas passadas.[40]

Medos irracionais de todo o tipo são frequentemente, se não quase sempre, enraizados numa vida passada. Estes medos podem

---

[40] "Marcas de Nascença e Defeitos de Nascimento correspondentes a Feridas em Pessoa Falecida", Dr. Ian Stevenson, *Journal of Scientific Exploration*, Vol 7, No. 4, pp 403-410, 1993.

resultar de todos os tipos de traumas ou mortes por desastres naturais em vidas anteriores. Por exemplo, a hidrofobia tem sido relacionada com afogamento, claustrofobia com morte por asfixia, acrofobia com morte por queda de grandes alturas e ofidiofobia com o ataque de cobras em vidas passadas.

Perturbações alimentares na vida presente são, muitas vezes, repetição de memórias de vidas passadas de fome, pobreza e escassez. Dificuldades sexuais podem reflectir experiências subjacentes de vidas passadas de abuso sexual e violação. O sentimento de culpa inexplicável decorre por vezes de memórias de vidas passadas de ter morto directamente entes queridos ou por se sentir responsável pela morte de outros. A depressão também pode, por vezes, estar relacionada com memórias de vidas passadas de luto inacabado pela perda de um ente querido, ou ao desespero devido à guerra e fome. Sentimentos inexplicáveis de insegurança podem ser causados por memórias de vidas passadas de separação, abandono ou de ser órfão.

Além de perturbações físicas, a terapia de regressão é eficaz em muitas perurbações emocionais e comportamentais. Isto inclui problemas de relacionamento, baixa auto-estima, perda de amor-próprio, baixa auto-valorização ou uma luta para encontrar o propósito de vida, como ilustrado pelos estudos de caso neste livro.

Temas Inadequados
Ocasionalmente, a regressão hipnótica não produz os resultados desejados em alguns pacientes. Se houver dificuldade em entrar em transe suficientemente profundo, o paciente pode não entrar numa vida passada, ou, se conseguir entrar, ser incapaz de se fixar nela. Nesses casos, o paciente pode experienciar uma série de imagens não relacionadas de várias vidas, com uma mistura de pessoas de épocas em mudança que vêm e vão. Tais imagens muitas vezes não têm sentido. Noutras ocasiões, os fatores que contribuem para o insucesso podem incluir:

(i)   O paciente pode não ter a força emocional para integrar os *insights* da terapia.

(ii)   O paciente pode ter raiva profunda decorrente de trauma na primeira infância, o que bloqueia o processo.

(iii) O paciente pode ter medo de se expor e, inconscientemente, bloqueia as tentativas de auto-revelação.

(iv)   A crença do paciente entra em conflito com o conceito de reencarnação e, inconscientemente, resiste a uma entrada de vida passada.

(v)   O paciente não está preparado para tomar posse da sua própria cura, porque sente que tem um destino pré-determinado para sofrer.

(vi)   O paciente tem uma pressa mental ou expectativa de uma mudança rápida ou milagrosa.

(vii) O paciente agarra os seus sintomas e não está disposto a abrir mão deles por causa de ganhos secundários, especialmente se ele teme que a perda da sua posição "especial", após a terapia, possa negar-lhe a devida atenção dos seus entes queridos.

Regressão para Doença Médica
Na segunda metade do século passado, os avanços no conhecimento e tecnologia médicos mudaram quase completamente a nossa compreensão da doença humana para um enquadramento biomédico. Desde então, a distinção entre "enfermidade" e "doença" foi, em grande, parte perdida.

Enfermidade é o que um paciente experiencia na prática, enquanto doença é o que o médico diagnostica com base nos sintomas apresentados, sinais clínicos, exames laboratoriais e imagens radiológicas. A ciência tem acumulado uma grande base de conhecimento de factos que podem explicar com crescente fiabilidade como o indivíduo humano funciona como um organismo biológico. No entanto, a ciência diz muito pouco de relevante sobre as cavernas profundas da vida específica de uma pessoa, ou sobre a essência do seu ser. A ciência pode descrever a fisiologia do paciente através de medidas quantitativas das funções corporais tais como pressão arterial, respiração, temperatura, oximetria de pulso, produção de urina, hematologia, bioquímica do sangue, sorologia, ECG e curvas do EEG, e tecê-las numa história científica. No entanto, estes descritores fisiológicos nada dizem sobre a experiência do paciente relativo ao seu próprio corpo e do estado do seu ser.

O que é então "ser"?

"Ser" é a descoberta do paciente sobre o conhecimento mais profundo de si mesmo e do propósito da sua existência, através da compreensão dos momentos puros e simples do seu quotidiano. É a descoberta da sua capacidade de possuir conhecimento sobre si mesmo e sobre a sua relação com os outros no mundo. Está relacionado com a sua capacidade em identificar as áreas de turbulência na sua vida e o significado das mesmas nela. A terapia de regressão atende às necessidades do paciente no momento da sua experiência de vida que irão orientar decisões importantes sobre o seu bem-estar. Fá-lo facilitando a sua compreensão do vocabulário da sua experiência e histórias de vida.

As histórias são as unidades fundamentais da experiência humana. Elas funcionam como articulações que ligam a mente com o corpo. No estado de transe, histórias esquecidas que constituem a individualidade do paciente seleccionam-se a si mesmas para se manifestarem a nível consciente. Estas auto-narrativas emergem como parte de um mar de linguagem dentro do qual todos nós nascemos como seres humanos. O lugar do paciente no mundo social, entre os membros familiares, amigos e colegas, é assegurada pela sua capacidade de expressar e compreender o significado mais profundo das histórias que o ligam em comunhão com os outros. Através da linguagem das histórias de vida do paciente, a terapia de regressão chega ao cerne da sua enfermidade e oferece mudanças corretivas que, por vezes, podem ser transformacionais.

Regressão como uma Abordagem Holística

Boa parte da actual atitude da Medicina convencional para a terapia de regressão está enraizada nos preceitos da Ciência Clássica.

No século XVII, René Descartes dividiu tudo no universo em dois domínios: (1) o domínio da matéria ou das coisas extensas no espaço, conhecido como *res extensa* e (2) o domínio da mente conhecido como *res cogitans*. A sua perspetiva baseava-se no facto de o conteúdo mental e emocional serem incapazes de serem descritos cientificamente porque não tinham extensões físicas que pudessem ser quantificadas. Desde então, todo o conhecimento aceite no universo era restrito a estudar apenas os aspectos que são mensuráveis, ou seja, a *res extensa*. A visão que o mundo tinha do universo era de que tudo na natureza podia ser explicado em termos de interações de partículas de matéria. Neste ponto de vista, o materialismo constitui a única realidade. A consciência é considerada um subproduto da atividade física do cérebro e a matéria é inconsciente. A mente encontra-se dentro da cabeça e é considerada apenas uma atividade do cérebro. As memórias são armazenadas como vestígios materiais no cérebro e assume-se que são destruidas na morte.

De acordo com esses preceitos, a medicina mecanicista é considerada como o único tipo que realmente irá funcionar. Para que qualquer coisa possa ser considerada real e o conhecimento considerado confiável, tem de haver parâmetros mensuráveis e reprodutíveis. Quando aplicada à saúde, esta visão do mundo tem duas implicações. Em primeiro lugar, o mundo interior das emoções não será valorizado em termos de ter verdadeira influência sobre o bem-estar físico, porque as emoções não são quantificáveis. Em segundo lugar, o mundo físico será considerado a dimensão mais importante em termos de exercer a influência de cura mais forte sobre o corpo humano. Em desacordo com esta visão, a terapia de regressão trabalha com a premissa de que as perturbações emocionais estão na raiz da enfermidade de um paciente e precede a perturbação na homeostase fisiológica. A terapia de regressão propõe a necessidade de tratar simultaneamente as emoções, mente e espírito, para além do corpo, a fim de que o indivíduo se auto-ajuste. Esta abordagem "holística" respeita o indivíduo humano pela sua capacidade de se curar a si mesmo e considera o paciente como um parceiro ativo, em vez de um recetor passivo de cuidados.

A Medicina Convencional percebe a enfermidade como um evento aleatório e que essa exerce o seu impacto sobre o paciente "de fora." Por exemplo, pensamos em termos de uma pessoa "apanhar uma constipação", ser "atingido por um ataque de coração" ou "sofrer de cancro". Isto dá a sensação de que todas as causas das doenças vêm de um mundo fora do corpo humano. De muitas maneiras, a doença é considerada como um invasor externo que ataca um corpo previamente saudável. Com base nesta ideia, a ação curativa também provém logicamente de uma fonte externa. Assim, o médico poderá prescrever um antibiótico para inactivar uma bactéria, um anticoagulante para reduzir o risco de oclusão vascular ou um ciclo de radioterapia para matar as células cancerosas em crescimento activo.

Em contraste, a terapia de regressão funciona "de dentro" do indivíduo. Baseia-se no princípio de que o corpo do paciente reflete as lutas mais profundas de toda a sua vida. Assim, considera-se que a enfermidade não ocorre ao acaso, mas quando tensões emocionais, psicológicas ou espirituais sobrecarregaram ou enfraqueceram as defesas do organismo. O objetivo terapêutico é ajudar o paciente a recuperar um equilíbrio saudável. Uma vez que o equilíbrio é restaurado, os seus poderes de cura inatos são ativados para superar a infecção, o stress ambiental ou o crescimento do cancro. Esta terapia assume que a experiência subjetiva do paciente sobre a sua enfermidade é primordial. Centra-se no desequilíbrio dentro do indivíduo ou entre o indivíduo e outras pessoas. Os sintomas físicos não são ignorados, mas são vistos como transmissores de um significado simbólico específico, que pode ser usado para orientar o paciente a entender a razão pela qual a enfermidade ocorreu.

Como tal, a enfermidade funciona como uma mensagem do corpo de um desequilíbrio subjacente, e é percebido como uma oportunidade de crescimento emocional e espiritual do indivíduo. O motivo para a ocorrência de uma enfermidade é interpretado à luz de algo na vida do paciente que necessita de ser mudado. Isto pode implicar examinar a situação de trabalho, as relações familiares, o estilo de vida, o exercício físico, os padrões de descanso, a nutrição e o propósito de vida do paciente. O paciente precisa de questionar porque é que ficou doente naquele momento em particular e permitir que a enfermidade o motive para um melhor auto-conhecimento e auto-compreensão.

Como médicos, muitos de nós podemos ter dificuldade em aceitar que os pensamentos, emoções e imaginação realmente possuem poder de cura. Enquanto o terapeuta de regressão ensina o paciente que este cria a sua própria realidade através das suas atitudes, emoções e crenças, os médicos, por outro lado, geralmente não acreditam que os pensamentos são poderosos o suficiente para influenciar a realidade física de uma pessoa. Os médicos também são incapazes de conceber como é que a busca de um indivíduo por significado, propósito e realização pode ter impacto sobre a saúde física, mesmo que o processo fique nitidamente em evidência durante os períodos de crise ou de enfermidade grave.

"Ausência de evidência não é evidência de ausência."

Carl Sagan

A saúde holística ensina que a raiz do stresse espiritual muitas vezes gira em torno do medo da perda de vida, saúde, amor ou dinheiro. Este medo, por sua vez leva à raiva, culpa, depressão e ansiedade. Défices espirituais que levam à doença são frequentemente caracterizados por uma falta de perdão, tolerância, amor, sabedoria, esperança, coragem e compaixão. Na terapia de regressão, adotamos a visão de que a saúde física começa com uma determinação consciente para expressar o objetivo de eliminar esses medos.

A dinâmica da relação médico-paciente está a mudar atualmente. O crescimento da auto-responsabilidade e do poder pessoal são duas mudanças que os nossos pacientes compreendem como tendo um grande impacto na sua saúde e bem-estar. Em vez de atribuir ao médico a responsabilidade pela sua qualidade de saúde, os pacientes estão cada vez mais a reconhecer que a propriedade para eliminar as suas tensões internas legitimamente pertence a si mesmos. Esta evolução está a favor do crescimento futuro da terapia de regressão.

A maioria dos terapeutas de regressão observou que uma mudança fundamental, que muitas vezes emerge no paciente após um ciclo de terapia bem sucedido, é o seu novo objetivo de estar mais em contacto com o elemento divino dentro de si mesmo. Para o paciente que tenha sido exposto a toda a gama das suas emoções de vidas passadas durante as sessões de terapia, o mesmo reconhece que a série de vidas passadas estão a ser empreendidas dentro de um ambiente de responsabilidade pessoal crescente e livre-arbítrio. À medida que os seus sintomas físicos desaparecem e as questões emocionais se resolvem com o tratamento, o paciente começa a escutar a insistência da sua voz interior. Isso leva-o a aproximar-se da criação da sua própria realidade. Apesar dos seus contratempos, pode ser observado que o paciente adquiriu uma notável motivação para seguir em frente na vida.

Validação Científica
A reencarnação não é um artigo de fé, mas uma teoria oferecida para explicar certos fenómenos e observações que ocorrem nas nossas vidas. Nós crescemos sob a influência da teoria materialista, que assume que a memória se encontra de alguma forma armazenada apenas a nível físico e que não há nenhuma outra maneira de a armazenar. Este viés doutrinário impede-nos de ir além do pensamento científico convencional para perceber os mistérios profundos do universo material, incluindo a memória de vidas passadas.

Durante a revolução científica do século XVII, Descartes viu o mundo como sendo composto de *res extensa*, o conjunto de coisas extensas ou o reino material que é objetivo, e *res cogitans*, o conjunto de coisas pensantes ou o reino da mente, que não possui uma existência própria no tempo e no espaço.

O conceito de reencarnação é fundamental para a terapia de regressão a vidas passadas. Pode ser definido como a re-encarnação de uma parte imaterial de um indivíduo, ou da sua consciência da alma após a morte, num novo corpo. A partir daí, o indivíduo passa a viver uma nova vida inconsciente das suas experiências passadas, mas carregando a sua essência existencial de vidas passadas. O corpo, que é a parte material, insere-se no âmbito da *res extensa*, enquanto a parte imaterial, que não foi estudada por cientistas, se insere no âmbito da *res cogitans*.

Com o advento da ciência moderna, os dois reinos, *res extensa* e *res cogitans*, estão a ser fundidos. Agora entendemos que o universo não pode ser dividido em dois reinos arbitrários independentes e estudados de forma independente. Investigadores começaram desde então a examinar o conceito de reencarnação cientificamente.

O paradigma atual do universo é aquele que nasceu do nada há 13,7 biliões de anos, num evento chamado Big Bang. É visto como uma coleção de partículas sem vida que saltam umas contra as outras obedecendo a regras pré-definidas. O modelo é um pouco semelhante ao de um relógio que, de alguma forma, se enrolou a si mesmo e agora está a permitir-se desenrolar de uma forma bastante aleatória e semi-previsível. No entanto, a consciência humana, um componente crítico do universo, foi deixado de fora do modelo. Dr. Robert Lanza, que tem estado na fronteira da investigação de clonagem e células estaminais, propôs, recentemente, na sua teoria do Biocentrismo[41], que a consciência humana criou o universo e não o contrário.

---

[41] "Biocentrismo: Como a Vida criou o Universo", de Robert Lanza. http://www.robertlanzabiocentrism.com/msnbc-publishes-free-online-abridgment-of-biocentrism/

Compreender a natureza do universo, a sua origem e parâmetros exigiria uma compreensão de como o observador e a sua consciência desempenham um papel. Como termo, consciência é difícil de definir. Este termo é frequentemente usado como sinónimo de "conhecimento" e abrange experiência, pensamentos, sentimentos, imagens, sonhos, sensações corporais e assim por diante. É comum utilizar este termo para se referir a um estado de "vigília", ou para significar "conhecimento", no sentido de que, se alguém está consciente de algo, também tem conhecimento do mesmo.

"A história da Ciência não é um mero registo de descobertas isoladas; é uma narrativa do conflito de dois poderes em disputa, a força expansiva do intelecto humano por um lado e a compressão decorrente da fé tradicional e interesses humanos por outro."

John William Draper, M. D.
Em: *História do Conflito entre*
Religião e Ciência, 1881

A crença de que o homem é mais do que um corpo material vai além do crepúsculo da história registada. Segundo Platão, o corpo material interage com a alma do indivíduo. Na aquisição de conhecimento, o corpo influencia a alma por meio da atuação dos seus sentidos, mas a alma fornece à pessoa os meios para compreender a verdadeira natureza do mundo. A alma é o agente conhecedor; permite que o corpo se mova e aja e é a fonte da razão e da consciência.

A noção de consciência está no centro da teoria da reencarnação. Esta poderia ser testada pelo método científico como exposto por Richard Feynman, Prémio Nobel da Física, na sua palestra em 1964. O processo tem três etapas: *teorize, observe e confirme* (Fig 5).

(1) Na primeira etapa, uma nova teoria é formulada depois de estudar o fenómeno relevante. Como a reencarnação é uma teoria

muito antiga e ancestral com uma grande parte da população mundial a acreditar nela, esta etapa encontra-se há muito tempo completa.

(2) O segundo passo envolve perguntar-nos a nós próprios: "Se a ideia estiver correta, o que esperaríamos observar?" Noutras palavras, a teoria é agora usada para prever observações que um indivíduo deve ser capaz de fazer, se a teoria estiver correta. Para este passo, uma grande quantidade de dados e informações já foram recolhidas. São de três fontes principais: (i) as pessoas, especialmente crianças, que se lembram das suas vidas passadas; (ii) pessoas que são capazes de recordar as suas vidas passadas sob regressão hipnótica; e (iii) crianças prodígio que podem fazer uso do conhecimento e da experiência adquirida em vidas passadas.

(3) A terceira etapa envolve a análise dessas observações para ver se estas se encontram de acordo com as previsões. Quando as observações reais correspondem às observações esperadas, a teoria é considerada aceitável. Dr. Ian Stevenson (1918-2007), um psiquiatra da Universidade de Medicina de Virgínia, dedicou a sua vida à documentação científica de memórias de vidas passadas de crianças de todo o mundo. Todas as suas observações estão de acordo com a etapa 2 do processo científico e correspondem ao que se espera da teoria da reencarnação. Ele documentou mais de 3000 casos no seu arquivo e até à data forneceu a melhor prova para a reencarnação.[42] Isso conclui com sucesso o teste de validação científica da teoria da reencarnação.

Fig. 5: Teste de Teoria Científica e Construção de Conhecimento

---

[42] "Vinte Casos Sugestivos de Reencarnação", 2ª ed. The University Press of Virginia, 1974, *Casos Europeus de Tipos de Reencarnação*, MacFarland & Co. Inc, 2003

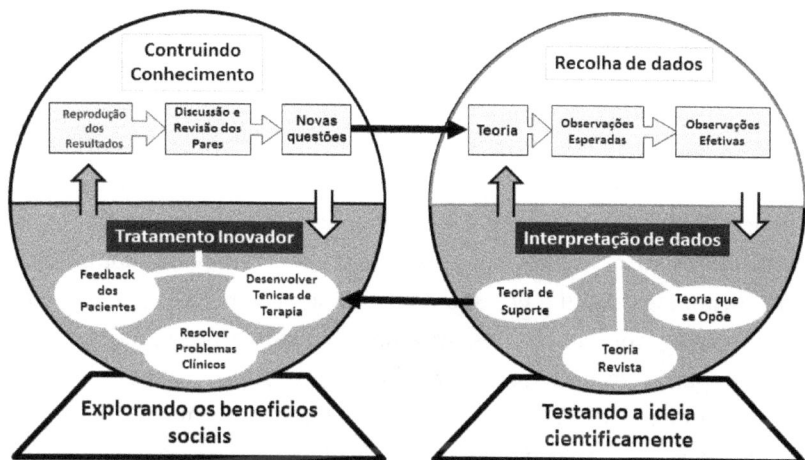

A construção da base de conhecimento de uma forma científica envolve uma segunda camada no esquema (Fig. 5). O verdadeiro teste para a utilidade de qualquer teoria está no que acontece quando se aplica a mesma. O conhecimento incentiva o desenvolvimento da tecnologia. Da mesma forma, a ideia da reencarnação tem incentivado a inovação de técnicas de regressão que, quando aplicadas ao tratamento de problemas clínicos, tem levado a resultados distintos, observáveis e positivos que são consistentes e reprodutíveis. A partilha de experiências clínicas e dados, por meio da discussão, publicação e revisão por pares, estimula a formulação de perguntas mais profundas. As perguntas, por sua vez, pavimentam o caminho para investigadores médicos refinarem a teoria e entrarem em novos ciclos de ensaio de ideias.

"Os materialistas negam tudo o que está além do físico, por isso, até mesmo a possibilidade da reencarnação. Fundamentalistas repudiam a reencarnação porque rejeitam automaticamente qualquer coisa que não faz parte do seu dogma. Cépticos fazem-no porque gostam de ridicularizar tudo o que não experimentaram pessoalmente."

Dr. Robert Leichtman, M. D.

Em: séries "Do Céu para a Terra"

No entanto, estamos cientes de que há uma perspetiva social para a Ciência. No seu livro, *A Estrutura das Revoluções Científicas*[43], Thomas Kuhn destacou que a ciência é uma atividade coletiva e os cientistas estão, portanto, sujeitos a todas as restrições habituais da vida social. Isso inclui a pressão dos pares e a necessidade de estar em conformidade com as normas do grupo. Quando a norma do grupo é para se agarrar ao pressuposto secular do materialismo que se tornou dogma, os cientistas vão continuar a adotar a visão do mundo de que o materialismo é uma e única realidade. O conceito de consciência continuará assim a ser relegado para o domínio físico da atividade cerebral. Deste ponto de vista, pode ser entendido porque motivo a ideia de um ser humano, como tendo um corpo material, mais uma parte imaterial (consciência), que entra num estado desconhecido cientificamente e reaparece depois de um período de tempo, continua a oferecer resistência.

Atualmente, os principais argumentos apresentados pelos críticos contra memórias de vidas passadas assenta em duas vertentes principais:

1. Instigação - Argumenta-se que os casos relatados de memória de vidas passadas ocorreram em pessoas que já eram crentes em reencarnação. Assim, se uma criança parecia estar a referir-se a uma vida passada, os seus pais teriam incentivado e involuntariamente teriam alimentado a criança com informações sobre uma pessoa falecida de quem a criança acreditava ser uma pessoa reencarnada. Embora plausível, esta é improvável que seja uma explicação adequada. Isto porque a crença na reencarnação era rara nos países ocidentais nas décadas anteriores, quando os dados dos casos relatados foram recolhidos. Assim, qualquer criança que mencionasse ou

---

[43] *A Estrutura das Revoluções Científicas*, University of Chicago Press, 4ª Ed 2012.

insinuasse algo sobre vidas passadas provavelmente seriam ignoradas, silenciadas ou mesmo ridicularizadas.

2. Criptomnésia - Criptomnésia é o aparecimento consciente de imagens de memória num indivíduo que não são reconhecidas como tal, mas como criações originais. Argumenta-se frequentemente que uma criança que recordou memórias de vidas passadas poderia ter obtido previamente a mesma informação de outra fonte, mas que se tinha esquecido disso. Essa fonte podia ser um livro, revista, artigo de jornal, televisão ou uma conversa ouvida. Esta é uma possibilidade mas não é uma explicação satisfatória para os casos de longa distância. Quando a vida passada havia ocorrido numa localidade geograficamente distante, demasiadas informações detalhadas seriam necessárias pela criança para que reunisse um conjunto credível de memórias de vidas passadas em tal situação. Woolger estimou que na sua experiência pessoal, a criptomnésia apenas constituía cerca de 2 a 3 por cento dos pacientes que se lembravam das suas vidas passadas.[1044]

Discurso Filosófico

Uma das leis naturais do universo é a lei da periodicidade e esta governa todas as manifestações de coisas vivas e não vivas. Periodicidade refere-se ao estado de repetição regular. A noite segue o dia num ciclo de vinte e quatro horas e as quatro estações sucedem-se numa sequência rítmica, ano após ano. O corpo também tem os seus ciclos biológicos, onde períodos de actividade se seguem a períodos de descanso. No ciclo cardíaco, a diástole segue-se à sístole. No cérebro, períodos de vigília alternam-se com períodos de sonolência. Psicologicamente, ciclos de depressão são seguidos por períodos de euforia.

---

[44] "Vidas Passadas são reais? Podem ser importantes para a nossa saúde e bem-estar hoje?"
http://www.superconsciousness.com/topics/knowledge/are-past-lives-real-could-they-be-important-our-health-and-well-being-today

Num panorama maior, a própria vida pode ser vista a desdobrar-se através de uma série de padrões rítmicos e recorrentes. O Ser expressa-se em pensamento, desejo e ação no seu local de existência. No entanto, durante o seu período de descanso e revitalização, o Ser revê as suas experiências de existência e molda-as em novas capacidades e poderes para o seu próximo ciclo de atividade. Estes períodos alternados de descanso e ação do Ser imortal é a base da estrutura filosófica da reencarnação.

A reencarnação pode ser vista como um meio de transporte na nossa jornada evolutiva como seres humanos, em que se pode escolher a própria taxa de progresso. A escolha pode ser baseada nos nossos pensamentos, desejos, ações ou nas nossas capacidades acumuladas. Nesta perspetiva, a reencarnação é considerada uma oportunidade para cada um de nós viajar na nossa jornada de vida de acordo com a nossa singularidade, para realizar o nosso objetivo espiritual escolhido. Por outro lado, a reencarnação também pode ser percebida como uma ferramenta que a vida usa para ganhar experiência para o Ser aprender a viver.

Fundamentalmente, na reencarnação o Eu consciente (ou alma) existe antes do nascimento e continua a sua jornada após a morte. Esta está em crescimento contínuo e a trilhar o seu caminho a partir de um estado desperto para um estado de maturidade esplêndida. Está sedento de experiências que irão torná-lo num ser perfeito. Em cada etapa da sua jornada evolutiva, reúne em torno de si um campo mental e emocional apropriado e molda um veículo físico de acordo com as leis da hereditariedade. À medida que se move através do seu ciclo de nascimento, maturidade, velhice e morte, aprende a sua lição, enquanto permite que a morte reserve um período de repouso para que possa assimilar as suas experiências numa sabedoria mais madura. Com este último, a alma pode começar outra encarnação.

Uma questão que é geralmente feita é: "Se eu tenho vidas passadas, porque não me lembro delas?" No entanto, poucos de nós destacamos o facto de que também esquecemos uma parte significativa da nossa vida presente. Por exemplo, a maioria de nós não se lembra de aprender a andar, mas o facto de que nós podemos andar é a prova de que nós aprendemos. Se a nossa memória é tão distraída com as experiências no nosso corpo na vida presente, quanto poderíamos ser mais afetados pelas inúmeras experiências passadas nas nossas vidas anteriores? No entanto, a surpreendente verdade é que as nossas memórias de vidas passadas não desaparecem por completo; permanecem acessíveis com o auxílio de um terapeuta de regressão.

A grande lição da reencarnação é que os nossos poderes são infinitos; as nossas oportunidades são eternas e os nossos objetivos divinos. Não há objetivo tão alto que não possamos alcançá-lo através do nosso esforço persistente, apesar de várias vidas poderem ser necessárias. Oportunidades voltam para nós vida após vida. Viver com a consciência deste ciclo universal de mudança rítmica é ser livre do medo e da dúvida. Regredindo um paciente de volta às suas vidas passadas, portanto, contribui para o libertar da prisão da sua personalidade temporária para uma concretização mais nobre do seu propósito eterno. A reencarnação afirma que a vida é significativa e que todo sofrimento tem o seu significado. À luz da reencarnação, ele pode então ser capaz de perceber cada momento da sua vida atual como uma porta de entrada para o Imortal. Nascimento, sofrimento e morte são apenas marcos ao longo do caminho.

Outras Leituras

Bennet, G., *The Wound and the Doctor: Healing, Technology and Power in Modern Medicine,* **Secker & Warburg 1987** – Este livro interessante, em Inglês, é escrito por um médico que começou a sua carreira como cirurgião e passou a ser psicoterapeuta e psiquiatra. Ele aborda a questão de muitos médicos estarem descontentes com o trabalho que fazem e muitos pacientes estão insatisfeitos com o atendimento que recebem e como as coisas poderiam ser melhores. Também aborda o papel das terapias complementares.

Churchill, R., *Regression Hypnotherapy – Transcripts of Transformation,* **Transforming Press, 2002** – Este livro, em Inglês, contém material didático e transcrições completas das sessões de regressão a situações da vida atual para uma variedade de condições, incluindo fobias, tristeza, falta de confiança, sabotagem ao sucesso, relacionamentos doentios, abuso e medo do abandono. Ele é um excelente guia para iniciantes, bem como uma referência útil para terapeutas experientes.

TenDam, H., Cura Profunda, Ed. Summus, 1997 (3ª Edição) Técnicas de terapia regressiva utilizadas por Hans TenDam, que é um dos pioneiros neste campo.

LaBay, M.L., *Past Life Regression: A Guide for Practitioners,* **Trafford Publishing, 2004** – Um livro de leitura leve, em Inglês, sobre a prática da terapia de vidas passadas, que incorpora as histórias a partir da experiência pessoal da autora. A autora combina técnicas de hipnoterapia com a filosofia, a intuição e a teoria da reencarnação para catalisar crescimento e transformação nos seus clientes.

Lucas, W.B., *Regression Therapy: A Handbook for Professionals, Vols I & II*, **Book Solid Press, 1992** – Os dois volumes, em Inglês, são um clássico para os terapeutas regressivos. É um trabalho de vários autores sobre terapia regressiva compilado por um psicólogo e analista junguiano. O Volume I centra-se na terapia de vidas passadas, enquanto o Volume II aborda experiências no pré-natal, nascimento, traumas de infância e morte.

Tomlinson, A., *Healing the Eternal Soul*, **From the Heart Press, 2012** – Em Inglês, esta é definitivamente uma obra de referência em terapia regressiva. O autor partilha a sua experiência valiosa em detalhe e utiliza estudos de casos concretos para ilustrar os seus pontos e técnicas. É um livro cativante, que não pode faltar na estante de todos os estudantes de terapia regressiva.

Tomlinson, A. (ed.), *Transforming the Eternal Soul*, **From the Heart Press, 2011** – Em Inglês, escrito como uma continuação de *Healing the Eternal Soul*, este livro é repleto de elucidativos estudos de caso e técnicas especializadas de terapia. Os capítulos incluem: dar poder ao cliente; trabalhar com clientes difíceis; regressão espiritual à criança interior; limpando energia escura; terapia com cristais em regressão; emergência espiritual; e integrar a terapia na vida atual do cliente.

Woolger, R.J., *Healing Your Past Lives*, **Sounds True Inc., 2004** – Este pequeno livro, em Inglês, fornece uma série de estudos de casos interessantes que ilustram o poder de descobrir vidas passadas no processo de cura. Ele dá uma visão de como sintomas da vida atual podem estar relacionados com dramas de vidas passadas e memórias congeladas. Ele também oferece ao leitor a chave para desvendar os mistérios e dúvidas com que luta na sua vida atual.

Woolger, R.J., As Várias Vidas da Alma, Ed. Cultrix, 2011/2012 (6ª Edição) - Este é um livro fascinante que apresenta ideias originais do autor sobre a psicologia emergente da reencarnação. O livro baseia-se tanto na ciência ocidental como na espiritualidade oriental e explica como vidas passadas podem formar a base de transformação e cura nas nossas vidas.

Associações de Terapia Regressiva

Society for Medical Advance and Research with Regression Therapy (SMAR-RT)
Esta sociedade internacional, constituída em abril de 2013, tem como objetivo realizar e coordenar a investigação em terapia regressiva. É liderada por médicos que partilham a visão de trazer a integração de abordagens complementares e holísticas à Medicina convencional. É uma organização sem fins lucrativos e espera aumentar a consciencialização da eficácia da terapia regressiva como ferramenta de cura dentro da profissão médica.
Website: http://www.smar-rt.org

Earth Association of Regression Therapy (EARTh)

Esta é uma associação independente com o objetivo de criar e manter um padrão internacional em terapia regressiva e melhorar e ampliar a sua aceitação profissional. Todos os anos, oferece uma série de workshops para o contínuo desenvolvimento profissional. Destina-se a avançar no campo, fornecendo um ponto de encontro para os terapeutas regressivos por meio de conferências e reuniões.
Website: http://www.earth-association.org

Spiritual Regression Therapy Association (SRTA)
Esta é uma associação internacional de terapeutas regressivos que respeitam a natureza espiritual dos seus clientes. Fundada por Andy Tomlinson, são profissionais treinados pela Academia de Regressão a Vidas Passadas, dentro de padrões internacionais e que trabalham com um código de ética que respeita o bem-estar dos clientes.
Website: http://www.regressionassociation.com

261

Association for Regression and Reincarnation Research (ARRR)
Esta associação foi fundada pelo Dr. Newton Kondaveti, em Hyderabad, na Índia, em 2010, com o objetivo de promover a investigação em regressão e reencarnação e trabalhar no sentido de aumentar a consciencialização e aceitação de terapia de vidas passadas entre as pessoas na Índia e em todo o mundo. Ela publica um boletim informativo, uma revista, mantém convenções anuais e realiza exames de certificação para profissionais que praticam a terapia de regressão a vidas passadas.
Website: http://www.arrrglobal.org

International Board of Regression Therapy (IBRT)
Este é um conselho independente de certificação para terapeutas de vidas passadas, pesquisadores e programas de treino. A sua missão é estabelecer padrões profissionais para terapeutas e organizações de regressão. O site tem uma lista de organizações internacionais acreditadas para treino em terapia regressiva e regressão a vidas passadas.
Website: http://www.ibrt.org

Healing Deep Hurt Within

Autor: Dr. Peter Mack

(Estão disponíveis edições em Sueco e Francês)

Este livro é baseado numa história real de uma senhora emocionalmente traumatizada que sofria de síncope, amnésia dissociativa, insónias, alucinações auditivas e tendências suicidas. Ela recuperou-se do seu estado devastado após a terapia regressiva intensiva durante um período de 18 dias. Foi submetida a uma cura transformacional e seguiu em frente na vida. Após a recuperação, ela pediu que o seu médico-terapeuta escrevesse a história da sua jornada de cura.

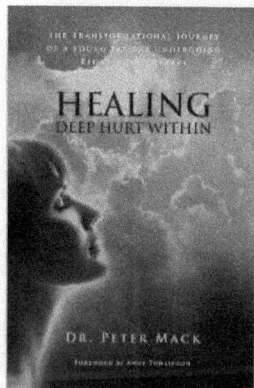

"Um livro que toca o meu coração." - Rudy Phen, Médico

"Eu não consegui largar o livro e li-o em três horas. Já passou quase uma semana e eu ainda posso sentir o efeito. "- Swan Ang, Instrutor de Gestão

"O drama é esmagador. Há um sentimento de libertação depois de o ler."- Leong Saw Wei, Diretor de Gestão

"Este livro é uma leitura obrigatória para aqueles que estão prontos para assumir a responsabilidade e viver a sua vida ao máximo." - Theresa Chee, Life Coach e Consultora Educacional

from the◯
heart press

Life-Changing Moments in Inner Healing

Autor: Dr. Peter Mack

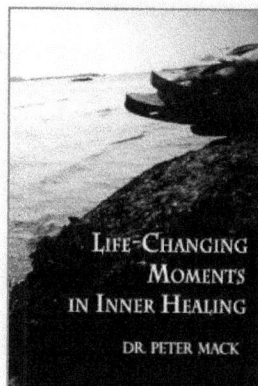

Este livro contém as histórias de quatro pacientes que passaram pela cura através da regressão a vidas passadas. O primeiro paciente tem a experiência de visões inexplicáveis de uma senhora não identificada e fobia de água. O segundo paciente é confrontado com graves problemas de procrastinação e de gestão de raiva desde a infância. O terceiro paciente tem problemas de perda de memória e medo do sucesso e de falar em público. O quarto paciente sofre de um medo irracional de cobras. Todos os quatro pacientes passaram por uma cura transformacional após a terapia regressiva.

"Eu li este livro incrível de uma vez e não consegui largá-lo." - Rosa Lilia Castillo Maya, dona de casa

"Um livro impressionante com muitas histórias interessantes e fascinantes de vidas passadas." - Wendy Yeung, Terapeuta Holística

"Um livro altamente recomendado para aqueles que procuram terapias alternativas de cura." - Joyce Cheng, Terapeuta de Neurofeedback

"Este livro tem lugar merecido na minha estante ao lado do livro do Dr. Weiss." - Tan Cheen Chong, especialista em Tecnologia de Marketing

u

www.ingramcontent.com/pod-product-compliance
Lightning Source LLC
Chambersburg PA
CBHW060043100426
42742CB00014B/2678

* 9 7 8 0 9 9 9 2 9 2 4 8 7 4 *